Rachida M'Faddel, Françoise Tremblay
et Alexandra Imperiale

# REGARDS CROISÉS
## PAROLES DE FEMMES

Trois femmes, trois religions, trois générations

**F i D E S**

Photos de la couverture: Haut: © Erik Reis/iStockphoto,
milieu: © Tracy Hebden/iStockphoto, bas: © Özgür Donmaz/iStockphoto
Conception de la couverture: Gianni Caccia
Mise en pages: Bruno Lamoureux

*Catalogage avant publication de Bibliothèque et Archives nationales du Québec
et Bibliothèque et Archives Canada*

M'Faddel, Rachida, 1962-

Regards croisés, paroles de femmes: trois femmes, trois générations, trois religions

ISBN 978-2-7621-3126-0 [ÉDITION IMPRIMÉE]
ISBN 978-2-7621-3331-8 [ÉDITION NUMÉRIQUE PDF]
ISBN 978-2-7621-3349-3 [ÉDITION NUMÉRIQUE EPUB]

1. Pluralisme religieux – Québec (Province).   2. Religions – Relations.
3. Femmes et religion – Québec (Province).   4. M'Faddel, Rachida, 1962-   – Religion.
5. Impériale, Alexandra – Religion.   6. Tremblay, Françoise, 1943-   – Religion.
I. Impériale, Alexandra.   II. Tremblay, Françoise, 1943-   .   III. Titre.

BL2530.C3M32 2012        201'.509714        C2011-942908-X

Dépôt légal: 1er trimestre 2012
Bibliothèque et Archives nationales du Québec
© Groupe Fides inc., 2012

La maison d'édition reconnaît l'aide financière du Gouvernement du Canada
par l'entremise du Fonds du livre du Canada pour ses activités d'édition.
La maison d'édition remercie de leur soutien financier le Conseil des Arts du
Canada et la Société de développement des entreprises culturelles du Québec
(SODEC). La maison d'édition bénéficie du Programme de crédit d'impôt
pour l'édition de livres du Gouvernement du Québec, géré par la SODEC.

IMPRIMÉ AU CANADA EN JANVIER 2012

# PRÉFACE

J'AI LU ET RELU ce livre écrit par trois femmes qui appartiennent chacune à l'une des trois religions du Livre : le christianisme, le judaïsme et l'islam. Elles nous racontent leur parcours, leurs expériences de vie, qui les ont naturellement amenées à avoir des opinions bien assises, convergentes, mais aussi divergentes quant aux valeurs de leur propre foi et à celles des autres.

Le choix de vivre ensemble comporte la nécessité d'accepter nos frères dans leurs différences. Or, ces différences sont multiples : couleur de la peau, sexe, milieu social, convictions politiques et – j'allais dire surtout – appartenance à une religion.

Au cours de notre existence, nous adoptons certaines lignes de conduite, telles que pratiquer un métier plutôt qu'un autre, nouer des liens d'amitié, nous enflammer pour une passion amoureuse. Il s'agit généralement d'un choix personnel, réfléchi et volontaire. *A contrario*, il n'en est pas de même de deux éléments qui sont pourtant fondamentaux : notre sexe et notre religion. Et pour cause, nous ne choisissons ni l'un ni l'autre. Ils nous sont imposés. Ce que nous sommes a été déposé à notre insu dans notre berceau. Nous naissons chrétiens, juifs ou musulmans parce que nos parents le sont.

Bien que chrétienne, je suis moi-même née dans un pays majoritairement musulman. Or, l'islam que j'ai connu ne correspond plus en rien à celui que les médias nous présentent aujourd'hui. « Mon islam » était un islam à visage de tolérance qui cohabitait sans heurts avec les autres religions, quelles qu'elles fussent, un islam de paix, de compréhension, d'amitié et de partage.

Qu'est-il donc advenu pour que cette sérénité prenne fin aussi tragiquement ?

L'histoire de notre monde serait-elle une boucle sans fin où le passé revient immanquablement hanter le présent ?

Les croisades, l'Inquisition, la chasse aux sorcières sont des époques que l'humanité, dans son ensemble, condamne aujourd'hui ; les ghettos, les pogroms, l'Holocauste tout autant.

Et qu'en est-il de l'islam qui, de religion pacifique il y a à peine un demi-siècle, s'est transformé en une guerre menée tambour battant par une poignée d'émules extrémistes à l'encontre même de leurs propres adeptes ?

Et puisque cette réflexion nous amène à ladite oppression des femmes dans la religion islamique, je rappelle que, dans mon passé, le foulard n'existait même pas !

Est-ce parce que, de nos jours, les musulmans sont mis au banc des accusés que les femmes de cette religion sentent le besoin de s'affirmer dans leur religiosité ? Ou est-ce vraiment par soumission ou obédience aux préceptes du Coran proclamés haut et fort par les imams ?

Autant de questions qui trouveront leur réponse dans ce « dialogue » pacifique et amical qui s'annonce porteur d'espoir… pour les générations futures…

MAGDA TADROS
*Écrivaine et éditrice*

# DÉDICACES

À ma mère Judy
Mes sœurs Mélanie et Élizabeth
Ma nièce Sienna
Mes amies, vous vous reconnaîtrez

À ma fille Lyne, ma mère Gemma
Mes sœurs Lorraine et Diane

À ma fille Wissal, ma mère Fatna
Mes sœurs Naïma et Saïda

« Je suis de la couleur de ceux qu'on exécute. »

ALFRED DE VIGNY

De mon grand pays solitaire
Je crie avant que de me taire
À tous les hommes de la terre
Ma maison c'est votre maison
Entre mes quatre murs de glace
Je mets mon temps et mon espace
À préparer le feu, la place
Pour les humains de l'horizon
Et les humains sont de ma race

GILLES VIGNEAULT
« Mon pays »

# LES AUTEURES

Alexandra est née à Montréal et étudie à l'Université McGill pour devenir orthophoniste. De confession juive, elle est fiancée à un jeune homme de religion musulmane.

La mère d'Alexandra, Judy, a quitté son pays natal, la Hongrie, à l'âge de onze ans, avec toute sa famille, pour se réfugier en Angleterre. Les Russes les encourageaient alors à fuir à cause des nazis. C'est en 1967 que Judy décida d'immigrer seule au Québec. Le père d'Alexandra, Giuseppe, immigra au Québec avec sa mère et sa fratrie au début des années soixante.

Issue de l'immigration italienne et hongroise, Alexandra s'implique bénévolement auprès de centres communautaires et donne des cours d'alphabétisation aux nouveaux arrivants.

Native de la ville de La Baie, dans la région du Saguenay–Lac-Saint-Jean où elle vit encore, Françoise Tremblay, une Québécoise «pure laine» et chrétienne convaincue, est mariée et mère de trois enfants, une fille et deux garçons.

Les ancêtres de Françoise sont arrivés d'Irlande et de France au début du XVIe siècle. Françoise a grandi au Saguenay et a fait des études en philosophie au collège de Chicoutimi et en théologie à l'Université du Québec à Chicoutimi. Depuis 1996, elle s'implique dans un centre communautaire en tant que membre bénévole pour la Conférence Saint-Vincent de Paul. Elle a également été membre de la chorale de la paroisse Saint-Marc et présidente de la ressource alternative « Le Phare », dont elle était auparavant membre fondateur. Elle a aussi participé à la création du Groupe de promotion et de défense des droits en santé mentale de la région du Saguenay–Lac-Saint-Jean.

Partagée entre le Maroc, où elle a vu le jour, et la France, où elle a grandi, Rachida M'Faddel est résolument éprise de son pays de cœur, le Québec, où elle vit depuis onze ans à Montréal. Musulmane, elle est mariée et mère de trois enfants, une fille et deux garçons.

Rachida travaille au gouvernement du Québec, où elle occupe un poste d'inspectrice. Membre du conseil d'administration de l'Association des femmes d'affaires marocaines du Québec et du Réseau des femmes d'affaires du Québec, elle donne bénévolement des cours d'alphabétisation et de citoyenneté à des nouveaux arrivants. Conférencière et intervenante, elle est engagée dans la lutte contre le racisme, l'antisémitisme, l'homophobie et toute autre forme de discrimination.

# PROLOGUE

DE JANVIER À JUILLET 2006, le Québec a accueilli pas moins de 20 519 immigrants sur son territoire. Les immigrants algériens représentent le groupe le plus important, constituant 10,8 % des immigrants arrivés pendant cette période. Les Français suivent dans une proportion de 7,6 % et les Marocains, de 6,4 %.

En 2005, la Chine était le principal pays de provenance des nouveaux venus, suivie de la France. En 2004, les Français étaient plus nombreux que les Chinois à venir s'établir au Québec. Entre 2001 et 2005, plus de 35 000 Maghrébins ont choisi de s'installer au Québec. Surtout des Algériens et des Marocains, mais aussi des Tunisiens. Pendant la même période, le Québec a accueilli 18 749 immigrants d'origine chinoise et 16 273 Français. La majorité des immigrants viennent de l'Europe de l'Ouest, de l'Europe de l'Est, de l'Amérique latine, de l'Asie, de l'Afrique noire et de l'Afrique du Nord. Environ 60 % des immigrants sont sélectionnés, de 25 à 30 % arrivent dans le cadre de la réunification familiale et de 10 à 15 % sont des réfugiés.

En 2010, le Canada comptait accueillir entre 240 000 et 265 000 nouveaux résidents permanents, soit le même nombre d'immigrants que les dernières années. Selon un sondage,

54 % des Canadiens estiment que le Canada accueille trop d'immigrants. Environ 41 % pensent que le Canada devrait se montrer moins ouvert aux réfugiés politiques. Ces chiffres atteignent respectivement 59 % et 47 % des Québécois.

Dans les cas des immigrants de l'Amérique latine, de l'Europe de l'Est et de l'Europe de l'Ouest, trois Québécois sur quatre manifestent leur ouverture à leur accueil. Par exemple, deux fois plus de Québécois que de citoyens des provinces atlantiques se disent favorables à l'immigration en provenance de l'Amérique latine et de l'Afrique subsaharienne.

Parmi les six origines énumérées, les immigrants venus des pays arabes suscitent la plus faible adhésion chez les Canadiens. Ils n'y sont favorables que dans une proportion de 34 %. Les citoyens des provinces atlantiques le sont à 28 %, les Ontariens à 32 %, alors que les Québécois se prononcent en leur faveur dans une proportion de 43 %.

# AVANT-PROPOS

PARCE QUE DE NOMBREUSES personnes provenant de groupes ethniques ou religieux minoritaires ont demandé des accommodements jugés déraisonnables et excessifs, voire contraires aux valeurs des Québécois et des Québécoises, les termes « accommodements raisonnables » ont acquis une connotation parfois péjorative et ont provoqué un mécontentement au sein de la population. L'accommodement raisonnable est une notion juridique canadienne instaurée dans le but de respecter le droit à l'égalité de chaque citoyen.

Pour permettre aux citoyens et aux citoyennes de s'exprimer en regard des accommodements, le gouvernement de Jean Charest a mis sur pied, le 8 février 2007, la Commission Bouchard-Taylor. Cette commission de consultation sur les pratiques d'accommodement reliées aux différences culturelles et religieuses a été présidée par messieurs Gérard Bouchard, professeur à l'Université du Québec à Chicoutimi, et Charles Taylor, professeur à l'Université McGill.

Alexandra, Françoise et Rachida ont suivi le débat sur les accommodements raisonnables et toutes les trois se sont senties interpellées. D'où l'idée d'écrire ensemble cet essai, dans un désir commun d'aller au-delà des stéréotypes et des clichés.

Pour ce faire, elles sont allées l'une vers l'autre, afin de se découvrir dans leurs ressemblances et leurs différences. En décrivant leur propre parcours depuis l'enfance, la première à Montréal, avec ses origines juive-hongroise et italienne ; la deuxième au Saguenay, dans un milieu attaché aux valeurs traditionnelles chrétiennes ; la dernière au Maroc puis en France, dans une famille musulmane. Regards, paroles de femmes, chacune avec son bagage socioculturel et religieux. Souvenirs intimes et réflexions d'actualité s'entremêlent pour offrir un document émouvant et courageux, sans aucune complaisance.

Réminiscences émouvantes d'Alexandra, qui raconte le déchirement de sa mère lorsqu'elle a dû quitter son pays natal, la Hongrie, avec ses parents et sa sœur pour fuir les nazis. Elle décrit la jeunesse de sa mère en Angleterre et sa vie au Québec depuis plus de quarante ans. Issue de la seconde génération d'immigrants italiens, Alexandra relate aussi ses propres expériences. Anglophone dans une province francophone, elle évoquera l'autre solitude. De confession juive et d'éducation catholique, elle nous fera partager sa vision du Québec pluriel.

Témoignage touchant d'une « pure laine » en harmonie avec un Québec pluriel et multiculturel : femme et Québécoise, Françoise parle avec le langage du cœur dans un partage de la mémoire collective du peuple québécois. Dévouée aux siens, elle tend farouchement vers l'approche et la recherche des autres. Elle est pour l'acceptation inconditionnelle de la différence, mais exige la même acceptation des nouveaux arrivants envers ceux qui ont construit le Québec d'aujourd'hui…

Rachida, fraîchement débarquée de son Maroc natal, est poussée résolument vers la découverte de la culture et de l'identité québécoise comme un tremplin vers l'enrichissement. Et elle aussi, tout en se donnant sans retenue dans sa nouvelle identité québécoise, n'en exige pas moins de ceux qui ont construit le Québec : « Ils doivent nous accepter dans notre pluralité et diversité. C'est non négociable ! » scande-t-elle.

Les regards croisés de trois Québécoises sur leur Québec. Trois vies. Trois destins. À la fois si différents et si semblables… Ces trois femmes arriveront à se rejoindre dans ce qui les rapproche et s'ouvriront à ce qui les éloigne. Parce qu'elles se vouent un immense capital d'affection et de sympathie, elles ont pu se parler sans honte et sans interdits, se racontant toutes les trois tambour battant.

Un « dialogue » étonnant entre trois femmes que la croyance en un même Dieu, au-delà des dogmes et des livres, a rapprochées dans une conscience aiguë de l'absolu, au-delà de tous les codes sociaux face aux notions de fraternité, d'humanité et de liberté.

C'est avec un courage qui bouscule les certitudes qu'elles offrent une vraie dualité d'idées, abordant les sujets chauds qui fâchent, qui heurtent ou qui révoltent, dont la condition de la femme, la religion, le port du voile, le communautarisme, l'homophobie, l'intégration des nouveaux arrivants, le racisme et l'islamophobie, puis la question : « Les accommodements sont-ils raisonnables ? »

Une sorte de plaidoyer pour l'amitié entre ceux qui veulent aller vers l'autre. Pour répondre à ceux qui s'interrogent sur la pertinence des accommodements, à l'inquiétude des Québécois face au nombre croissant des immigrants et au désarroi de ceux qui se sentent parfois montrés du doigt.

Alexandra, Françoise et Rachida sont ravies de leur aventure. Toutes les trois, comme une seule femme !

Une nouvelle pierre est ajoutée à l'édifice de la paix…

# Chapitre 1

# PREMIÈRE PARTIE

## Alexandra Imperiale

> On ne peut donner que deux choses à ses enfants :
> des racines et des ailes.
> *Proverbe juif*

### Mes origines hongroises

Le 19 mars 1944, l'armée allemande envahit la Hongrie. Cette décision est prise par Hitler qui craint que la Hongrie rompe son alliance avec l'Allemagne.

C'est ainsi que la Hongrie poursuit son soutien à l'effort de guerre et coopère désormais avec les Allemands pour la déportation de ses citoyens juifs. En avril de la même année, les autorités hongroises donnent l'ordre aux Juifs vivant en dehors de Budapest de se rassembler dans certaines villes. Les Hongrois de confession juive sont alors parqués dans des ghettos et stigmatisés. Les événements se précipitent et la police hongroise fait régulièrement des rafles. Près de 500 000 Juifs-Hongrois sont livrés aux sections spéciales, qui les déportent vers le camp d'extermination d'Auschwitz, en Pologne, au cours du printemps 1944, soit deux ans avant la naissance de ma mère.

En septembre 1944, les forces soviétiques pénètrent en Hongrie. En novembre et décembre de cette même année, plusieurs milliers de Juifs venus de Budapest marchent sur de longues distances par un froid glacial. Beaucoup d'entre eux meurent de faiblesse et de faim durant ce périple. En janvier 1945, la Hongrie signe l'armistice. Le 13 février 1945, l'armée soviétique libère Budapest, puis repousse enfin les dernières unités allemandes et leurs alliés hors de la Hongrie en avril 1945. Ma mère naîtra l'année suivante.

Sur une population de 850 000 juifs présents en Hongrie en 1941, près de 63 000 meurent avant l'occupation allemande de mars 1944. Pendant l'occupation, environ 500 000 Juifs-Hongrois perdent la vie, pour la plupart dans les chambres à gaz d'Auschwitz.

Les Russes, qui ont chassé les Allemands de Hongrie à la fin de la Seconde Guerre mondiale, prennent le contrôle du pays, qui devient communiste. Avec le communisme, la situation ne fait qu'empirer…

L'établissement d'un régime communiste en Hongrie ne correspondait qu'en théorie à l'abolition des classes. En fait, il a entraîné des injustices et des spoliations. La notion de communisme est très controversée et désigne souvent des réalités différentes selon les régimes et les peuples. Le communisme a continué de régner et de faire des ravages en Hongrie jusqu'à la révolte des Hongrois, en octobre 1956.

De nouvelles restrictions entrent alors en vigueur et les Hongrois sont de nouveau privés de pain à cause, entre autres, des prélèvements organisés par l'occupant. La pénurie alimentaire se fait criante et l'on voit poindre la famine avec hantise. Cette situation donne naissance à un marché parallèle où ceux qui en ont les moyens peuvent trouver de quoi compléter les rations insuffisantes. Des organismes d'entraide se créent pour pallier les besoins des plus démunis, mais il est toujours dangereux de s'y rendre. La précarité devient manifeste.

## Ma mère

Ma mère, Judy, est née le 20 septembre 1946, à Budapest, au sein d'une famille très riche. Elle est l'aînée de deux filles. Sa mère – ma grand-mère – reste au foyer, alors que son père – mon grand-père – est antiquaire et exploite plusieurs magasins d'antiquités. Ils demeurent dans une luxueuse résidence d'un quartier huppé de Budapest, la capitale du pays, où ils mènent une vie aisée.

Ma mère se souvient que ses parents ne leur parlaient jamais, à elle et sa sœur, de la guerre qui venait de se terminer. Elle suppose que c'est justement parce qu'ils ne voulaient pas se remémorer les exactions commises durant l'occupation, ni leur exposer les souffrances générées par ces crimes contre l'humanité.

Mon grand-père maternel avait subi l'amputation d'une main dans des circonstances inexpliquées, toujours éludées. Lorsque ma mère le questionnait à ce propos, il gardait un silence volontaire. Et lorsqu'elle insistait trop, il lui répondait laconiquement qu'il avait perdu une main à la suite d'un accident de travail. Son visage prenait alors un air si grave et si bouleversé que ma mère et sa sœur ont cessé de lui poser des questions sur son handicap. Mes grands-parents avaient survécu à l'occupation de la Hongrie, mais ils en avaient gardé des séquelles ineffaçables. Aujourd'hui, avec le recul, ma mère comprend que leur silence était une réponse aux traumatismes de cette guerre qu'ils tentaient de gommer de leur mémoire.

Ma mère évoque encore sa frayeur lorsqu'elle a vu un jour des officiers russes s'introduire dans la maison en déclarant que leur résidence appartenait désormais au gouvernement hongrois et qu'ils devaient déménager au plus vite pour s'installer dans un petit appartement offert par l'État. La propriété privée était abolie et, du jour au lendemain, les propriétaires se retrouvaient dépossédés de leurs biens. Les officiers russes voulaient aussi prendre l'entreprise de son père et, comme il s'y opposait, ils l'ont arrêté puis jeté en prison. Ma mère avait alors presque trois ans.

Elle se rappelle aussi que, avant l'expropriation, alors que sa sœur et elle se trouvaient à la maison, elles avaient entendu retentir des sirènes stridentes. Lorsqu'elles ont regardé par la fenêtre, elles ont vu un de leurs amis s'enfuir au loin. Cette journée-là, leur mère les a empêchées de sortir. À l'extérieur, on entendait le bruit de fusillades. Les jours qui ont suivi étaient empreints de terreur. Chacun se terrait chez soi.

Une autre fois, ma mère a dû sortir avec ma grand-mère pour acheter du pain. Pratiquement tous les magasins étaient fermés, mais on pouvait se procurer du pain dans des organismes d'entraide. Les gens attendaient debout, en file d'attente, les uns derrière les autres, affaiblis par la faim et se tenant debout avec peine. Des femmes enceintes, des invalides, des personnes âgées, des enfants, des hommes et des femmes encore jeunes se fixaient, le visage livide. Soudain, une bousculade déclencha une énorme bagarre. Des cris et des hurlements fusèrent de toutes parts dans la foule. C'était l'agitation générale. Les gens couraient de tous côtés dans un vacarme assourdissant. Dans ses souvenirs, ma mère entend encore les clameurs de cette masse de gens affamés.

Le magasin se trouvait au coin d'une rue, face à un grand terrain. Tout à coup, ma mère a vu surgir des tanks de guerre qui s'approchaient de la place. Ces puissants engins aux larges chenilles répartissaient leur poids sur une grande surface. Ils se sont immobilisés et, faisant tourner leur canon, l'un d'eux pointa vers ma mère. À ce moment-là, elle ferma les yeux, croyant mourir. Mais l'arme ne lâcha pas ses munitions mortelles, et elle fut épargnée. Toutefois, de temps à autre, elle ressent encore cette espèce de terreur qui l'avait envahie à ce moment.

Après une année de moments difficiles et déprimants, mes grands-parents ont décidé qu'ils ne pouvaient plus vivre en Hongrie. Il leur fallait fuir au plus vite. Les juifs étaient de nouveau stigmatisés et craignaient le courroux des non-juifs. Un climat de terreur pesait sur tous de façon continue. C'était devenu insoutenable. L'antisémitisme était encore bien vivant et virulent… Cette situation leur faisait redouter des représailles et de nouvelles persécutions raciales.

Mon grand-père connaissait quelqu'un en Angleterre qui pouvait parrainer la famille et lui permettre d'obtenir le droit d'y résider. Il voulait immigrer légalement et surtout ne pas vivre dans l'illégalité. Beaucoup d'immigrants illégaux se retrouvaient dans des situations tragiques. Les gens partaient par n'importe quel moyen, quitte à payer des passeurs. Le plus important était de fuir. Question de survie. Mais il leur fallait d'abord quitter la Hongrie et réussir à traverser les frontières qui les séparaient de l'Angleterre. Beaucoup de juifs partaient en plein milieu de l'hiver. Ils prenaient une couverture blanche pour se dissimuler et se confondre avec la neige. Plusieurs familles avaient utilisé ce stratagème. Certaines ont réussi à fuir, mais d'autres ont eu moins de chance. Ma mère se remémore ma grand-mère en pleurs, dans leur appartement vide, assise sur le plancher au milieu de ses valises. Elle ne voulait pas partir, quitter son pays, ses souvenirs, sa vie…

Mais ils n'avaient pas le choix. C'était partir ou mourir doucement. Ils sont alors partis. Ma mère avait onze ans.

Le voyage en train pour se rendre en Angleterre dura
deux longues semaines. Ils se sont arrêtés dans chaque
ville : Zurich, Vienne, Paris, etc. Avec les enfants, le voyage
était épuisant. Ma mère et ma tante pleuraient souvent de
froid, de faim et de soif. Leurs parents se privaient pour
leur garder de la nourriture et ils les réchauffaient de leurs
vêtements. Ma mère se souvient encore du voyage. Elle aime
décrire les paysages qui défilaient devant ses yeux, au gré des
villes et des villages. D'où provient peut-être son goût immo-
déré pour les voyages…

À leur arrivée en Angleterre, ma mère avait l'âge d'entrer
à l'école secondaire. Elle avait été acceptée dans une école
pour surdoués en raison des excellents résultats scolaires
qu'elle avait obtenus en Hongrie. Dès la première année de
leur installation en Angleterre, ma mère et sa sœur apprirent à
parler l'anglais. Elles en maîtrisèrent facilement les subtilités.

Grâce à ses nombreuses relations, mon grand-père constitua
très vite une nouvelle entreprise dans le négoce des pièces de
monnaie de collection. Il était numismate et se spécialisait
dans les pièces de collection antiques. Ce créneau lui permit
de gagner rapidement beaucoup d'argent et d'asseoir son
expertise. La vie reprenait son cours et ses aises. La famille
s'intégrait dans son nouveau pays et les choses se plaçaient
tranquillement.

Toutefois, ma mère ne comprenait pas pourquoi ses parents
leur avaient recommandé, à sa sœur et à elle, de ne jamais
divulguer à quiconque qu'elles étaient juives. Pourquoi
leur était-il interdit de dévoiler ce pan de leur identité ? Ils
craignaient sans doute qu'elles subissent des représailles en

raison de leur croyance religieuse. Cette crainte les faisait vivre dans une atmosphère de méfiance et d'insécurité.

Avec le recul, ma mère réalise aujourd'hui que c'était pour ne pas s'exposer à de nouveaux stigmates. Ses parents ont sûrement jugé plus sage de dissimuler leur confession le temps de se sentir réellement en sécurité. Vulnérables et fragilisés par les sévices endurés à cause de leur religion, ils n'arrivaient plus à se libérer de leur peur d'être démasqués. Ils appréhendaient aussi que leurs enfants ne fassent l'objet d'antisémitisme de la part de leurs camarades. Avec désespoir, ils refoulaient leur histoire et tentaient de s'assimiler, reniant leurs racines juives.

Par conséquent, durant des années, à l'école, ma mère et sa sœur allaient chaque jour à l'église pour réciter leurs prières avec le reste de la classe. Pendant ce temps, les autres enfants juifs étaient emmenés dans une autre salle où ils attendaient le retour de leurs camarades chrétiens. Ma mère ressentait beaucoup de tristesse pour ses petits coreligionnaires marginalisés, elle n'osait rencontrer leurs regards sombres. Son cœur était partagé entre le désir de les rejoindre par solidarité et celui de se fondre dans le groupe qui se préparait pour se rendre à l'église. Mais les consignes de ses parents étaient claires et il ne fallait pas y déroger.

Ma mère m'a raconté que leurs parents leur avaient aussi fait étudier la Bible et le Nouveau Testament juste pour qu'elles puissent donner les bonnes réponses, au cas où elles seraient interrogées sur la religion chrétienne. Ma mère avait si bien appris son rôle! Elle l'avait endossé comme un vêtement qu'elle portait en fonction des circonstances. Les années s'écoulèrent et, heureusement, ma mère et sa famille avaient de moins en moins besoin de dissimuler leur confession. En Angleterre, les choses s'arrangeaient et il ne semblait plus y avoir de problème quant à la religion juive. Ils purent enfin s'afficher. Alors, ils recommencèrent à fréquenter la synagogue et à célébrer, de façon ostentatoire, les événements juifs, tout en respectant leur pays d'accueil et en le joignant à leurs prières les jours de Shabbat.

En grandissant, ma mère s'insurgeait constamment contre le statut social de la femme, qui laissait à désirer. À l'époque, la condition de la femme en Angleterre était un sujet épineux. Considérée comme une quantité négligeable, elle restait le plus souvent cantonnée au rôle de ménagère et de nourricière. Heureusement, à l'heure actuelle, les femmes ne sont plus considérées comme des personnes diminuées. La tendance est au rapprochement entre le travail masculin et féminin, ce qui a notablement évolué suivant les époques et les sociétés. Même s'il subsiste encore une inégalité significative entre les rémunérations perçues par les hommes et celles perçues par les femmes, et que les possibilités sont plus faibles pour les femmes d'accéder à de hauts postes de responsabilités, on ne peut que constater des progrès.

Cependant, il n'en a pas toujours été ainsi. Une multitude de combats et de révolutions ont été nécessaires pour espérer atteindre l'égalité entre hommes et femmes. Dans les années soixante, les femmes étaient confinées à des postes subalternes. Il était d'usage qu'après avoir terminé leurs études, elles deviennent secrétaires, pour ensuite se marier puis rester à la maison pour prendre soin de leur époux et de leur progéniture. Cette identification de la femme à la communauté familiale la dépouillait de son individualité.

Ma mère refusait cette vie de recluse. Elle souhaitait une vie différente et rêvait de voyager et d'avoir un métier passionnant qui lui permettrait d'être libre et indépendante.

Plus que tout, elle aspirait à devenir une grande designer et à faire une carrière fulgurante dans la mode. Elle se voyait déjà acquérir ses lettres de noblesse et imaginait son nom immortalisé aux côtés des plus grands stylistes.

Elle ne voulait surtout pas se marier et avoir des enfants. Elle avait supplié ses parents de lui permettre d'aller au collège pour poursuivre des études en stylisme et modélisme. Ce à quoi ils consentirent. Après avoir obtenu son diplôme avec d'excellents résultats, elle voyait l'aboutissement de ses rêves. Convaincue que le meilleur moyen de réussir dans le secteur de la mode était indéniablement l'Amérique, elle décida d'aller y vivre. Pour augmenter ses chances, elle porta son choix sur la Californie. Malheureusement, elle ne put obtenir de visa américain parce qu'elle était née dans un pays communiste.

Mon grand-père avait des amis qui vivaient à Toronto. Ils acceptèrent, sans trop de difficulté, de parrainer ma mère. Elle s'envola pour cette destination, espérant pouvoir aller plus facilement aux États-Unis par la suite. Lorsqu'elle immigra à Toronto, elle se heurta à de nombreux obstacles qui jalonnèrent ses premiers pas en terre canadienne. Elle désespérait, car elle n'arrivait pas à trouver un emploi dans la mode ou tout autre débouché lié à cette industrie. Faire carrière dans ce domaine relevait soudain de l'impossible. Elle n'en dormait plus, voyant tous ses espoirs éteints.

Elle rêvait de faire de la création ou de la commercialisation, d'entreprendre une carrière dans la mode et de se spécialiser dans la confection de vêtements haut de gamme pour dames. Pourtant, personne n'acceptait de l'embaucher, malgré ses multiples démarches de recherche d'emploi. Était-ce parce qu'elle était trop jeune ou qu'elle avait acquis sa formation outre-mer? On ne lui donnait pas d'explications. Mais elle refusait de baisser les bras.

En 1967, elle entendit parler de Montréal, car la ville accueillait l'Exposition universelle. Ma mère décida alors de déménager une nouvelle fois. Elle quitta Toronto pour s'établir à Montréal en espérant avoir plus de chances d'y trouver un emploi qui lui permettrait enfin de mener la carrière à laquelle elle aspirait.

Dès son arrivée à Montréal, elle en fut immédiatement éprise. Elle découvrait une ville aux multiples facettes, très vivante et offrant bien des opportunités. Située au sud-ouest du Québec, au cœur du Saint-Laurent, près de l'Ontario et des États-Unis, cette île présentait un charme certain pour tous ceux qui rêvaient de liberté et de succès.

Tout y était sujet à la découverte, et cela la ravissait! À Montréal, diverses langues et cultures se côtoyaient et foisonnaient dans une architecture autant ancienne que moderne. Elle visita la plus célèbre tour de la ville, la Place Ville-Marie: cette tour cruciforme construite au-dessus d'un centre commercial souterrain et qui constitue la plaque tournante de la ville souterraine, l'une des plus grandes au monde. On avait accès à des centaines de commerces, restaurants et bureaux, ainsi qu'au réseau de métro et aux principaux terminus de transport; le tout à l'abri des intempéries. Ma mère en fut impressionnée. D'ailleurs, tous ceux qui visitent Montréal le sont.

À cette époque déjà, de nombreux festivals étaient organisés à Montréal. Aussi, en raison de sa société multiculturelle, les événements spéciaux et les fêtes religieuses de partout à travers le monde y étaient célébrés et partagés par tous, sans discrimination. Plusieurs petites communautés vivent en bonne entente au sein d'une grande communauté!

Le seul hic : ma mère était anglophone, et Montréal était la seule métropole francophone du Canada, ainsi que la deuxième ville francophone dans le monde après Paris. À cela ma mère ne s'attendait pas du tout! Elle ne connaissait même pas l'existence d'une majorité francophone au Canada. Elle se trouva bien mal outillée, puisqu'elle ne savait ni lire ni écrire le français. Entre-temps, elle l'a appris un petit peu, mais pas assez pour tenir une conversation dans cette langue.

Malgré ce handicap, ma mère n'eut pas trop de difficulté à s'installer dans sa nouvelle ville. Rapidement, elle se trouva un petit appartement au centre-ville, dans le Vieux-Montréal : un quartier situé au sud de la ville et qui en constitue le centre historique. Il abrite de nombreux attraits touristiques, notamment le Vieux-Port, la place Jacques-Cartier, la place d'Armes et la basilique Notre-Dame. Plusieurs restaurants et commerces d'artisanat y sont établis.

Elle tomba sous le charme du mont Royal, la petite montagne qui surplombe la ville. Trouver dans une ville une montagne et de vastes espaces de verdure, c'était incroyable! Elle adora les musées, l'architecture, les gratte-ciel modernes et la vie dense et envoûtante qui l'animait. Elle se souvient d'avoir beaucoup aimé sa première visite au Jardin botanique et à la Biosphère. Maintenant, où qu'elle soit dans le monde, elle est toujours fière de proclamer son amour pour Montréal.

Peu de temps après, ma mère réussit enfin à trouver un emploi dans la mode, mais il ne correspondait pas à ce dont elle rêvait. Sa vie s'organisait autour de son travail et de ses nouvelles amitiés. Quelques années plus tard, elle rencontra mon père. Ce fut le coup de foudre! Elle succomba à ses charmes de jeune Italien. Très vite, ils décidèrent de se marier et de fonder une famille. Folle d'amour, ma mère voulait tout faire pour lui plaire et s'en emparer. Comme elle était de confession juive, la seule possibilité pour elle de l'épouser dans une église catholique était qu'elle accepte de signer une déclaration selon laquelle elle élèverait ses enfants selon les principes de la religion catholique. Et ma mère signa… Elle aurait signé n'importe quoi, pourvu qu'elle puisse convoler en justes noces avec son *latin lover*!

Il est vrai qu'en ce temps-là, elle s'était détournée de sa religion. Mais elle a renoué avec ses origines juives depuis. Ce cheminement lui a permis de s'approprier de nouveau l'histoire de ses ancêtres.

J'admire ma mère pour son courage et sa détermination, mais je ne peux m'empêcher de ressentir sa solitude et sa tristesse à l'automne de son existence. Elle n'a jamais refait sa vie après son divorce d'avec mon père. Je trouve cela dommage, car la vie ne devrait pas s'arrêter après une rupture, quelle qu'en soit la raison. Chacun a droit à sa part de bonheur et de joie. Le renouveau fait partie de la vie, alors il faut toujours croire en l'amour, quel que soit l'âge. Je lui souhaite de rencontrer enfin son prince charmant et de vivre heureuse avec lui jusqu'à la fin des temps. Pourquoi pas? Le bonheur n'a pas d'âge!

**Mon père**

Giuseppe Imperiale, mon père, est né le 24 juin 1951 en Sicile. On fête son anniversaire en même temps que la Saint-Jean-Baptiste, la fête nationale du Québec.

Mon père vivait dans un petit village, Catollica, situé dans la province d'Agrigento, au sud de la Sicile. Il est le cadet de quatre enfants ; il a une sœur et deux frères. Son père est décédé dans un accident de la construction alors qu'il n'avait que quatre ans, laissant à sa mère la charge de les élever toute seule. Il n'aura connu son père que très peu de temps, mais ses souvenirs en sont imprégnés.

Sa famille a immigré au Canada lorsqu'il avait à peine huit ans. C'est sa mère qui décida de ce projet d'immigration parce qu'elle estimait que le Canada pouvait leur offrir de nouvelles opportunités et une certaine sécurité économique. En ce temps-là, en Sicile, la famille de mon père vivait dans une grande précarité. Sa mère s'était trouvée démunie à la mort de son mari. Elle n'avait ni travail ni soutien d'aucune sorte. Comme elle avait un frère qui vivait à Montréal, elle lui demanda de les parrainer. Ce qu'il accepta de bon cœur. L'immigration s'organisait de plus en plus dans le cadre des réseaux familiaux : ceux qui étaient déjà installés à Montréal faisaient venir leurs parents et leurs amis en les prenant en charge à leur arrivée.

Dès qu'ils ont obtenu l'approbation des services de l'immigration du Canada, ils ont voyagé par bateau, de l'Italie à Halifax. Ils ont dû par la suite se déplacer par train jusqu'à Montréal. Le voyage s'était avéré long et pénible. C'était pour eux une aventure qui représentait l'espoir d'un renouveau, dans un pays d'Amérique du Nord. Leurs désirs de mobilité sociale et de réussite les portaient vers ce « Nouveau Monde ». Aujourd'hui, j'imagine aisément, avec émotion, mon père et sa famille dans le bateau qui les emmenait vers la « Terre promise ».

Arrivés à Montréal, ils s'étaient sentis perdus, ne connaissant ni le français ni l'anglais. Ils ne parlaient que le dialecte sicilien. Heureusement, une grande communauté d'Italiens, surtout en provenance du sud de l'Italie, y était déjà constituée. Des familles entières avaient aussi fui la misère qui régnait en Italie. Tout le monde se serrait les coudes. Alors chacun les aida à s'installer, à construire leur nid. La solidarité chez les Italiens n'est pas un vain mot!

En ce temps-là, le gouvernement du Québec ne se sentait pas du tout concerné par l'intégration des immigrants et ne disposait d'aucune structure d'accueil officielle. Ce sont les communautés elles-mêmes qui se chargeaient de recevoir et d'aider les nouveaux venus. L'entraide reposait souvent sur les réseaux de parenté ou sur les solidarités villageoises : parmi les immigrants italiens, par exemple, beaucoup venaient rejoindre des membres de leur famille ou de leur village d'origine qui étaient déjà installés dans certains quartiers montréalais. Ils les aidaient à se trouver un logement ou un emploi et à s'habituer à leur nouvel environnement. La culture, les liens avec l'Italie et l'attachement à la famille ont été les points d'ancrage de la communauté italienne de Montréal.

Les Italiens avaient tendance à vivre entre eux et à se regrouper dans certains quartiers de la métropole où ils conservaient leur langue et leurs usages, comme la Petite Italie et Saint-Léonard. Ils constituent, après les Québécois francophones et les Québécois anglophones, le troisième groupe d'origine européenne le plus important de l'île de Montréal. Les premiers immigrants provenant d'Italie ont beaucoup contribué à l'essor économique du Québec. Ils œuvraient surtout comme manœuvres pour combler les besoins de l'économie canadienne en cette période intense de construction. Ils ont pratiquement construit la Petite Italie, Saint-Léonard ainsi qu'une partie de Rivière-des-Prairies.

Les premières années, la famille de mon père n'avait pas beaucoup de moyens financiers, elle a donc habité dans un petit appartement avec trois autres familles italiennes. Lorsque mon père se remémore cette période, il la décrit comme la plus désastreuse de toute sa vie. Ils étaient entassés à plusieurs et devaient souvent se contenter de pain, d'huile d'olive et de café pour se nourrir.

Ils ont mis du temps à s'adapter à leur nouvelle vie au Canada. Mon père était habitué à la campagne, à jouer dehors, à monter aux arbres et à chasser les animaux pour s'amuser. Il se souvient que des oiseaux venaient manger en face de la maison. Ils étaient toujours là. Alors c'était vraiment tentant de les attraper. Mais il ne savait pas que c'était illégal. Leurs voisins ont donc appelé la police! Ce sont ces petites découvertes, dans leur quotidien, qui leur semblaient étranges et nouvelles. Autrefois, ils avaient eu pour eux la liberté des espaces, le soleil en abondance et les lieux communs. Ils se heurtaient aussi à une nouvelle mentalité: les immigrants italiens subissaient de plein fouet les discriminations et les stigmatisations de la part des Canadiens français. Certains endroits étaient interdits aux chiens et aux Italiens! Mais à force de travail et d'endurance, les Italiens du Québec en particulier et du Canada en général ont gagné leurs lettres de noblesse et ils ont enfin été reconnus pour leur persévérance et leur contribution à la société civile.

Le système d'enseignement francophone se montrait alors peu ouvert aux immigrants, voire carrément hostile, même s'ils étaient de langue française. Mon père a commencé sa première année à Montréal dans une école anglaise catholique.

C'est ainsi que tous les enfants italiens ont fréquenté des écoles anglaises. Leurs parents optaient pour la langue de la majorité du continent et du groupe qui, au Québec même, dominait la vie économique de l'époque. Encore aujourd'hui, la majorité des Italo-Montréalais choisissent d'envoyer leurs enfants dans des écoles catholiques de langue anglaise.

Dans ce système, il fallait étudier le catéchisme. C'était le sujet sur lequel mon père se questionnait toujours. Comme il soulevait souvent des incompréhensions devant certains passages de la Bible, les prêtres le sermonnaient en lui reprochant de poser trop de questions. Ils lui expliquaient qu'il devait se limiter à accepter tout ce qui se trouvait dans la Bible et tout ce qu'ils lui disaient, car il s'agissait «de la Parole de Dieu».

Mon père se souvient qu'il ne comprenait pas pourquoi il n'avait jamais de réponses aux interrogations qu'il soumettait aux prêtres. Ils l'expulsaient souvent des cours pour avoir posé des questions sur les doctrines, sur la Bible et ses versets. Il ne fallait surtout pas chercher à comprendre! Avide de savoir, il restait sur sa faim, se posant continuellement des questions.

En fait, mon père avait été élevé dans la foi catholique, mais il avait toujours des doutes quant à sa religion. Il ne savait pas vraiment ce qu'il était au fond de lui-même et ce en quoi il voulait croire. Il nous racontait que, lorsqu'il était enfant, sa mère et sa grand-mère lui disaient toujours que «s'il faisait quelque chose de mal, il irait en enfer, et qu'en enfer, il y avait plein de diables». Mon père en développa la peur des diables et des esprits pendant son enfance. Mais en grandissant, il continua à chercher sa voie spirituelle. Aujourd'hui, je dirais qu'il se considère davantage chrétien que catholique. Sa spiritualité continue de le nourrir et de le guider…

Ma grand-mère paternelle n'était jamais à la maison, car elle devait travailler pour subvenir aux besoins de ses enfants. Ses deux fils aînés avaient abandonné leurs études pour la soutenir. Mon père voulut faire la même chose. Il abandonna l'école dès la huitième année. Il avait à peine treize ans lorsqu'il commença à travailler. Cependant, il ne tolérait pas l'autorité. Il ne supportait pas de travailler sous les ordres de quelqu'un. Être subordonné à un patron était au-dessus de ses forces. Personne ne devait le commander. Conséquemment, il ne restait jamais bien longtemps chez le même employeur.

À l'âge de dix-sept ans, il commença à sortir tous les soirs dans les discothèques. Il s'amusait, comme n'importe quel jeune de son âge. C'était une période de liberté et d'amusements. Peu de temps après, il rencontra ma mère et en tomba éperdument amoureux. Il décida très vite que cette femme allait être la mère de ses enfants. Quatre ans après, ils se sont mariés. Aujourd'hui, avec un certain recul, il pense qu'il était bien trop jeune pour établir une relation sérieuse et fonder une famille.

Pour mon père et ma mère, la religion avait peu d'importance. Ils s'aimaient et cela transcendait tout. Comme ils ne pouvaient absolument pas se marier dans une synagogue, ils décidèrent de demander à un prêtre d'une église catholique s'il accepterait de les marier. Le prêtre n'avait aucun problème avec le fait que ma mère soit juive. Elle n'avait donc pas besoin de se convertir si elle ne le désirait pas. Leur seule obligation était d'élever leurs enfants dans la religion catholique.

Au cours de la première année de leur mariage, mes parents ont décidé de travailler tous les deux. Dès qu'ils ont eu leur premier enfant, ma mère est restée à la maison pour en prendre soin. Leur première fille se prénommait Joanna. Elle souffrait de problèmes neurologiques et elle s'est éteinte à l'âge de onze ans. Ce fut une période très sombre pour eux, dont je parlerai un peu plus loin. Ensuite est née Mélanie, puis arriva Élizabeth et enfin, moi.

Mon père faisait vivre sa famille grâce à de petits boulots. Finalement, à l'âge de vingt-trois ans, il a eu l'occasion de prendre la gérance d'un bar qui appartenait à un de ses amis. Il n'avait jamais pensé qu'il pouvait aussi bien réussir dans la gestion de ce genre de commerce. Pour des raisons financières, le propriétaire a dû vendre ce bar. Mais comme ce commerce lui manquait, mon père a par la suite acheté son propre établissement, qui a généré des bénéfices substantiels durant une longue période. Mon père aime beaucoup la clientèle et les contacts interpersonnels. Cet aspect de sa personnalité a contribué à sa réussite dans les affaires.

Remplie de bons moments, malgré des périodes de dépression, sa vie était très intéressante. Je n'entrerai pas dans les détails intimes de sa vie, car ce n'est pas nécessaire et cela n'apporterait rien au but de ce livre, qui est celui de raconter un pan de la vie des Montréalais de différentes confessions. Sa vie est un autre livre. Peut-être qu'un jour je prendrai le temps d'en faire l'esquisse… Peut-être l'écrira-t-il lui-même. Qui sait?

Aujourd'hui, il passe beaucoup de temps à lire et à réfléchir. Je pense qu'il devait être un éminent philosophe, dans une autre vie. Il a beaucoup de choses à dire sur bien des sujets. Ce dont il parle le plus, c'est la religion… C'est sûrement parce que ses éternelles questions sont demeurées sans réponse!

Mon père décrit la religion d'aujourd'hui comme un «poison pour l'humanité». Il soutient que les traductions et les interprétations sont deux choses complètement différentes. Selon lui, la religion n'est pas interprétée par les traductions comme elle est censée l'être. Chaque religion détient ses propres interprétations et traductions. Dans son cheminement religieux, il utilise sa propre interprétation de la Bible. Il lit les versets selon son cœur et son esprit. En tant que personne, il sait ce qui est bien et ce qui est mal. Nul n'a besoin d'être jugé par qui que ce soit. Il est son seul juge et à la fin de la journée, au moment de s'endormir, il revoit ses faits et gestes et il est capable de savoir s'il a bien agi ou non. Il se fait ses propres remontrances. Personne n'est dupe.

Il a fallu plusieurs années avant qu'il puisse en arriver à cette conclusion. En ce qui concerne la religion, il veut que ses enfants aient un esprit ouvert. Dans ce monde, il estime que les êtres humains sont tous égaux devant l'Éternel. Personne n'est mieux que l'autre et chacun doit agir selon sa conscience pour se gouverner dans le respect des autres.

## Mon enfance

J'ai trois sœurs et je suis la cadette. Je dirais que j'ai vécu une vie très différente de la leur, car très tôt j'ai été habituée à vivre dans un foyer monoparental, puisque nos parents étaient divorcés. Je n'ai donc pas ressenti de manque particulier, car je ne me souviens pas comment c'était lorsque mes parents vivaient ensemble. Alors pas de comparaison possible.

J'ai une sœur de trente-quatre ans, Mélanie, qui a une petite fille de trois ans : un petit ange ! Vient ensuite Élizabeth. Elle a trente ans et demeure à Vancouver avec son fiancé. Elle est à 100 % anglophone alors qu'il est francophone à 100 %. Comme ils proviennent de deux cultures différentes, ils s'opposent tout le temps. Deux solitudes qui s'adaptent et se complètent l'une et l'autre !

Et puis il y avait Joanna, l'aînée. Elle aurait eu trente-six ans cette année. Elle est décédée alors qu'elle avait à peine onze ans. Je n'étais pas encore née. Je n'ai donc pas eu la chance de la connaître. Au cours de l'accouchement, il y a eu des complications, car le bébé ne se présentait pas normalement. Les médecins ont dû provoquer la délivrance, ce qui lui a malheureusement occasionné des déficiences neurologiques. Après sa naissance, lorsque le pédiatre a annoncé la terrible nouvelle à ma mère, ce fut un tel choc pour elle, qui s'est sentie foudroyée par le destin.

Ce fut une période très difficile pour mes parents. Ils passaient leur temps à l'hôpital. Outre le fait que le handicap soit souvent vécu comme un tabou, bien que personne n'y soit à l'abri, il y a tout le désespoir psychologique que doivent vivre les parents. On ne peut imaginer combien il est difficile d'avoir un enfant nécessitant des soins spécifiques, sans oublier que deux autres enfants avaient aussi besoin d'attention et d'affection. C'était dur pour eux… Leur chair et leur sang, leur petit bébé démuni et fragilisé par un handicap. Malgré toutes les difficultés, ils lui donnaient beaucoup d'amour et d'affection.

Le handicap de Joanna était une épreuve douloureuse pour toute la famille. Mes parents ont ressenti un terrible sentiment d'injustice. Surtout ma mère, alors envahie par la culpabilité. Elle se sentait coupable du handicap de son bébé et avait du mal à l'accepter. Elle endossait le poids de ce malheur, vivant le traumatisme de son enfant dans son âme. Était-ce une damnation du Ciel? Pourquoi son bébé? Pourquoi elle? Pourquoi eux? De quoi s'était-elle rendue coupable?

Loin de sa famille restée en Angleterre, ma mère se sentait seule et isolée. La famille de son mari ne lui accordait que très peu de temps ou d'attention. Elle restait toujours «l'étrangère», «l'intruse».

Malheureusement, malgré les soins et toute l'attention que mes parents prodiguaient à Joanna, le moment vint pour elle de quitter ce monde. Elle est décédée le 6 avril 1986 alors qu'elle avait onze ans. Ma mère était alors enceinte de moi.

Elle en était à son sixième mois de grossesse. C'est une année qui a apporté beaucoup de changements pour mes parents. La perte de son enfant avait meurtri ma mère. Son absence avait installé un vide dans son cœur et dans ses journées. Même si son état réclamait une attention constante, Joanna n'était pas une contrainte. Sa joie de vivre et sa gaieté inondaient la maison de rayons de soleil. Elle était si légère, si belle! La mort n'efface pas la mémoire. Et son passage sur cette Terre, même si court, a laissé sur son sillage ses sourires et son visage épanoui.

Lorsque mes parents ont divorcé, en 1992, je n'avais que six ans. Ça a été une grande transition pour ma mère, et je pense que c'est la raison pour laquelle elle a fait un choix différent en ce qui me concerne: peut-être avait-elle appris certaines choses avec mes autres sœurs. Je ne sais pas... J'ai été la seule de ses enfants à avoir été inscrite dans une école primaire française. Je suis donc la seule à être complètement bilingue. En plus, le fait d'avoir étudié dans une école française m'a ouvert bien des portes pour mes études et m'en ouvre aussi pour mes perspectives d'emploi. J'ai aussi été la seule à bénéficier d'une certaine stabilité, puisque je n'ai pas eu, contrairement à mes sœurs, à changer souvent d'établissement scolaire. Le fait d'avoir été la plus jeune m'a permis également de vivre le plus longtemps possible dans la maison familiale et d'établir des relations à long terme avec des amis. Mes sœurs n'ont pas eu la chance de pouvoir tisser des liens d'amitié durables. Non seulement j'ai gardé le contact avec mes amies d'enfance, mais j'ai pu également établir et entretenir une relation très intense avec ma mère, dont je suis la plus proche.

Après le divorce de mes parents, comme j'étais très jeune, je ne me suis pas rendu compte à quel point cela a été dur pour ma mère. Maintenant, lorsque j'y repense, je réalise que notre famille est passée par des moments très éprouvants. Une séparation, ça fait souffrir. Beaucoup souffrir. C'est déstructurant et déstabilisant. C'est un arrachement d'un membre du corps. C'est l'incompréhension totale. Comprendre que les chemins divergent et que chacun devra suivre sa propre route n'est pas chose facile. La rupture ne se fait pas sans haine. Du moins, lorsqu'un des deux se sent spolié, privé de son assise affective. Il est difficile de garder un lien d'amitié et de confiance lorsque l'autre nous prive de tout. Les ressentiments explosent alors et chacun crache son venin. Ce n'est pas très beau, pas très digne. Mais c'est le revers de l'amour. La haine prend forme et en atteint la mesure… « On se déteste comme on s'est aimés. »

Je trouve absolument incroyable la manière dont ma mère a réussi à nous élever en nous offrant le meilleur. Elle a pu s'occuper de ses trois enfants, conserver notre grande maison, s'assurer que nous avions en tout temps des vêtements à la mode et que nous participions aux activités qui nous intéressaient. Elle a tout fait pour nous offrir une vie de qualité, même si cela exigeait d'elle qu'elle doive travailler comme femme de ménage le jour tout en développant son entreprise à la maison le soir. Chaque nuit, elle modèle, coupe et coud jusqu'à deux ou trois heures du matin.

Dans les périodes les plus difficiles, lorsque le manque d'argent se faisait trop criant, elle avait recours aux services gouvernementaux offerts aux familles dans le besoin. Durant quelques mois, nous allions dans des banques alimentaires où l'on nous donnait de la nourriture, pour toute la famille, pour au moins une semaine. Sa fierté s'en trouvait émoussée, mais elle avait trois enfants à nourrir. Leur santé physique en dépendait.

Maman a pu mener de front toutes ses obligations. Je me demande encore comment elle a bien pu faire. Il lui a fallu beaucoup de détermination et d'abnégation. Je sais que je lui ressemble et qu'elle m'a insufflé la force et le courage d'atteindre mes objectifs, quoi qu'il en coûte. Déterminée, je ne baisse jamais les bras et je m'efforce de travailler tout le temps pour m'assurer d'aller dans la bonne direction, comme ma mère! J'ai besoin de m'accomplir et de faire des pas qui, les uns après les autres, me portent vers mon avenir. Et je la remercie pour cet héritage.

Mon père n'a pas été toujours présent dans ma vie. Lorsqu'il vivait encore avec nous, il était le plus souvent occupé par son travail au bar. Et ensuite, lorsque mes parents se sont séparés, je suis devenue «une enfant du divorce». Je ne le voyais plus qu'une ou deux fois par semaine. C'était trop peu pour créer et entretenir un véritable lien; notre relation était plus de nature amicale que paternelle. Je lui en ai toujours voulu… et il m'est difficile de lui dire «je t'aime».

Quand il nous a annoncé son cancer de la prostate, ce fût un choc. Il gardait ce secret depuis deux ans. Il s'est décidé à nous en faire part après que son médecin lui eut appris qu'il devait subir une chirurgie pour l'ablation de la prostate.

Je me suis retenue pour ne pas pleurer, pour ne pas m'écrouler. Ne devais-je pas me montrer forte pour ne pas l'inquiéter? On ne pense jamais que le cancer peut frapper à notre porte. Le temps parfois nous épargne, mais un jour ou l'autre, le cancer peut entrer par effraction dans notre vie et toucher un proche…

Depuis, je porte un regard différent sur mon père. Je ne veux plus laisser le passé ruiner notre présent. Je savoure chaque instant avec lui comme s'il était le dernier. J'ai réalisé que nous ne sommes que de passage et que les personnes qui nous sont chères peuvent nous être enlevées à tout moment.

## Mes études et mes projets

Je termine actuellement la dernière année de mon baccalauréat, en espérant poursuivre des études supérieures en orthophonie. J'ai toujours été intéressée par les langues étrangères et la linguistique. J'étudie à l'Université McGill, à Montréal, pour obtenir mon baccalauréat en arts, linguistique et éducation. Mes divers cours m'ont donné la capacité de regarder le monde d'une nouvelle manière et d'élargir le champ de mes connaissances. Ainsi, je suis heureuse de pouvoir les mettre à profit comme je le fais, en participant à l'écriture de ce livre.

J'ai enseigné l'anglais en tant que langue seconde à de jeunes immigrants et francophones de Montréal. Je l'ai aussi enseigné à Taiwan dans le cadre d'un cours de langues étrangères. Pour moi, pouvoir utiliser la langue comme mode de communication est un phénomène! Elle est multiple grâce à notre vocabulaire qui est riche et dense. Elle nous permet de dire des choses qui ne sont pas directement devant nous : on peut facilement décrire le présent, le passé et le futur. Notre système de langue est si unique qu'il me fascine. J'ai donc décidé d'orienter ma carrière en communication, afin d'assister les personnes démunies à ce propos ou présentant des difficultés de langage et d'élocution. Les êtres humains naissent tous avec un mécanisme du cerveau pour apprendre le langage et pouvoir communiquer. Tout le monde devrait avoir ce privilège.

Ma future profession me permettra d'aider les gens qui ont des déficiences fonctionnelles dans ce mode de communication. Parmi eux, on compte les enfants qui souffrent de bégaiement, de problèmes neurologiques ou d'un déficit intellectuel qui perturbe le langage et les personnes âgées qui ont subi une attaque cérébrale, qui sont paralysées et qui n'ont plus la capacité de parler. Vivre une vie sans avoir la possibilité de communiquer avec le monde autour de soi est quelque chose de mutilant. La parole est un vecteur d'échanges et d'approche interpersonnelle. En ce moment, j'offre mes services en tant que bénévole dans plusieurs centres.

À l'école où je travaille, les enfants qui sont suivis ont besoin de différents types de traitements. Certains nécessitent de l'aide sur le plan de l'élocution, d'autres sont muets sélectifs ou vivent avec un retard intellectuel. Je fais plusieurs activités avec eux, selon leurs besoins. Je travaille aussi avec une autre orthophoniste que j'assiste au sein de ses groupes de thérapie. Chaque groupe est constitué de jeunes enfants, âgés de cinq à six ans, présentant tous une petite forme d'autisme et qui ont besoin de soutien pour la communication orale. Les enfants démunis sur le plan du langage éprouvent des difficultés à nouer des relations sociales et interpersonnelles. Par exemple, ils ne peuvent pas regarder les gens dans les yeux et ils éprouvent des difficultés pour écouter et comprendre les choses qui leur sont dites. Ils n'utilisent pas les mots appropriés dans certaines situations et n'arrivent pas à tenir une conversation.

J'observe beaucoup les enfants avec lesquels je travaille. L'étude des comportements autistiques me laisse suspendue, spectatrice d'un monde à l'intérieur d'un autre monde. Souvent, le regard fixe et glacial, l'enfant ne semble intéressé par rien. On pourrait penser à une rupture avec le monde «extérieur», car l'enfant peut agréger au bloc autistique une portion plus ou moins grande de l'environnement spatial. Pourtant, il enregistre chaque événement et chaque influence externes. Il est en même temps absent, perdu et à l'affût.

Les enfants souffrant d'autisme vivent à l'intérieur d'une structure et d'une pensée affective qui nous fait saisir la différence entre l'introversion et la dissonance. Comme dans une rêverie, ils peuvent s'enfermer longtemps dans une action et se fermer hermétiquement au monde extérieur. Ce retrait peut se produire à des niveaux psychiques très différents. De manière générale, chez les autistes, la recherche de l'isolement est brutale, elle affirme une rupture déterminée avec l'entourage, suivie d'un refuge dans des mondes imaginaires. Les autistes sont comme dans une coquille, incapables de s'extérioriser. Leur vie intérieure est si intense qu'elle leur fait perdre le contact avec la réalité. La meilleure façon de les aider, c'est surtout de respecter leur besoin de solitude et de ne jamais interrompre leurs rêveries solitaires.

C'est toujours très difficile pour les parents d'apprendre que leur enfant est autiste. D'ailleurs, il y a un fort pourcentage de divorces au sein de ces couples, tant la situation semble insurmontable. Pourtant, j'ai rencontré des parents qui ont pu accompagner leur enfant et l'aider à surmonter ses difficultés en s'adaptant aux situations. Chaque enfant est unique et riche de ses qualités.

### Les voyages

Je me considère privilégiée du fait d'avoir eu la chance de faire plusieurs voyages à travers le monde et de vivre de multiples expériences grâce aux différents styles de vie et aux cultures que je découvre. À chaque jeune que je rencontre, je donne le conseil de saisir la moindre occasion de voyager, d'aller à la découverte du monde et des autres.

L'indépendance est à mes yeux la plus belle des libertés. Et le meilleur moyen de faire fructifier cette qualité est d'expérimenter toutes les aventures et toutes les avenues que le monde peut nous offrir. À dix-neuf ans, j'ai effectué mon premier voyage en Europe. J'ai eu la chance de visiter la Hongrie, le pays natal de ma mère, et de voir la ville et la maison où elle a passé son enfance. J'ai visité le cimetière où nos ancêtres sont ensevelis. Ceux qui ont été assassinés durant l'Holocauste. Je me suis recueillie longtemps sur leur tombe. Que d'émotions! Le fait de penser à ces hommes et à ces femmes dont je suis issue, qui ont été supprimés uniquement à cause de leur religion... Une religion qu'ils n'ont pas forcément choisie, mais qui leur a été donnée en héritage. Tous les films que j'avais vus ou les livres que j'avais lus sur cette ignominie me sont revenus en mémoire. Voir l'horreur dans les livres ou à l'écran est une chose, mais se retrouver près de ces victimes en terre est troublant!

Puis, j'ai passé un mois à Barcelone où j'ai suivi des cours de langue et de civilisation espagnole. La ville et ses alentours sont sublimes. J'ai poursuivi mon voyage en Italie, où j'ai vécu des expériences incroyables pendant quelques semaines. Visiter le pays de mon père me permit des découvertes exquises. Je sais maintenant d'où il tient son élégance et son charisme.

L'année suivante, il m'a fallu faire quelque chose de différent. J'ai voulu enseigner l'anglais en langue seconde. Je me suis donc inscrite pour une certification et j'ai trouvé un emploi d'été pour enseigner l'anglais dans une colonie de vacances, à Taiwan. J'y ai passé deux mois auprès d'un groupe d'enfants âgés de dix et onze ans. Ce fut une expérience que je n'oublierai jamais. Combien de personnes de mon âge peuvent se targuer d'avoir voyagé à l'autre bout du monde pour enseigner! C'est quelque chose dont je suis très fière!

Le voyage qui m'a le plus tenu à cœur est toutefois celui qui m'a transportée en Israël en 2007. Et la même année, j'ai également découvert le Maroc. Deux pays complètement différents, mais dans lesquels je me suis sentie en pleine fusion.

En Israël, j'ai beaucoup appris sur l'histoire de mon peuple et de mes ancêtres. Je me souviens avoir entendu beaucoup de choses sur ce pays. Mon imagination me faisait miroiter des myriades de découvertes. Lorsque j'ai foulé la terre d'Israël, j'ai ressenti un bonheur incommensurable. Tout me semblait si différent! J'ai réalisé avec émotion combien je suis liée à ce pays. J'ai été impressionnée de voir comment les Israéliens en prennent soin et le protègent. Tous les Juifs du monde entier, dès qu'ils posent les pieds en Israël, se sentent tout de suite chez eux. C'est le seul endroit où ils se sentent vraiment sur leur terre. À force d'avoir été rejetés et ostracisés partout où ils ont essayé de se réfugier, ils ont développé un amour instinctif pour Israël, qui représente la Terre promise : celle qui leur permet de se retrouver à la source de leurs racines et de leur histoire ; d'éprouver le sentiment qu'ils sont chez eux ; et surtout, la sensation de ne plus être une minorité perdue au milieu d'une majorité.

J'ai pu constater à quel point la population y est extrêmement diversifiée sur les plans ethnique, religieux, culturel et social. Il s'agit d'une société relativement jeune qui se caractérise par son engagement social, ses ressources économiques et sa créativité culturelle ; tous ces aspects contribuant à son dynamisme.

Au cours des siècles, il s'est constitué d'importantes communautés juives dans des pays proches ou lointains, où ils connurent de longues périodes de croissance et de prospérité, mais également des époques de discrimination impitoyable, de pogroms et d'expulsions partielles ou totales. Chaque vague de persécutions et de violences renforçait leur croyance en l'idée du rassemblement des exilés et conduisait des individus ou des groupes à retourner dans leur patrie ancestrale. À la source. Entre eux !

Le mouvement sioniste, créé à la fin du XIXe siècle, concrétisa l'idée du rassemblement des exilés en un mode de vie qui leur est propre. L'État d'Israël l'a incorporée dans sa loi, accordant la citoyenneté à tout juif désireux de s'installer dans le pays. Au cours des années, Israël n'a cessé d'accueillir de nouveaux immigrants originaires de toutes les parties du monde.

Depuis l'époque biblique, les juifs constituent un peuple doté d'une foi monothéiste, le judaïsme, concept aussi bien religieux que national. Aujourd'hui, la société juive d'Israël est constituée de juifs pratiquants et de juifs non pratiquants, depuis les ultra-orthodoxes jusqu'à ceux qui se considèrent comme des laïcs. Mais Israël étant conçu comme un État juif, le Shabbat et toutes les fêtes juives sont des jours chômés et célébrés par l'ensemble de la population juive à divers degrés d'observance.

En Israël, la majorité de la population se compose de juifs laïcs qui affichent un mode de vie moderne tout en respectant les préceptes religieux. Une grande partie de la population mène un mode de vie traditionnel, certains choisissant d'appartenir à l'un des courants religieux.

J'ai eu l'occasion de visiter des kibboutz et leur univers fait d'arbres à planter, de cuisine et de travaux de la ferme. C'était fabuleux !

Après avoir visité Israël, je me suis rendue au Maroc, le pays où habite mon autre famille : celle de mon fiancé. C'est là que je l'ai rencontré pour la première fois. J'y ai appris qu'environ 5 000 Marocains de confession juive y résident. C'est un pays où les trois religions monothéistes vivent en harmonie. Durant mon séjour, j'exhibais mon étoile juive et je n'ai jamais été inquiétée ou importunée. Je me suis sentie en sécurité. Rien ni personne ne m'a fait sentir que j'étais différente ou indésirable. J'ai pu ainsi constater par moi-même la tolérance et l'ouverture des Marocains et des Marocaines quant aux autres cultures et religions.

Après toutes ces aventures, je continue à faire des voyages qui m'offrent des souvenirs inoubliables et incroyables, comme la Turquie, la Grèce et des retours constants en Italie. Cela me donne une fenêtre sur le monde. Sans ces expériences, je n'aurais jamais été aussi ouverte. Je me sens faire partie d'un tout et me considère comme une « citoyenne du monde ».

## Ma religion

Des enfants de ma mère, je suis la seule qui n'ait pas accompli de communion solennelle. Je peux ainsi dire que je ne suis pas considérée comme une catholique par l'Église. Mais cela n'affecte pas vraiment ma vie. Je suis la seule aussi qui ait décidé de découvrir son côté judaïque. Je reste partagée entre diverses confessions et croyances religieuses.

Ma sœur aînée a fait le choix de cheminer dans le catholicisme quand elle a épousé un Sicilien catholique. Elle a choisi de suivre la même route que celle de ma mère, en mettant de côté ses croyances religieuses pour faire plaisir à son époux.

Pour sa part, Élizabeth ne croit pas en une religion monothéiste, mais elle a des croyances spirituelles qui la guident et la motivent. Puis, il y a moi, qui ne sais pas… J'ai assurément des croyances spirituelles qui me guident, elles sont mon phare. Mais je ne sais pas exactement à quelle religion j'appartiens vraiment, car je cherche encore ma voie. Cependant, je ne me suis jamais considérée comme catholique, ça, c'est sûr !

Ces dernières années, je me considère de plus en plus comme une juive. Ce n'est pas vraiment sur le plan de la religion (à ce jour, je n'en suis qu'à mon apprentissage), mais c'est surtout sur celui de mon appartenance au peuple juif. J'éprouve le sentiment de faire partie de son histoire, l'histoire d'un peuple qui a souffert durant la Deuxième Guerre mondiale. Je suis fière d'être connectée à un peuple qui a survécu et prospéré envers et contre tous. Je me dis que je dois ma détermination et mon courage au peuple juif dont je suis issue. La difficulté ne m'a jamais arrêtée, elle m'a juste encouragée à persévérer et à aller de l'avant.

Même si ma mère est juive et que la judaïté se transmet par la mère, je ne sais même pas si je suis encore considérée comme une juive à part entière… Par ailleurs, je ne sais pas si je suis tout à fait catholique, n'ayant pas fait ma communion, bien que j'aie été baptisée. Quelquefois, je me dis que je suis prise entre deux religions. Heureusement, les fondements judéo-chrétiens sont les mêmes. Cela me simplifie parfois la vie !

De toute façon, la *Halakha*[1] indique « qu'on reste un juif, membre du peuple, même si on cesse d'être juif, pratiquant du judaïsme ». De même, cette loi religieuse n'impose pas la pratique religieuse pour appartenir au peuple juif, puisque pour elle, même un juif converti à une autre religion reste juif.

Dans ma famille, on ne respecte pas le Shabbat, mais on célèbre les fêtes comme Passover, Roshashana, Hanoukka

---

1. Loi religieuse traditionnelle.

et Yom Kippour[2], et elles sont significatives pour moi. On célèbre aussi les fêtes équivalentes dans le catholicisme, comme Pâques, l'Action de grâce et Noël. Nous avons pris l'habitude de célébrer les fêtes catholiques, car notre père est catholique. Ce n'est que depuis quelques années que nous avons commencé à intégrer les fêtes juives. J'y attache une grande importance, car elles ne sont pas seulement religieuses. Elles ont aussi une grande signification émotionnelle.

Chacune de ces évocations rappelle un moment dans l'histoire où les juifs ont souffert. Toutes ces dates marquent un événement tragique ou heureux dans l'histoire juive. C'est un devoir de mémoire pour le peuple juif. Il se souvient! Tout comme la devise «Je me souviens» qui est inscrite sur les plaques d'immatriculation de notre «Belle Province». Cette devise n'a que trois mots, mais ils valent le plus éloquent des discours. Le Québec en est si fier qu'il l'a fait graver au fronton de ses monuments et de ses palais. Oui! Le Québec se souvient! Il se souvient du passé et de ses leçons, du passé et de ses malheurs, du passé et de ses gloires. Cette devise résume admirablement la spécificité du Québec en tant que province distincte du reste du Canada, une province qui a réussi à préserver son identité. Comme le peuple juif qui, malgré les génocides, a survécu pour se raffermir.

Je ne connais pas trop les rituels juifs, car je ne fais que commencer à m'introduire à ces célébrations. Je sais que durant le Shabbat, chaque juif prend le temps de vivre au ralenti et de se ressourcer au sein de sa famille. C'est un moment de tranquillité spirituelle. Le Shabbat est le septième jour de la semaine. Il commence le vendredi, à la tombée de la nuit, et se termine le samedi soir, à la tombée de la nuit.

---

2.  Le jour du Grand Pardon.

Les horaires du Shabbat varient donc en fonction des lieux et des dates tout au cours de l'année.

Le Shabbat est un des principes fondamentaux du judaïsme. À l'instar de Dieu, qui a créé l'Univers et tout ce qu'il contient en six jours et qui s'est reposé le septième, le juif cesse tous ses travaux de la semaine à l'approche de la nuit, le vendredi soir, pour se consacrer entièrement à Dieu, corps et esprit. Le jour du Shabbat doit être l'occasion de se réjouir en famille, de vider son esprit des soucis et des devoirs matériels de la semaine pour se plonger dans l'étude de la Thora.

L'essence du Shabbat est de laisser de côté les tâches de la semaine pour faire place à Dieu, en ce jour où Il a para-chevé le monde et a créé l'Homme. Pendant le Shabbat, on n'utilise aucun gadget électronique. Regarder la télévision, utiliser la voiture, voire allumer les lumières sont des actions interdites, car elles interrompent la pureté du recueillement et du renoncement.

Je sais que la plupart des jeunes de mon âge ressentent plus ou moins la même chose que moi. Ils évoluent dans un monde où la religion n'est plus placée sur leur liste de priorités. Pour nous, donner un titre à notre religion devient de moins en moins important, mais nous avons tous des croyances qui nous identifient. Et surtout, une histoire qui nous transcende.

## Israël

Israël est un pays du Proche-Orient. Il est délimité à l'ouest par la Méditerranée, au nord, par le Liban, au nord-est, par la Syrie, à l'est, par la Jordanie et la Cisjordanie, au sud, par le golfe d'Aqaba, et au sud-ouest, par l'Égypte et la bande de Gaza.

Ce pays se distingue par sa vie culturelle riche, son économie avancée sur les plans industriel et technologique, et son degré de développement. Les contributions israéliennes à la science sont significatives dans la médecine, la physique et l'agriculture, et plus particulièrement encore en génétique, en informatique, en électronique et en optique. Des prix Nobel en science et en économie ont été décernés à quatre Israéliens depuis 2002.

Le fait que je sois juive du côté de ma mère m'a permis de bénéficier de certains avantages. Le programme Birthright est organisé par la communauté juive autour du monde. Il est offert à tous les jeunes juifs qui ont entre dix-huit et vingt-six ans. C'est un voyage gratuit pour aller en Israël pendant dix jours afin d'y vivre une expérience d'apprentissages religieux et culturels.

Les communautés juives du monde entier collaborent avec le gouvernement d'Israël pour financer le voyage de ces jeunes. Pour eux, cela contribue à préserver le peuple juif en transmettant l'histoire, la religion et la culture aux nouvelles générations. Lorsque je suis descendue à l'aéroport David-Ben-Gourion, en Israël, on m'a demandé si j'allais faire *Aliyah*. J'ai répondu négativement par réflexe, car je n'avais aucune idée de ce que ça voulait dire. Par la suite, j'ai réalisé qu'on posait cette question à tous les voyageurs qui entraient en Israël. Par curiosité, je me suis informée pour savoir de quoi il s'agissait. L'expression « faire *Aliyah* » signifie : « immigrer en Israël ». Car c'est le *homeland*. Elle désigne l'acte d'immigrer en Terre Sainte par un juif. Les immigrants juifs sont appelés « *Olim* ».

C'est un concept très important pour le judaïsme et pour le sionisme. En fait, le mouvement sioniste nécessite l'existence et la préservation d'un pays pour les juifs. Si un juif décide de «faire *Aliyah*», cela lui permet d'immigrer en Israël et d'en devenir citoyen. Il y a des centaines de personnes qui le font chaque jour, pour des raisons religieuses, familiales ou politiques. Le mot *Aliyah* signifie littéralement «ascension» ou «élévation spirituelle».

Au début, j'ignorais en quoi consistait le Birthright. On me disait que ce programme était offert dans le but de faire des «lavages de cerveau» aux jeunes afin de les encourager à retourner vivre en Israël. Chacun y allait de ses présomptions. Mais je dois avouer, pour l'avoir vécu, que ce fut l'une des meilleures expériences de ma vie et qu'en aucun moment je n'ai senti qu'on essayait de me «laver le cerveau». À mon retour au Canada, je n'avais pas changé. Je suis restée la même, si ce n'est que mes conceptions s'étaient enrichies. J'ai simplement eu l'immense plaisir d'être dans un lieu où les citoyens sont des passionnés de leur pays.

J'ai eu la chance de créer des relations et des liens solides avec des jeunes de mon âge. Et cela m'a aussi donné l'opportunité de rencontrer de jeunes soldats israéliens. Malgré leur uniforme et leur allure imposante, ce sont les personnes les plus attachantes et gentilles que j'ai rencontrées dans ma vie. On s'amusait bien avec eux. Au début, je n'ai pas constaté une grosse différence entre eux et nous, parce que nous avions les mêmes centres d'intérêt, nous aimions participer aux mêmes types d'activités et nous avions tous le même sens de l'humour. Mais j'ai lentement réalisé que nous étions, en fait, complètement différents. Il y avait un soldat qui, à mon âge, était déjà marié. Il était capitaine dans la marine et il m'a raconté son parcours au sein de l'armée. Un jour, pendant la guerre, le bateau sur lequel il se trouvait a coulé. Ils ont été portés disparus durant quelques jours. Il avait eu grand peur de ne plus revoir sa famille et, de son côté, sa pauvre famille n'avait aucune nouvelle de lui… sauf le fait que le bateau avait coulé. Il m'a raconté cette histoire avec une peur latente et une grande tristesse… C'est à ce moment que j'ai réalisé que nous vivions dans des sphères très différentes. Je me sentais encore comme une enfant comparée à lui, alors qu'il avait été confronté à la guerre et aux dangers. Et continuait de l'être.

C'est ainsi que j'ai pris conscience de nos dissemblances. Je me souviens de nos conversations concernant les Arabes et de ce qu'il pensait d'eux en général. Selon lui, les Arabes étaient tous les mêmes. Je sentais son opinion négative à ce sujet et je ne savais pas comment réagir, parce que je ne comprenais pas pourquoi il avait autant d'appréhension envers ce groupe ethnique. Je lui ai dit: « Mais c'est sûr que tous les Arabes ne sont pas les mêmes, tu as les extrémistes d'un côté et les autres qui vivent en harmonie avec tout le monde! » Il ne voulait rien savoir… ils étaient tous les mêmes. Par la suite, ce soldat est venu au Canada lors d'un échange culturel. Le gouvernement d'Israël l'a envoyé à Montréal, lui et d'autres soldats, afin qu'ils vivent la même expérience que nous avions vécue en Israël. Je me souviens que celle que nous l'avons conduit à un restaurant où il y avait un groupe de jeunes Arabes qui étaient assis à une table, près de nous. Ce jeune soldat ne se sentait pas à l'aise. Il était stupéfait de constater que les Arabes et les autres coexistaient.

La priorité d'Israël est sa sécurité. Des lois obligent tous les jeunes citoyens israéliens, dès l'âge de dix-huit ans, à accomplir leur service militaire. Homme ou femme, c'est obligatoire. Ce qui m'a étonnée, c'est que la plupart d'entre eux ont hâte de servir leur pays. Ils n'ont pas peur. Je me base sur les déclarations des soldats que j'ai personnellement rencontrés. En fait, le peuple israélien réagit ainsi. Il en va de sa survie. C'est ce qui explique que ce pays est si fort, malgré sa faible superficie et sa population d'environ sept millions de personnes. Sans passion ou engagement, ce pays n'aurait pu survivre. C'est un refuge pour les juifs. Des Juifs habitent dans chaque pays du monde, mais Israël est le seul endroit où ils se sentent vraiment chez eux.

Mon séjour en Israël m'a permis de me ressourcer dans chaque pierre, chaque grain de sable, chaque rayon de soleil. Avec émotion, la gorge nouée, j'ai visité Yad Vashem, le musée de l'Holocauste d'Israël. Le bâtiment nous coupe le souffle. C'est le centre névralgique de la mémoire juive. Y sont répertoriées et conservées les archives concernant l'histoire du peuple juif pour les générations futures, pour qu'on n'oublie jamais l'horreur de la Shoah[3].

C'est en 1953 que, par une loi du Parlement israélien, le mémorial de Yad Vashem de Jérusalem fut établi, en référence à ce texte d'Isaïe :

*Et je leur donnerai dans ma maison et dans mes murs un mémorial (Yad) et un nom (Shem) qui ne seront pas effacés.*
Isaïe 56,5

Construit sur la colline du Souvenir, dans les hauteurs de la ville, ce monument est à la fois un lieu de mémoire, de recherche et d'enseignement ainsi qu'un complexe muséologique. Il est situé plus précisément sur le mont Herzl, à Jérusalem, à côté d'un cimetière où les victimes de la guerre sont ensevelies. La montagne a été nommée ainsi d'après le nom de Theodore Herzl, connu pour être le fondateur du sionisme. Il était Juif-Hongrois. Son tombeau est situé sur le

---

3. L'Holocauste.

haut du mont Herzl. Les autres ministres d'Israël, incluant Golda Meir, sont aussi inhumés à cet endroit.

Comme ce mémorial a été érigé à la mémoire des victimes des nazis, il rassemble les noms de toutes les victimes du génocide juif. Son but est de perpétuer la mémoire individuelle et collective des victimes de la Shoah, d'honorer les « Justes parmi les Nations »[4] et de tout mettre en œuvre pour s'assurer que le Monde n'oubliera jamais.

Ce lieu est empreint d'une forte charge émotionnelle que je ressentis jusqu'au tréfonds de mon âme. Je n'ai pu me retenir de verser des larmes, tant l'intensité de l'émotion était forte. Me trouver là, songer à l'histoire de l'humanité, notre humanité sans âme. Penser à mes ancêtres et à tous les autres juifs morts parce qu'ils sont nés juifs, de parents juifs... En fermant les yeux, j'ai supplié Dieu de protéger la race humaine, de purifier le cœur de ces hommes et de ces femmes qui font et mènent notre monde, d'enlever toute parcelle de haine dans le sang de l'humanité.

Après cette visite, je portais une nouvelle appréciation à mon peuple. Je n'arrêtais pas de penser aux membres de la famille de ma mère et à ce qu'ils avaient vécu, et j'ai eu une pensée toute particulière pour mon défunt grand-père...

## L'antisémitisme

Malheureusement, l'antisémitisme existe depuis toujours, et il continuera d'exister probablement jusqu'à la fin des temps. C'est une calamité qui ne s'arrêtera jamais de faire des ravages, et l'histoire nous a donné des preuves le confirmant. Depuis des milliers d'années, les Juifs ont été victimes de la haine. Cela a commencé en Égypte à l'époque des pharaons,

---

4. Ceux qui ont sauvé des juifs pendant la guerre.

puis il y eut l'Holocauste, et cela continue de nos jours avec les actes antisémites commis quotidiennement à travers le monde. Pour ma part, je n'ai jamais subi de tels actes, mais mes arrières grands-parents en ont souffert durant la Deuxième Guerre mondiale. Ils ont perdu leurs biens, leur dignité et, pour certains, leur vie. Cela ne fait que renforcer en moi mon appartenance à ce peuple pour lequel je manifeste une grande solidarité.

## Israël et la Palestine

Le conflit entre Israël et la Palestine est tragique. Je suis juive et j'éprouve un réel attachement pour Israël. Lorsque j'ai foulé son sol, j'ai été bouleversée de découvrir la terre de mes ancêtres.

Malgré mon attachement pour Israël, je ne peux pas affirmer que je suis complètement de son côté en ce qui concerne le conflit qui l'oppose à la Palestine. Je n'ai pas en main tous les fondements de ce conflit, mais je suis partagée, je ne sais plus vers qui diriger ma sympathie. Les médias nous bombardent d'information et je n'arrive plus à décrypter ce qui est vrai et ce qui est faux.

Toujours est-il que les Israéliens se trouvent au cœur d'un conflit qu'ils n'arrivent pas à régler, faute d'en arriver à un consensus avec les Palestiniens. Il ne faut pas oublier que les Juifs ont souffert durant la Seconde Guerre mondiale, et qu'encore maintenant, ils sont victimes d'attentats suicides en Israël même. Tous les actes de violence perpétrés par des Palestiniens à l'encontre des Israéliens sont perçus comme des actes antisémites, et cela ne fait que renforcer la haine et la rancœur.

On ne peut régler un conflit en souhaitant l'extermination des Israéliens, comme certains le font. Les Israéliens veulent vivre en paix avec leurs voisins, mais leur sécurité est sans cesse menacée. L'histoire s'est chargée de les marquer par les horreurs que l'Holocauste a infligées aux Juifs morts dans des chambres à gaz et des fours crématoires. Alors laissons-les en paix et essayons de les accepter en tant que voisins. Ils peuvent contribuer au développement de la région et apporter des richesses sur tous les plans.

Mais on nous présente aussi les Palestiniens comme des victimes, et ce sont les Israéliens qui les auraient chassés hors de leur pays pour leur installer des colonies. De penser que les Palestiniens vivent dans des camps de réfugiés parce que les Israéliens ont volé leurs terres me déplaît. Je crois plutôt que ce sont deux peuples, deux légitimités qui s'affrontent car elles sont porteuses de deux identités.

Je prie souvent pour que les gouvernements israélien et palestinien s'assoient à la table des négociations pour apporter la paix dans cette région particulièrement meurtrie par tant de violence. Les Palestiniens et les Israéliens savent bien qu'ils doivent en arriver à un accord et faire cesser les opérations-suicides. Le conflit israélo-palestinien est une tragédie, autant pour Israël que pour la Palestine. Je n'aime pas voir, à la télévision, les soldats israéliens fouiller ou déshabiller des civils qui ne souhaitent que traverser un barrage. Comment attendre d'eux du respect, si on ne les respecte pas?

On ne pourra pas avancer si le plus fort ne fait pas de grandes concessions au plus faible. Il faut partager ce territoire et vivre en paix et dans la paix.

## Le Maroc

Je suis allée au Maroc pour la première fois en 2007 pour rencontrer la famille de mon fiancé. Je ne savais pas à quoi m'attendre. Je connaissais déjà une partie de sa famille qui vit au Canada. La parenté est très gentille avec moi, et le fait que nous venions de deux mondes très différents n'a jamais été un problème. Je craignais que les autres membres de sa famille ne soient pas aussi tolérants. Mais j'ai été surprise! J'ai tout de suite été acceptée par eux et ils m'ont même traitée comme si je faisais déjà partie des leurs.

Je me suis sentie si confortable en leur compagnie. Jamais ils ne m'ont traitée comme si j'étais une personne différente et ils ne m'ont jamais interrogée sur ma confession. Lorsque je raconte cette expérience, les gens autour de moi manifestent toujours de l'étonnement. C'est si facile de sauter aux conclusions et on s'imagine facilement que je serai obligée de porter le foulard et de me convertir à l'islam. Il n'a jamais été question de ce genre de choses.

Le Maroc est exactement comme Rachida le décrit, c'est un pays beaucoup plus moderne qu'on ne le pense. Les femmes ne portent pas toutes le voile. Elles sont habillées de façon plutôt classique et moderne. J'ai beaucoup aimé le Maroc.

Une autre réalité agréable propre au Maroc est la grande ouverture envers les autres religions du Livre. Je n'ai jamais senti de discrimination de la part des Arabes que j'ai rencontrés. Qu'il s'agisse des membres de la famille de mon fiancé ou des amis, jamais ils n'ont soulevé le fait que je suis juive et que mon fiancé est arabe et musulman. Cela n'a jamais été un problème. Partout, j'ai été reçue avec respect et considération.

En revanche, je ne me suis pas sentie pleinement acceptée par mon propre peuple, les Juifs. Mon fiancé et moi sommes allés consulter un rabbin à la synagogue de Marrakech pour discuter avec lui de notre futur mariage. Nous voulions avoir ses conseils et nous étions si heureux de le rencontrer. Quel ne fut pas notre déception lorsqu'il nous a simplement déclaré que cela n'arriverait jamais, car notre mariage entraînerait trop de complications.

En Israël, lorsque je disais que mon fiancé était arabe, j'avais toujours droit à des regards suspicieux. Dans un sens, j'étais mieux acceptée dans le pays de mon fiancé que dans celui de mon peuple.

## Le multiculturalisme dans l'éducation

Je suis une étudiante de la nouvelle génération. La plupart de nos cours sont basés sur l'intégration et le multiculturalisme dans les écoles. L'objectif des nouveaux programmes d'éducation pour les futurs enseignants est basé sur les besoins des enfants d'aujourd'hui et ils sont adaptés pour leur enseigner la manière de vivre dans le monde actuel.

Le monde d'aujourd'hui n'est plus le même que celui de nos parents. Dans les établissements scolaires, des personnes qui proviennent de différentes races, cultures et religions cohabitent dans une mixité naturelle. Ces établissements accueillent aussi des personnes qui souffrent de déficiences et de handicaps. C'est toute une différence avec nos parents, qui ont été élevés dans des écoles de ségrégation, des écoles qui renforcent l'appartenance religieuse. Les enfants qui souffraient d'un handicap étaient placés dans des établissements spécialisés et séparés des autres enfants, dits « normaux ».

Je suis en totale harmonie avec moi-même pour ce qui est de l'éducation multiculturelle. La technologie nous permet de faire encore plus avec nos étudiants qu'auparavant. Les enseignants doivent commencer à utiliser ces avantages. Sur le plan du programme scolaire culturel, on peut introduire des livres écrits par des auteurs de différentes origines et des films provenant de diverses cultures. Mais ce serait aussi un excellent moyen pour les enfants de pouvoir découvrir les origines de leurs camarades. Pour certains, ce serait l'occasion de faire une présentation sur leur pays d'origine et de faire des recherches sur Internet ou dans des livres. Ce sont autant de sujets à développer et à exploiter.

On pourrait également intégrer au système d'éducation des enseignants de diverses origines ethniques, des autochtones ou encore des enseignants homosexuels. Il faut exposer les réalités de notre siècle. Il ne faut pas cacher ce qui existe dans le monde. Par contre, il faut être vigilant, et l'enseignant doit faire preuve de non-ingérence et d'impartialité. Je suis complètement contre le fait que certains enseignants profitent de leur statut pour imposer leurs valeurs ou leurs principes à des enfants vulnérables.

### Les personnes juives et italiennes qui ont marqué l'histoire

Leonard Cohen est québécois. Il est né le 21 septembre 1934 dans une famille juive de classe moyenne d'ascendance polonaise, à Montréal. Il a grandi à Westmount sur l'île de Montréal. C'est un poète, romancier et auteur-compositeur-interprète. Leonard Cohen est l'un des artistes canadiens les plus largement reconnus de la fin du XX$^e$ siècle et un écrivain apprécié. Il s'est bâti une carrière dans la musique pop malgré des compétences musicales des plus rudimentaires : une voix bourrue à registre restreint qui s'intensifie et s'assombrit avec l'âge et des mélodies simples et lancinantes. Il se démarque surtout par l'imagerie intense de ses paroles, qui approfondissent constamment la condition humaine et puisent dans les thèmes de la religion, de l'amour, de la perte et de la mort, et la complexité des relations interpersonnelles.

En 1994, Leonard Cohen se retire dans un monastère bouddhiste au Mount Baldy Zen Center près de Los Angeles. En 1996, il est ordonné moine bouddhiste Zen. Il part finalement de Mount Baldy au printemps 1999 et vit actuellement à Montréal.

Albert Einstein était juif. Il est né et il a grandi en Allemagne. Il a immigré aux États-Unis avant l'époque de l'Allemagne nazie. Malgré l'antisémitisme propagé par Adolf Hitler, il est devenu un des scientifiques les plus connus à ce jour. Son influence dans les sciences et la physique s'est propagée à travers le monde. Tel qu'on le voit sur la célèbre photo, langue tirée, cheveux en bataille, un quotient intellectuel prodigieux, Albert Einstein est l'illustration parfaite du scientifique fou. Sa vie scolaire avait pourtant mal commencé. Il a quitté l'école prématurément et il a échoué au concours d'entrée de l'école polytechnique. Si rien ne laissait présager l'étendue de ses capacités, le génie s'est avéré doté d'un cerveau hors du commun. Il a publié le premier mémoire d'une longue série où il formule sa « théorie de la relativité », qui a révolutionné la pensée physique. Toute sa vie, il est demeuré un pacifiste, et il a amèrement regretté que ses équations aient permis la création de la bombe atomique.

À ce jour, son cerveau est toujours à l'étude pour comprendre les mécanismes cognitifs et les processus qui ont permis à cet homme d'être si intelligent. Des neuropsychologues du monde entier tentent de comprendre le génie de « l'esprit Albert Einstein ».

Un autre juif très célèbre a dominé le monde de la psychologie et de la psychiatrie. Sigmund Freud était médecin neurologiste et a été le fondateur de la psychanalyse. Il est né et a grandi en Autriche. Il est extrêmement bien connu dans le monde de la psychologie grâce à ses techniques et à ses méthodes. Freud a fait des recherches sur les processus psychiques dont, en premier lieu, l'inconscient, le rêve et la névrose. D'abord seul, Freud ensuite regroupa autour de lui une nouvelle génération de thérapeutes qui échangeaient sur l'élaboration de ce que serait la psychanalyse, d'abord en Autriche, puis à Paris et aux États-Unis. En dépit des scissions internes et des critiques émanant de la psychiatrie traditionnelle, notamment, et malgré les années de guerre, la psychanalyse s'est installée comme une nouvelle discipline des sciences humaines. Menacé par le régime nazi, Freud a quitté Vienne pour s'exiler à Londres.

Il est toujours étudié aujourd'hui dans toutes les grandes universités du monde, et de nombreux psychologues et psychiatres se servent de lui comme modèle pour leur pratique. Plusieurs de ses livres ont été brûlés en Allemagne lors des autodafés nazis.

Anne Frank est certainement l'une des victimes les plus connues de l'Holocauste. Son livre *Le journal d'Anne Frank* est encore, à ce jour, un des livres les plus lus. Il est peu probable que vous trouviez un juif ou un non-juif qui n'ait pas lu son livre. Il est aussi utilisé comme une source littéraire dans de nombreuses écoles. Je pense que l'une des raisons pour lesquelles il y est toujours lu réside dans le fait qu'Anne Frank était une jeune fille, à l'époque de l'Allemagne nazie, et que beaucoup de jeunes peuvent se reconnaître en elle. Pendant l'occupation nazie, sa famille et elle ont vécu dans le secret plusieurs années. Pendant ce temps, elle a consigné sa vie dans un journal sur une base quotidienne. Quelques années plus tard, Anne Frank et les membres de sa famille ont été découverts et emmenés dans des camps de concentration. Elle y est morte. Après la fin de la guerre, son père a fait publier son journal.

Golda Meir est née en Russie en 1898, et elle est décédée à Jérusalem, en Israël, en 1978. Dans l'ombre, elle a participé à la création de l'État d'Israël. Elle y a été ministre des Affaires étrangères, puis première ministre. Elle avait la réputation d'être intransigeante. De confession et d'éducation juives, elle a toujours été en faveur d'un sionisme socialiste. Golda Meir est parmi les personnalités qui ont signé la déclaration d'indépendance de l'État d'Israël. Elle fut aussi la première à recevoir un passeport israélien pour se rendre aux États-Unis et elle est devenue la première ambassadrice israélienne en Union soviétique. Dans l'esprit des Israéliens, elle reste celle qui a permis la victoire écrasante et les conquêtes de la guerre des Six Jours de 1967.

Yitzhak Rabin est né à Jérusalem en 1922. Il a été assassiné à Tel-Aviv en 1995. Il reçut le prix Nobel de la paix en 1994, notamment pour son rôle actif dans la signature des accords d'Oslo. Il a pris une dimension majeure en signant ces accords, en 1993, créant ainsi l'Autorité palestinienne et cédant, pour la première fois, un contrôle partiel de certaines zones de la bande de Gaza et de la Cisjordanie aux Palestiniens. Sous son mandat, Yasser Arafat renonce officiellement au recours à la violence et reconnaît Israël dans une lettre officielle. Ces accords lui attirent la sympathie d'une partie de la population et la haine des activistes d'extrême droite. Certains le voient alors comme un héros de la paix, tandis que d'autres le perçoivent comme un traître ayant renoncé à une part du territoire promis dans la Bible au peuple juif. Il a également signé un traité de paix avec la Jordanie en 1994.

Âgé de soixante-treize ans, Yitzhak Rabin est assassiné de deux balles juste après avoir prononcé un discours, lors d'une manifestation pour la paix, sur la place des Rois de Tel-Aviv. Son assassin est un Juif-Israélien, un étudiant en droit opposé aux accords d'Oslo conclus avec les Palestiniens. La date de cet assassinat est commémorée sur la place où il fut tué et qui porte désormais son nom, tout comme un grand nombre de rues et d'associations israéliennes.

Le processus de paix israélo-palestinien a été grandement freiné à la suite de l'assassinat de Rabin. Après la mort de son mari, sa femme Leah s'est consacrée à une fondation et à un centre dédiés à sa mémoire et à la promotion de la paix entre Israéliens et Palestiniens.

Steven Allan Spielberg est producteur et réalisateur. Sa filmographie est impressionnante et compte des succès et des personnages presque entrés dans notre héritage culturel. Elle a permis d'imposer davantage le règne d'Hollywood sur la planète et d'affirmer sa puissance d'illusionniste, tout en développant, çà et là, des notes plus personnelles.

Les films qui m'ont le plus émue sont *La liste de Schindler*, *La couleur pourpre* et *Munich*, portant sur le conflit israélo-palestinien. Tous ces films ont fait l'objet de débats animés sur la réalité historique des œuvres en question. De plus, les origines juives de Spielberg n'arrangent pas les choses : on l'accuse par exemple de ne pas être objectif ou de prendre parti sur des sujets comme la Shoah ou le conflit israélo-palestinien. Spielberg se défend en affirmant chaque fois vouloir développer un cinéma pacifiste. Son succès ne s'est jamais démenti, car des millions d'admirateurs l'adulent. Il est sans conteste, à lui seul, une institution culturelle mondiale.

Lorsque j'évoque mes origines, je pense aussi aux Italiens qui ont contribué de façon positive à la science, à la philosophie et, bien sûr, aux beaux-arts.

L'Italie a la chance d'avoir vu naître des hommes tels que Galilée, Michel-Ange, Léonard de Vinci et Dante Alighieri, pour n'en nommer que quelques-uns. Galilée a apporté une contribution énorme au monde scientifique. Il était considéré comme philosophe, physicien, astronome et mathématicien. Plusieurs de ses théories sont encore étudiées de nos jours, en science et en mathématiques.

Léonard de Vinci, tout comme Galilée, était un homme « de tous les métiers ». Il a œuvré dans tous les domaines, de la science aux mathématiques, de l'architecture à la peinture. Il est reconnu pour être l'un des plus grands peintres de tous les temps et encore aujourd'hui ses œuvres sont étudiées dans le monde entier.

Michel-Ange et Dante Alighieri ont apporté également de très importantes contributions dans le monde des beaux-arts. Michel-Ange a été chargé de l'étonnante œuvre d'art de la chapelle Sixtine, au Vatican, qui est considérée comme l'une des plus belles œuvres d'art dans le monde entier. J'ai eu la chance de la voir deux fois !

Dante est le créateur de l'une des pièces les plus magistrales de la littérature jamais écrite sur l'histoire italienne : *La divine comédie*. Il est également connu pour avoir contribué à la stabilisation de la langue italienne.

Comme on peut le constater, l'Italie compte plusieurs grands contributeurs au développement du monde. Ils étaient des hommes en avance sur leur temps. Le patrimoine culturel et artistique italien est incroyable. Il n'y a pas de mots pour décrire comment on se sent la première fois qu'on regarde le plafond de la chapelle Sixtine, ou lorsqu'on se trouve devant la statue de David, de Michel-Ange, à Florence. On ne peut qu'être impressionné par ces chefs-d'œuvre qui ont marqué le temps.

Mais l'Italie n'a pas enregistré que des contributions positives. Certaines périodes assombrissent son histoire et ravivent les douleurs et la honte. Benito Mussolini avait des idées d'extrême droite. Il est considéré comme l'un des principaux fondateurs du fascisme. Comme Hitler, il a utilisé la violence et la propagande pour diffuser sa doctrine politique en s'appuyant sur l'exaltation du sentiment nationaliste et sur le rejet de la différence. Cette propagande a permis la montée en puissance des idées fascistes et a influencé les comportements des citoyens. Mussolini a été assassiné et son régime éradiqué. Le nazisme s'est en partie inspiré du fascisme. La répression et le contrôle politique extensif de la société civile faisaient figure de lois.

Italienne ou juive, les deux cultures sont remplies de brillants personnages ayant contribué à notre histoire et au développement de notre monde.

# DEUXIÈME PARTIE

## Françoise Tremblay

> Car la sagesse viendra dans ton cœur
> et la connaissance fera les délices de ton âme.
> *Ancien Testament, Livre des proverbes, 2:10*

> *Avec toute mon amitié, cette pensée est pour vous :*
> Après tout, nous sommes un, vous et moi ;
> ensemble nous souffrons, ensemble nous existons.
> Et à jamais, nous nous recréons l'un l'autre.
> PIERRE TEILHARD DE CHARDIN

Je suis née il y a soixante-huit ans, au Saguenay. Issue d'une famille de onze enfants, je suis la première fille et la quatrième enfant de la famille. L'aîné, Pierre-Émile, est père de deux filles et il demeure à Sainte-Foy. L'une d'elles a été blessée lors de la tuerie de l'École Polytechnique de Montréal.

Jérôme est né peu après. Il a trois garçons et une fille, et réside encore à La Baie. Puis Julien, qui demeure à Repentigny. Il a un garçon et une fille. Ensuite, moi, la fille tant désirée par mes parents, j'ai donné naissance à deux garçons et une fille.

Mon frère Germain est décédé à l'âge de quarante et un ans en février 1987, dans l'écrasement de l'hélicoptère qu'il pilotait à La Baie. Il était fonctionnaire à Jonquière. Il a laissé dans le deuil sa femme Lise et ses trois enfants : deux filles et un garçon.

Viennent ensuite Grégoire, qui vit à Boucherville ; Gilles et Padou, qui habitent Montréal ; Lorraine, qui vit à Québec et qui a une fille ; et il y a eu Diane. Celle-ci est décédée des suites d'une maladie alors qu'elle avait à peine trois mois. J'ai ressenti une grande peine à son décès. J'avais dix-sept ans. Ma petite sœur a été exposée dans la maison familiale, dans la chambre sous la mienne. Cela m'a énormément dérangée. Je me suis interrogée sur le sens de la vie. C'était une injustice criante que de voir une enfant mourir à cet âge.

Peu après naquit une autre fille, que mes parents ont prénommée... Diane. Elle vit en République dominicaine et elle a un garçon. Je n'ai jamais compris pourquoi mes parents lui ont donné le prénom de ma petite sœur décédée... Peut-être croyaient-ils la ressusciter.

### Mes jeunes années

Nous étions une famille de dix enfants « tricotée serré ». J'étais une fille née après quatre garçons et j'ai subi cette discrimination qui existait à l'époque envers les filles. Je trouvais cela très injuste. Mes parents, surtout ma mère, accordaient une place de choix aux garçons. Les tâches ménagères revenaient aux filles : alors c'est moi qui faisais tout à la maison. J'en ai souvent pleuré, au creux de mon lit. Je me révoltais avec toute l'énergie du désespoir, m'en remettant à Dieu, car personne d'autre que Lui ne pouvait m'aider. Tous se liguaient pour cantonner les femmes dans des tâches ménagères que je considérais fort avilissantes.

Alors que l'aîné de mes frères, Pierre-Émile, se la coulait douce, moi, qui étais beaucoup plus jeune que lui, n'avais droit qu'aux remontrances et aux obligations qui découlaient de ma condition de fille. J'étais privée de liberté tandis qu'il allait et venait comme bon lui semblait, fier comme un paon. Je me trouvais victime d'une grande injustice.

J'ai dû interrompre mes études à l'âge de treize ans. Ma mère est tombée malade, je l'ai donc assistée dans l'éducation de mes frères et sœurs et dans les travaux ménagers.

À la même période, Pierre-Émile était inscrit au cours classique, un programme d'enseignement qui menait aux études universitaires. Tandis que je devais aider maman à la bonne marche de la maison, il pouvait se consacrer à s'enrichir intellectuellement et spirituellement. Même s'il disait souffrir d'être au pensionnat, je le trouvais privilégié. Que n'aurais-je donné pour être à sa place et n'avoir pour unique tâche que d'étudier les sciences et la philosophie ! Mais il faisait son précieux et exprimait régulièrement son ennui de la maison. Pourtant, il n'était pas le plus à plaindre…

Alors que j'avais seize ans, ma mère fut hospitalisée pendant près de trois semaines. Son rôle m'incomba, et dès lors il me fallut prendre les décisions inhérentes aux tâches de la maison. Je devais m'occuper de tout, mais je demandais quelquefois de l'aide à mes frères. Un ami de la famille m'avait d'ailleurs dit à cette époque : « C'est toi qui fais la mère dans la famille ! »

Et c'était vrai. Je devais m'occuper aussi bien de mes huit frères que de mon père qui s'absentait souvent en raison de son travail dans les bois.

Je faisais tout : épicerie, repas, ménage, lavage, repassage ; je cirais même les chaussures de mes frères. Tout brillait dans la maison. Je travaillais fort. Et quand je m'arrêtais, c'était pour lire. Mon refuge était la lecture. Une heure le matin et une heure l'après-midi. Comme un pieux rituel. Parfois, j'écoutais de la musique, cela me calmait et me détendait. J'étais toujours dans mon intériorité, dans « mon monde ».

Quand ma mère est revenue à la maison, j'ai continué à assumer ses responsabilités. Ma mère cousait la nuit pour gagner un peu de sous, car nous étions huit enfants et quatre de mes frères étaient aux études. Elle tenait à ce qu'ils soient instruits. Elle y tenait tant qu'elle aurait donné sa vie sans hésiter pour leur instruction.

Ma mère avait le potentiel pour établir son propre atelier de couture, mais elle n'a pas pu le faire... Elle a préféré s'oublier dans le sacrifice. Les hommes primaient. Une minorité de femmes travaillait. À cette époque, la place de la femme était au foyer. Son rôle était de veiller sur les enfants et de s'occuper de son mari. C'était ainsi.

## Valeurs et principes

Mes parents m'ont transmis de belles valeurs. L'honnêteté, mais aussi la sagesse. Une personne sage est une personne qui a beaucoup de philosophie. Une bonne philosophie de vie nous permet d'acquérir de la sagesse, tout en nous aidant à supporter les épreuves avec constance et résignation. Car chaque adversité nous rend plus fort au lieu de nous annihiler.

Je pense que la vie fait de nous ce qu'elle veut, envers ou contre nous. Le destin décide à notre place et, comme un *puzzle*, il assemble nos tranches de vie, mène nos pas et la danse qui s'ensuit. La musique nous entraîne dans une valse sans fin. Jusqu'à épuisement.

Mes parents m'ont aussi montré comment vivre ma foi et ma religion, qui sont deux choses différentes. Je suis guidée par ma foi en une croyance qui me transcende et, en ce sens, je me ressource dans cette émotion. J'ai appris à vouer à Dieu un amour éternel et à entretenir cet amour. Et puis, il y a ma religion – catholique – que j'entretiens en lisant la Bible et en respectant les dogmes et les principes du Livre Saint. Le respect d'autrui est une valeur fondamentale que mes parents nous ont inculquée : ils respectaient toujours mes amis et ceux de mes frères et sœurs.

## Mes rêves brisés

Petite, je n'ai pas pu aller au bout de mes rêves en étudiant à cause de toutes les tâches qui m'incombaient. Je n'avais pas assez de mes deux bras et de toute ma tête pour encadrer petits et grands, les aider à faire leurs devoirs et préparer en plus les repas et faire le ménage. La maison était emplie des voix qui s'entremêlaient dans une symphonie cacophonique : La symphonie du « bonheur » !

Puis, le temps a passé et j'ai finalement été heureuse de la réussite de mes frères et de mes sœurs, car, pour moi, elle représentait la mienne à travers eux. Mais je me suis toujours sentie gauche, ne sachant de quoi parler. Je devais composer avec le fait d'avoir dû abandonner l'école très tôt. Mon manque d'instruction m'empêchait d'être heureuse. J'avais l'impression d'être prise en défaut : c'était la faille, que je n'ai pu combler.

Une sorte de gêne s'emparait de moi lorsque je côtoyais des gens instruits. Entourée de personnes érudites et cultivées, j'avais toujours l'impression d'être déphasée, complètement à côté de la plaque. Je restais dans le mutisme, ne parlant que lorsqu'on s'adressait à moi, et là encore, je tremblais et rougissais tant ma timidité était grande. Mes yeux cherchaient le sol, où je souhaitais m'engouffrer pour disparaître complètement. Mais point de béance, alors je restais stoïquement à ma place.

Pour être plus à l'aise, je lisais de plus en plus. Comme exercice, avec l'aide de mon dictionnaire, j'apprenais la signification des mots et j'analysais ensuite le sens des phrases. J'ai pu apprécier ainsi la profondeur des mots et la magie du verbe. Car, pour paraphraser Jean-Claude Germain, « bouquiner n'est pas qu'une école de voluptés, c'est aussi le triomphe de la liberté » et de la pensée.

Heureusement, mon milieu familial était ouvert à la culture. Des bibliothèques remplies de volumes ornaient les murs : ouvrages religieux et philosophiques, encyclopédies et dictionnaires faisaient partie intégrante de mon éducation… autodidacte. C'est dans cet univers que j'ai commencé à goûter la joie de la lecture qui continue de m'offrir une si belle douceur de vivre. Justement, l'art de vivre, c'est un cheminement intrinsèque. Quel bonheur de se laisser griser par l'ivresse de ces après-midi ensoleillés par les livres !

## Mes engagements communautaires

J'ai continué à m'enrichir avec le catéchisme. Dès 1960, je me suis investie dans l'action catholique par l'entremise du mouvement Jeunesse ouvrière catholique (JOC). Ces mouvements québécois d'action catholique ont constitué des lieux de formation pour des générations de jeunes qui se sont engagés dans la lutte citoyenne. L'apport des femmes dans ces mouvements a cependant été trop souvent occulté. Pourtant, Dieu sait combien nous étions nombreuses à nous engager dans cette lutte.

J'aimais aider les autres. De mon adolescence à l'âge adulte, soit de seize ans à vingt et un ans, j'ai défendu les droits des jeunes travailleuses au sein de la section JOC de La Baie, d'abord à titre de secrétaire et de représentante régionale (1960-1962), ensuite comme présidente de section (1962-1964). À la JOC, les hommes menaient la même action, mais pour le bénéfice des travailleurs. Femmes et hommes se rassemblaient séparément. Distinction des sexes dans la défense des mêmes droits...

Je peux témoigner de la richesse de l'expérience acquise par les femmes qui ont milité au sein de la JOC des années 1930 au milieu des années 1960. Cela nous a permis de vivre une certaine forme de liberté.

Nous offrions des soirées d'information sur les droits des travailleuses. Nous aidions celles-ci à mieux composer avec leur travail, à développer de bonnes relations avec autrui et surtout à se protéger du harcèlement psychologique ou sexuel. Le problème fondamental de la plupart d'entre elles était qu'elles ne faisaient pas un travail qui leur plaisait, et *a fortiori* dans des conditions qui laissaient à désirer. À certains égards, nous étions perçues comme des psychologues.

Nous avons vu évoluer des militantes engagées au nom d'un idéal chrétien, cherchant de nouvelles voies pour devenir des citoyennes actives, mais qui se heurtaient au mur des traditions et des préjugés.

Il y avait la lutte, mais aussi l'amusement. Ainsi, nous organisions souvent des soirées dansantes lors desquelles les membres des deux sexes étaient réunis. C'était une époque exaltante. Mais j'ai milité si activement dans ce mouvement que je me suis oubliée... une fois encore.

J'ai par la suite enchaîné les actions bénévoles. J'ai été responsable des fiancés dans le cadre du Service de préparation au mariage, puis responsable de la Grande Mission, une réflexion sur la religion. Ce fut ensuite la naissance de mes enfants et dix années consacrées au devoir maternel. On disait de moi que j'étais une mère formidable. Et je n'en doute pas!

Responsable, j'ai alors orienté mon action vers l'éducation. Ce fut d'abord comme parent-accompagnateur aux activités scolaires de mes enfants tout au cours de leur cycle primaire, puis comme secrétaire et vice-présidente du comité de l'école Durocher, un établissement d'enseignement secondaire fréquenté par un de mes enfants.

Et soudain, en 1980, une violente tempête a frappé mon âme; il m'a fallu faire une pause...

### Mon père

Mon père, Lorenzo, était un homme sage doté d'une forte présence d'esprit et il affichait une belle authenticité. Toujours prêt à rendre service, il avait le respect de tout le monde. Il ne cessait de répéter à qui voulait bien l'entendre que c'était extraordinaire d'être grand-père et arrière-grand-père. Et ses petits-enfants et arrière-petits-enfants le lui rendaient bien. Je ris encore en repensant à toutes les fois où il disait aux parents qui demandaient à leurs enfants de se calmer: «Laissez-les courir! Ce sont des enfants, il faut que ça bouge!»

J'étais très proche de lui et il me disait que j'étais son étoile. Il me l'avait dit devant plusieurs personnes lors du mariage de Jean-Pierre, un de mes fils. J'étais si fière. Il était si bon et si humble. Sa présence me manque tant.

Je me souviens avec émotion du jour où papa avait acheté l'*Encyclopédie Grolier*, connue alors sous le nom du «Livre des connaissances», pour qu'on puisse la consulter. Il avait dit au vendeur: «Je l'achète pour mes enfants parce que moi, je n'ai pas eu la même chance qu'eux et j'aurais voulu avoir cette encyclopédie.»

Au Québec, autrefois, les parents ne pouvaient offrir à leurs enfants plus que le vivre et le couvert. Alors dès que les sous ont commencé à entrer dans les chaumières, les parents se sont mis à offrir à leurs enfants une nourriture spirituelle et formatrice. Plus les générations passaient et plus l'urgence de l'éducation se faisait sentir chez tous.

Mon père est mort en décembre 1996. Mon père est mort en décembre 1996. Son souvenir ne m'a jamais quittée. En Afrique, quand un vieillard meurt, c'est une «bibliothèque qui brûle», a dit l'écrivain, historien et traditionaliste malien Amadou Hampâté Bâ.

## Ma mère

Ma mère, Gemma, est une femme possédant une belle et grande personnalité, et est dotée en plus d'une vive intelligence. La richesse émotionnelle que nous a transmise notre mère nous a permis de nous épanouir et de progresser. Ma mère a aujourd'hui plus de quatre-vingt-dix ans et elle a vécu les changements des années 1960. Elle s'est bien adaptée à toutes les époques.

Ancienne maîtresse d'école, elle s'intéressait toujours à nos travaux scolaires. Elle fut la première enseignante dans le réseau rural de La Baie. L'enseignement était pour elle comme un sacerdoce. Elle donnait le meilleur d'elle-même pour que ses petits élèves progressent.

Ma mère avait beaucoup de détermination. Sa force de caractère et sa sagesse lui ont permis de vivre pleinement ses quatre-vingt-dix années «bien sonnées». Jeune, c'était une catholique convaincue, fidèle à sa religion et à ses principes. Elle avait beaucoup d'amis et pratiquait indéniablement le respect dans les relations interpersonnelles. Elle était aussi une remarquable couturière et créatrice de mode.

Aujourd'hui, elle vit dans une maison de retraite. Elle voudrait bien rester chez elle, mais elle n'a plus l'autonomie nécessaire. Je suis triste pour elle, mais au moins, elle réside dans un lieu plus sécuritaire que son appartement, au second étage de la maison familiale. Elle y est entourée d'amis avec qui elle joue aux cartes, son passe-temps préféré. Je me dis que, pour nos aînés, ces établissements s'avèrent des havres confortables et propices aux rencontres amicales ou amoureuses. L'existence ne s'y arrête pas, mais s'y poursuit. Les personnes âgées ont moins l'impression de se trouver entre les parenthèses de la vie. Qui n'a jamais entendu parler de rencontres et d'unions amoureuses célébrées chez nos aînés? L'amour n'a pas d'âge!

## Mon éducation religieuse

La sévérité de mes parents a été difficile pour moi. J'ai souvent ragé contre cela. Je ne pouvais pas sortir beaucoup et les heures pour rentrer à la maison étaient strictes. Cela me causait bien des frustrations. Quant à mes frères, eux pouvaient sortir. Il y avait moins de risques et de mauvaises conséquences pour eux. On pensait, dans ce temps-là, qu'une fille pouvait «tomber enceinte». On craignait le pire, mais on ne le disait pas tout haut: la sexualité était un sujet tabou. C'est dans les livres que j'ai acquis mes connaissances sur le sujet.

Mes parents étaient très croyants et très stricts en matière de religion, ce qui allait de pair avec la domination des prêtres. Pendant cinq ans, j'ai fait partie d'une chorale à l'église. À partir de quatorze ans, j'allais tous les jours à la messe. Elle commençait à 6 h et se terminait à 6 h 30. J'y allais avec mes frères. Au retour, je mettais la table, je préparais mon petit-déjeuner et celui de ma mère, et je commençais à entretenir notre grande maison. Le temps passait si vite! Les journées se succédaient au rythme des messes et des prières.

Les prêtres étaient vus comme des dieux. Ils occupaient une bonne place dans notre famille. Ils venaient faire leurs «visites d'amitié». À la maison, chaque été, un père jésuite venait nous rendre visite. Comme il était de notre famille, mes parents avaient plus d'affinités avec lui qu'avec les autres représentants de l'Église. Les prêtres avaient trop de pouvoir, c'était exagéré! On aurait dit qu'ils avaient droit de regard sur nos moindres actes. Mais on ne pouvait pas s'y opposer. C'était comme ça! Et là encore, les femmes étaient dans une situation de subordination.

À l'époque où j'étais engagée dans la JOC, un aumônier nous accompagnait, l'abbé Pedneault. Il était gentil, mais nous devions lui obéir avec une soumission totale. Pas question de lui tenir tête. Comme tous les prêtres, il avait la main haute et ne souffrait aucune contestation ou opposition.

Évidemment, je n'ai pas toujours été d'accord et je me permettais de m'affirmer… en secret, en compagnie de mon amie Danièle, avec laquelle je suis liée d'amitié depuis l'âge de cinq ans. J'ai encore des contacts avec elle, soixante ans plus tard. Et nous nous souvenons avec fierté de notre témérité.

La religion était forte et imposante, cela a grandement marqué nos esprits. J'ai cru longtemps que c'était péché mortel de ne pas croire en Dieu. J'ai eu très tard mon premier doute sur l'existence de Dieu: c'est après avoir lu Frédéric Ozanam, le fondateur de la Conférence de Saint-Vincent de Paul, qui a lui aussi beaucoup douté. J'ai encore mieux compris mon doute en 1997, quand j'ai suivi un cours de théologie à l'université. J'ai obtenu un «A». La religion était la matière dans laquelle j'excellais lorsque j'étais enfant.

## Mes forces et mes faiblesses

Jeune, j'ai été très courtisée et on me disait souvent que j'étais très jolie. Mais comme j'étais modeste et surtout très pieuse, j'avais peur de pécher par vanité. Je ne portais pas ma beauté comme un apanage. J'avais cela en plus des autres jeunes filles et j'étais habillée comme une carte de mode grâce au don de ma mère, qui faisait tous mes vêtements. Elle aurait pu faire fortune dans la mode tant elle était douée. Et surtout, elle savait devancer les tendances et être à la fine pointe de la mode.

Le fait d'être consciente de ma beauté décuplait en moi ma bonté et me donnait encore plus envie de me dévouer. J'avais envie de me faire toute petite pour ne pas déranger les autres par les belles qualités physiques et morales dont j'étais dotée. J'ai toujours été perçue par les autres comme une personne noble et pure. Cela aussi m'a encouragée à m'investir encore plus dans les mouvements et associations catholiques. Dieu, dans sa grande mansuétude, m'avait parée d'une belle enveloppe terrestre, et en être orgueilleuse aurait été faire preuve d'ingratitude envers Lui.

## Mon bonheur

Puis j'ai épousé mon beau Gérard à l'âge de vingt et un ans. J'ai été comblée au-delà de tous mes espoirs.

Je l'ai connu par l'entremise de mon frère Julien, dont il était l'ami. Lorsque mes yeux ont rencontré les siens, j'ai compris que l'amour était en moi. Oui, nous nous sommes plu tout de suite et depuis bientôt quarante-sept ans, nous nous aimons.

Certes, il y a eu des hauts et des bas avec Gérard. Je me suis investie pour garder une stabilité et faire durer mon mariage. Il m'en faudrait beaucoup pour changer de mari. Et lui aurait trop peur de me perdre. Il trouve d'ailleurs que les femmes d'aujourd'hui ne sont plus aussi patientes que celles d'autrefois. Je pense que le matriarcat au Québec fait peur aux hommes qui ne savent plus exprimer leurs peurs et leurs émotions, tant ils sont brimés et complexés par la visibilité des femmes dans l'espace social québécois.

Dans ma vie de couple, je reproduisais le modèle de mes parents. Alors que mon mari rapportait les sous, je veillais à la bonne marche de la maison. Il était heureux, mais je me sentais parfois impuissante et inutile.

Nous avons eu peu de temps pour nous après notre mariage. Une petite fille, Lyne, est vite arrivée, et ensuite ce furent les jumeaux. J'ai pris conscience de mon potentiel en mettant au monde mes trois enfants. Lorsque j'ai eu mes jumeaux, mon bonheur était tel que j'en remerciais le Bon Dieu à chaque instant. Tant de découvertes et de ravissements!

Jumeaux vient du mot latin *gemellus*. Mes fils sont des jumeaux identiques. C'est le produit du hasard, de la nature. Ils sont semblables physiquement, tout en restant distincts à d'autres égards.

Chez les jumeaux identiques, on retrouve des caractéristiques similaires tant sur le plan psychologique que sur le plan physiologique. Pendant longtemps, il fut très difficile de les distinguer. On devait prendre des repères pour y arriver. Les visages et les corps étaient semblables.

En ce qui concerne la façon de voir et de commenter des événements, mes jumeaux sont parfois diamétralement opposés. À la maison, nous les avons toujours laissés suivre leurs propres tendances. Ils ont aussi des tempéraments qui contrastent. Cela témoigne sans doute des efforts que j'ai toujours faits pour que Jean-Pierre et Jean-François développent chacun leur propre personnalité. Je me suis inspirée des travaux du psychologue français René Zazzo, grand spécialiste des jumeaux, qui a livré des réflexions majeures sur les thèmes de l'éducation et de l'individualisation.

## Mon combat

Après deux ans de mariage, Gérard est retourné aux études pour terminer un baccalauréat, et j'ai dû m'occuper de la maison et des enfants toute seule. Tout travail à l'extérieur m'était impossible. Au bout de sept ans, il a obtenu son diplôme de comptable. Il était désormais « un professionnel ».

Pendant qu'il évoluait dans un monde universitaire et professionnel, j'étais cantonnée et réduite aux tâches domestiques. Malgré mon amour pour Gérard, je me sentais frustrée de toujours devoir me sacrifier. Alors qu'il s'épanouissait dans l'enrichissement éducatif, j'étais reléguée aux torchons et aux marmites. Qu'aurais-je donné pour pouvoir en faire autant… ? Mais là encore, ce fut à moi de plier l'échine et de veiller sur tout : des années de larmes ravalées, de sentiments de révolte comprimés.

J'ai progressé en lisant encore davantage « parce qu'il y a dans la vie de ces bonheurs très courts et très vifs qui peuvent payer des années de souffrance ». Comme il a raison Frédéric Ozanam !

Plus tard, j'ai manifesté le désir de faire des études et je me suis inscrite aux cours pour adultes. Lors de la première session, j'étais enchantée comme une petite fille. Ces cours m'ont appris à être plus réfléchie avant d'avancer certaines choses, en y ajoutant comme assaisonnements du calme et de la logique. Mon professeur de philosophie, M. Bourdeau, avait su créer un climat de liberté en classe qui m'a permis d'acquérir une certaine autonomie.

Par mes lectures et le cours de philosophie auquel j'ai assisté avec un grand intérêt, j'ai appris à connaître Aristote, qui a marqué, par son œuvre, la philosophie et la théologie au Moyen Âge...

## L'Église et nous

Les prêtres étaient omniprésents dans la société québécoise et l'Église catholique y exerçait une énorme influence. Heureusement, depuis l'avènement de la Révolution tranquille, les Québécois se sont remis en question, tant sur le plan de la religion que sur celui de leur identité. Par la suite, le gouvernement du Québec a mis en place de nombreuses mesures qui reflètent la volonté de notre société de s'affranchir des diktats religieux. Depuis cette époque, les francophones du Québec ne se désignent plus comme des Canadiens français, mais plutôt comme des Québécois, enfin fiers de leur identité particulière.

Afin de vivre en paix et libres de nos choix de vie, nous avons mis la religion de côté. Notre conscience collective a évolué, entraînant une remise en question de nos valeurs. Conséquemment, nous avons perdu un peu de spiritualité, ce qui nous a rendus plus vulnérables devant les aléas de la vie. Je pense que cela fait partie des causes qui ont entraîné la hausse du taux de suicides. La religion est souvent une béquille psychologique, un bouclier face à l'adversité et à l'inconnu.

Heureusement, l'être humain est fait de passions et d'émotions, et surtout de conscience. Et les notions de bien et de mal sont encouragées par la conscience et l'envie d'aimer son prochain comme soi-même, dans une quête de communion avec l'autre. On n'a plus besoin d'aller à la messe tous les dimanches pour démontrer notre foi envers Dieu et notre attachement au genre humain.

Les femmes se sont battues avec acharnement pour se libérer des carcans que la religion catholique avait réussi à leur imposer. Autrefois, elles pouvaient difficilement accéder à des sphères réservées aux hommes. Elles devaient rester cantonnées à des rôles subalternes : mettre au monde des enfants et servir leur « seigneur et maître ».

## Mes amies, mes hommages

J'ai toujours cru que les prémices de l'amitié mènent à l'amour. Il est vrai que mes amies me sont chères, et je partage avec elles d'excellentes relations. Certes, nous avons emprunté des chemins de vie différents, espaçant davantage nos rencontres, mais elles sont toujours aussi profondes et authentiques.

Dans nos discussions, il y a une franche camaraderie et chacune respecte les autres, bien que nos philosophies de vie divergent à certains égards. Si le malheur frappe l'une d'entre nous, toutes les autres expriment une sincère compassion. Je rends ici hommage à mes amies, mes vraies amies, et je leur destine à chacune une pensée particulière.

Danièle est mon amie depuis soixante ans. Nous avons partagé joies et peines toutes ces années, sans heurts. Certaines personnes sont tellement spéciales qu'elles parviennent à faire entrer le soleil dans notre univers même un jour de ciel gris.

J'ai pour Denise une grande admiration. D'une extrême patience, elle joue le rôle d'aidante naturelle auprès de sa famille immédiate. Elle est en quelque sorte une infirmière du cœur. Oui, Denise, l'amour est éternel : il ne connaît ni le temps ni les distances.

Yolande est une personne extraordinaire qui a pris un soin jaloux de sa mère, clouée dans un fauteuil roulant. Pendant de nombreuses années, Yolande a été à son chevet. Dans ses loisirs, elle a longtemps joué aux quilles où elle a atteint un niveau de performance élevé. Elle est comme une montagne, et les montagnes sont toujours divines, puisqu'elles portent l'empreinte de la Vie.

Rachel, mon ancienne voisine, une dame au grand cœur qui m'a gâtée de petits plats succulents et dont la sagesse transpirait lors de nos grandes discussions. Tu représentes pour moi la vérité. Et la vérité n'a pas besoin de moi, mais j'ai besoin d'elle.

Et ma fameuse Nicole, avec son côté audacieux si charmant. Son emploi du temps me semblait tellement chargé, à l'époque où nous tenions nos réunions hebdomadaires de JOC. Nicole partageait son vécu pour nous éclairer. Je lui voue une grande admiration.

Une amie a quitté ce monde, Rolande, ma compagne de la «Vincentienne». Il y a de ces départs qui nous peinent et celui-ci en fut un. Mère, grand-mère et arrière-grand-mère, Rolande m'a laissé des souvenirs inoubliables. Son bénévolat auprès des démunis lui était si précieux. Elle accueillait ces personnes sans aucune prétention et avec une simplicité chaleureuse. La jovialité était la marque de commerce de cette amante du plaisir, qui faisait fi de son taux élevé de glycémie en grignotant chacune des sucreries que nous lui donnions lors de nos collations. J'ai une pensée pour Rolande, qui repose en paix. Car aimer les autres aide à mettre notre solitude en valeur.

Mariette, décédée elle aussi, avec qui je partageais la foi et bien des opinions. Un jour, elle nous a présenté cette *Prière d'une grand-maman*, tirée d'un diaporama réalisé par Création Amitie45F :

> Vierge Marie, je viens aujourd'hui te parler de mes petits-enfants. Tu sais combien je les aime. C'est merveilleux de voir en eux le prolongement de la famille. Je voudrais les voir heureux, comblés, cheminer dans la vie sans heurts, sans maladie, sans chagrin. Mais la vie ne se passe pas ainsi.
>
> Alors, Vierge Marie, pour mon cadeau, protège-les de ton affection maternelle. Aide-moi à être une grand-mère disponible, mais non accaparante ; secourable sans m'imposer ; discrète dans mes conseils ; avare de critiques, mais prodigue d'amour. Aide-moi à ne jamais contredire les décisions de leurs parents, et surtout, à voir dans le regard candide de mes petits-enfants, le reflet du visage de ton fils Jésus.
>
> Vierge Marie, étoile du matin, consolatrice des affligés, toi qui m'as guidée à travers ma vie, exauce cette prière de grand-maman.

Mariette, je te destine cette pensée dans l'au-delà, en guise de dernier hommage : « Un cœur généreux trouve toujours le moyen de faire plaisir. »

Telles étaient mes sept amies : comme les sept dons du Saint-Esprit et les sept pétales de la rose évoqués dans la Bible ; comme les sept cieux des traditions musulmane et catholique.

Je tiens à rendre hommage à deux hommes que j'ai peu connus, mais dont le souvenir, le sort et les adieux ont marqué ma conscience.

D'abord Patrick, fils de Jocelyne et de Gilbert, enlevé à la vie très jeune. Il fut de ces gens dont le passage en ce monde fut court, le temps d'embellir des vies et d'y jeter un parfum. Dans sa courte existence, Patrick a été un enfant, un adolescent puis un homme heureux. Il a cueilli rapidement le bonheur comme les petites fleurs des champs.

Monsieur Jean-Marie, père de ma belle-fille Isabel. Batailleur, souverainiste assuré, homme de conviction dont l'âme était empreinte de valeurs chrétiennes, d'honnêteté, de justice et d'équité. Il a commencé très tôt à travailler à l'usine pour seconder sa mère à la suite du décès de son père et subvenir aux besoins de tous ses frères et sœurs. Il était un pilier.

Il était un véritable autodidacte ; la culture faisait partie intégrante de sa vie. Il était un grand lecteur, un mélomane averti et un amant de la nature. Avec son épouse Thérèse, ils ont eu cinq enfants. Sa famille était sa plus grande fierté. Il vouait un amour inconditionnel à ses enfants et à ses petits-enfants.

Cette obligation de mettre très jeune ses rêves de côté, la responsabilité qui lui incombait de s'occuper de ses frères et sœurs et cette démarche intellectuelle autodidacte sont le miroir de ma propre histoire… Mon attachement pour monsieur Jean-Marie réside aussi dans cette symbiose du don de soi.

Sur sa pierre tombale est gravée une phrase qu'il répétait souvent : « Je n'ai peut-être pas tout compris, mais j'ai essayé. » Pour vous, monsieur Jean-Marie : « Il suffit d'un fil pour commencer une toile. » (Frédéric Ozanam)

## Les femmes qui m'ont servi de modèles

J'ai beaucoup d'admiration pour Janette Bertrand, car elle a permis aux femmes québécoises d'évoluer. Par ses émissions à la télévision et par ses livres, elle a démystifié le rôle des femmes dans la société québécoise. J'ai adoré les émissions de notre « Janette nationale ».

Du côté politique, Hillary Clinton est un bel exemple de femme épanouie, qui a pris sa place, tout comme Margaret

Thatcher, cette « main de fer dans un gant de velours »… J'ai également une grande admiration pour Pauline Marois, pour son engagement et son courage politique. Elle a pu concilier sa vie de femme publique et de mère, en ayant quatre enfants et en s'imposant sur la scène politique. J'imagine ce par quoi elle a dû passer, car on sait que les hommes n'aiment pas céder leur place.

Il y a aussi Anne Hébert, pour son livre *Kamouraska*; Denise Bombardier, qui m'a marquée par son honnêteté intellectuelle et le livre qu'elle a écrit avec Claude Saint-Laurent, *Le mal de l'âme : Essai sur le mal de vivre au temps présent*; Françoise Dolto, pédiatre et psychanalyste française, tellement sensée et juste; puis sa disciple, la juge à la retraite Andrée Ruffo, combattante acharnée pour la défense des droits des enfants auprès du DPJ (Directeur de la protection de la jeunesse), afin qu'ils reçoivent les services psychiatriques qui leur sont nécessaires.

La femme que j'admire le plus pour son courage, son abnégation et son altruisme est Mère Teresa. Cette femme m'a émue en raison de sa belle philosophie de vie. Son parcours et son humanisme sont au-delà de tout. D'ailleurs, j'ai été heureuse que le pape Jean-Paul II l'ait béatifiée. Ce qu'elle a fait en Inde, pays où le système de castes marginalise une immense partie de la population, est prodigieux.

Ces femmes ont été capables de s'afficher. Ces femmes ont lutté contre des injustices. Comme moi, elles ont connu la révolte et l'ont exprimée à leur façon.

### Les hommes que j'admire

Jean-Paul II et René Lévesque. L'un est un homme de religion, l'autre un homme politique de conviction.

Karol Józef Wojtyla est né à Wadowice, près de Cracovie en Pologne, le 18 mai 1920. Il fut pape sous le nom de Jean-Paul II du 16 octobre 1978 à sa mort, le 2 avril 2005. Même si je n'aimais pas son entêtement à s'opposer au divorce, au mariage homosexuel, à l'ordination des femmes et à la promotion des moyens de contraception dans les pays ravagés par le sida, Jean-Paul II était un saint homme. Il était ouvert aux autres religions et allait avec modestie vers les autres.

Je me rappelle l'attentat dont il fut victime en mai 1981. Dix-sept mois après que son assaillant, Mehmet Ali Agca, lui eut tiré dessus sur la place Saint-Pierre de Rome devant une foule de 20 000 fidèles, le pape s'est rendu dans sa cellule pour lui accorder son pardon. Ce fut un geste d'une grande humilité.

Je me souviens aussi de René Lévesque. Il a été journaliste, correspondant de guerre, animateur de radio et de télévision, député, ministre et chef politique québécois. Il a fondé le Parti québécois et il a exercé la fonction de premier ministre du Québec.

Brillant journaliste et politicien, il m'a marquée par son intelligence et son intégrité. Il a laissé un héritage politique majeur sur plusieurs fronts et a fait naître, dans le cœur de milliers de Québécois, le désir de mener le Québec vers l'indépendance et la souveraineté.

## Les femmes et la religion

En tant que femme dans un pays qui a longtemps gardé le « sexe faible » sous domination, j'avoue être outrée de ce qui se passe dans certains pays musulmans où la femme est vraiment tenue pour quantité négligeable. Comme en Iran, en Afghanistan et en Arabie saoudite où les femmes sont obligées de porter le *tchador*. Selon moi, il est inconcevable que les femmes soient privées de leur liberté, que leur époux ait à se prononcer sur leurs goûts vestimentaires, voire jusqu'au simple droit de conduire. Ça n'a vraiment pas de sens !

La condition de la femme musulmane me rappelle celle des femmes d'ici avant la Révolution tranquille, alors que la loi faisait de la femme mariée québécoise une mineure sous la tutelle de son mari et que le divorce était interdit. Les femmes avaient même besoin de la signature de leur mari pour les autoriser à subir une opération chirurgicale !

Heureusement, la Révolution tranquille a changé beaucoup de choses au Québec. Entre autres exemples, le Code civil a été amendé et, pour la première fois, une femme a pu être élue députée à l'Assemblée nationale. Le gouvernement du Canada a modifié la loi pour permettre le divorce. En 1990, l'historien Fernand Ouellet a bien résumé l'impact de cette période où le changement social a frappé de plein fouet l'ensemble de la société québécoise : « La Révolution tranquille marqua incontestablement pour les Québécois francophones le moment capital de leur entrée dans la modernité. »

Nous avons commencé à nous libérer de la domination économique qu'exerçaient les anglophones et nous avons réussi à rejeter l'autorité du clergé, qui nous avait tenus dans une sorte d'aliénation.

Cela me révoltait de constater que les affaires n'étaient qu'entre les mains des anglophones. Le contrôle de la vie économique n'appartenait pas aux Canadiens français. L'infrastructure de la société, québécoise dépendait d'une autre société parallèle.

La Révolution tranquille a complètement bouleversé nos habitudes de vie et les rôles au sein de la famille. Elle a remis en question les paradigmes sociaux et les valeurs fondamentales de la société. Les dogmes chrétiens et l'idéologie de l'Église étaient en fait ressentis comme des contraintes et une domination. Le Québec, c'était l'Église et l'Église, c'était le Québec. Mais la modernité a fait son lit sur le déclin de l'Église, minant son pouvoir.

Nous vivions dans un monde religieux où tout venait de Dieu et retournait à Dieu, où tout était à la grâce de Dieu. Puis les choses ont enfin changé et nous avons décidé de vivre dans un monde de liberté où chacun pouvait affirmer son individualité, où la religion était devenue l'affaire de chacun en son âme et conscience au lieu de lui être imposée par son pays, sa famille, sa culture, son milieu, sa tradition, son éducation.

Ce n'est pas la religion en tant que telle qui est dénoncée, mais son dogmatisme et ses conformismes qui laissent peu ou pas de place à la conscience de chacun.

Le Québec était une société catholique et très fervente. Je me souviens que nous faisions plusieurs fois par jour notre prière et que nous nous rendions à l'église dans une attitude recueillie et soumise. Nous craignions la colère du curé et du Bon Dieu. Après la Révolution tranquille, les gens ont délaissé progressivement ces pratiques. Les hôpitaux et les écoles, tenus par les communautés religieuses, ont été transformés, et le personnel de direction est devenu de plus en plus laïque. Le pouvoir de l'Église sur la vie des familles s'est étiolé peu à peu pour diminuer et finalement se perdre. Les époux étaient autrefois tenus d'avoir un grand nombre d'enfants, mais pour les jeunes d'après la Révolution tranquille, il n'était pas question de continuer dans cette voie. Alors ils se sont éloignés de l'Église et le nombre d'enfants par famille a diminué, les divorces ont augmenté et la révolution sexuelle est venue renverser toutes les valeurs et les principes de l'Église et de l'institution catholique. La pilule contraceptive était désormais utilisée comme moyen d'expression de la liberté.

L'Église catholique a sa conception de l'existence et des valeurs de chacun. Pour elle, pas de place à l'erreur, et les divorcés n'auront jamais l'absolution. Sa capacité d'action et de persuasion s'est sérieusement dégradée, mais son intransigeance de principe demeure entière, même si nous la supportons difficilement.

## Ma dépression

1980… Année sombre et déroutante pour moi et les miens. Dépression ou schizophrénie? Je n'en savais rien. Toujours est-il que je sentais en moi un si grand vide! Je vivais une réelle remise en question. Ma vie ne me convenait plus, je tournais en rond. J'avais le regret de ne pas avoir poursuivi mes études, et j'avais décidé de les reprendre. Mais tout était confus! J'éprouvais de la difficulté à suivre le cursus menant à l'obtention du diplôme d'études collégial et à intégrer le savoir. La complexité me tétanisait. Je me sentais impuissante, si nulle! Je sombrais doucement entre le marteau et l'enclume. Des migraines à n'en plus finir me taraudaient le crâne. Je me retenais souvent pour ne pas hurler de douleur. La peur me prenait à la gorge…

J'ai dû être hospitalisée en psychiatrie à quelques reprises. J'y ai vécu l'enfer. J'ai perdu confiance en moi et je ne faisais plus confiance à personne. Assommée par une forte médication, j'étais devenue un zombie, étiquetée comme une personne dépressive. À l'intérieur des murs de cette prison, c'était affreux. Très souvent, les personnes en souffrance sont victimes d'actes de violence de la part des membres du corps médical. Le malade dérange, il faut donc le forcer au silence… Tous les moyens sont bons, pourvu qu'ils ne laissent pas de traces physiques.

Ces années ont été pour moi un calvaire. Ma souffrance affectait et perturbait ma pensée, mes sentiments et mon comportement, ce qui rendait mes journées épuisantes. J'ai touché le fond, le plus profond de la douleur de l'âme et du corps. J'ai cherché refuge dans la lecture, tout en essayant de me libérer du traumatisme dont j'avais été victime. Ce fut très difficile, mais j'ai puisé ma force et mon salut dans l'amour de Dieu. La prière a réussi à me sortir de cette souffrance inhumaine.

Je devais composer avec un solide manque de concentration occasionné par une forte médication et des électrochocs à répétition. J'ai dû mettre des heures à comprendre la signification du simple mot « érudit »… Avec assurance, je peux dire que la lecture m'a sauvée! Tous les genres littéraires y passaient… Surtout des thèmes comme la psychologie et la psychanalyse.

Comment mieux vivre après un choc de vie si violent? Aucun être humain n'est à l'abri d'un traumatisme psychique, voire d'une maladie mentale majeure. Bon nombre de personnes se retrouvent seules et désemparées devant tous les changements occasionnés par des « années mélancoliques », expression qui a longtemps été utilisée pour évoquer la dépression.

Les statistiques indiquent que un Canadien sur six éprouvera un problème de santé mentale à un moment donné au cours de sa vie. Chaque année, la dépression est responsable d'une forte proportion des séjours hospitaliers. Bon nombre de gens craignent les personnes dépressives, car elles leur renvoient leurs craintes profondes. Nul n'est à l'abri du néant…

La dépression est encore marquée d'un stigmate. C'est à cause de ce stigmate qu'un grand nombre de personnes souffrant de dépression hésitent à demander de l'aide ; elles craignent le mépris. Et souvent, la honte et la stigmatisation portent encore plus atteinte à la dignité de la personne en souffrance morale. Il y a tant de mythes autour de cette maladie, et elle suscite tant de controverses. C'est si facile de prêter à ceux qui en souffrent des tares psychiques au lieu de les aider et de comprendre justement le pourquoi de leur état.

On ne choisit pas de souffrir ou de tomber malade. On ne choisit pas de sombrer ou de toucher le fond du trou béant. Une force nous tire malgré nous vers ce fond et nous y garde dans un désœuvrement qui annihile toute velléité de résilience. S'en sortir devient un effort de chaque instant malgré l'abrutissement et le naufrage psychologique.

L'anxiété, la dépression, la schizophrénie, les troubles de la personnalité, les troubles de l'alimentation ainsi que les troubles organiques du cerveau peuvent entraîner tant de désordres et générer tant d'êtres malheureux, perdus, perclus.

Tant de préjugés perpétuent les stigmates infligés aux personnes en difficulté. Ces préjugés amoindrissent et blessent les personnes en dépression. Souvent, ils sont exprimés sans intention de blesser. Pourtant, on n'oserait jamais se moquer d'une personne souffrant d'un cancer ou d'un handicap. Alors il faut combattre les stéréotypes concernant les personnes atteintes de maladie mentale et cesser de banaliser leur souffrance.

C'est à ces personnes subitement confrontées à un tel choc, à la souffrance morale qui en découle, que je m'adresse. Voyant leur équilibre de vie menacé, elles cherchent souvent le « traitement miracle », passant par un enchaînement

douloureux d'espoirs et de déceptions. La vie change brusque-
ment et voilà que des questions surgissent de l'ombre : Pourquoi ? Comment vivre avec le mal, avec un changement si
majeur dans ma vie ? Comment gérer mon quotidien avec
cette blessure et ne pas en être affectée à jamais ? Comment
retrouver et maintenir une qualité de vie avec mon entourage,
ma famille ? Quel type de soutien puis-je désormais leur
apporter ? Et comment trouver un appui auprès d'eux ?

> L'esprit peut faire un Enfer de son ciel,
> un Ciel de son Enfer !
>                     JOHN MILTON, poète anglais[5]

Afin d'apporter ma touche, j'ai œuvré au sein d'organismes
pour la santé mentale pendant dix ans. La mission de ces
organismes à but non lucratif est de proposer un soutien
particulier aux personnes confrontées à des problèmes d'ordre
psychologique, de façon à répondre à leurs besoins.

Compte tenu des difficultés psychosociales ou psychiatriques qu'elles vivent ou appréhendent parallèlement, j'ai
toujours eu à cœur de les aider. Orientée vers la dimension
religieuse, ma collaboration à ces organismes se veut un
témoignage de mon engagement social et religieux.

## La réhabilitation…

J'allais mieux. J'ai fréquenté le centre de jour de l'Institut
Roland-Saucier, un établissement spécialisé en santé mentale.
Une équipe du tonnerre y prodiguait des soins véritablement

---

5. John Milton, *The mind is its own place and in itself, can make a Heaven
of Hell, a Hell of Heaven.* Traduction de Nicole Berry dans *Milton, Les paradis
perdus – Des ténèbres à la lumière,* 2005, Éditions L'Âge d'Homme, Lausanne.

appropriés à chaque patient. Un psychiatre, un psychologue, une ergothérapeute, une infirmière ainsi qu'un éducateur physique et une secrétaire y accomplissaient un excellent boulot.

C'est avec cette pléiade de professionnels de la santé que chaque patient pouvait apprendre à exprimer ses angoisses et ses peines. J'ai été à même de constater la disponibilité de chacun. De nos jours, il existe encore des gens capables de se donner sans compter.

Chacun de ces professionnels avait une tâche bien précise qui était de permettre au patient d'accroître et de maintenir ses compétences individuelles et de favoriser l'estime de soi. L'approche d'Herbert Otto, qui est d'apprendre l'amour véritablement, peut convenir à toute l'équipe multidisciplinaire de l'hôpital de jour, ainsi qu'à nous, patients. Il le dit si bien : « Nous n'utilisons en fait tous qu'une partie infime de notre capacité à vivre pleinement dans toute l'acception des termes – l'amour, la sympathie, la création et l'audace. En conséquence, la réalisation de notre potentiel peut devenir l'aventure la plus passionnante de notre existence. »

Il est important pour moi de rendre un hommage particulier à deux psychiatres dont le souvenir m'accompagne. Tout au long des années durant lesquelles j'ai vécu des tempêtes sous mon crâne, ils n'ont ménagé aucun effort pour m'aider à me relever de ma tourmente. Avec abnégation, subtilité, sagesse, souplesse, sensibilité, compréhension et tolérance, ils m'ont aidée à sortir de ma nuit.

À la suite de ce que j'ai vécu, j'ai décidé de m'impliquer afin d'aider les personnes aux prises avec des troubles bipolaires, dont la psychose maniaco-dépressive est la forme la plus évidente et connue. Mon engagement bénévole concernait aussi les personnes souffrant d'autisme et d'autres types de maladies mentales.

## Mon engagement auprès des personnes souffrant de maladie mentale

Cinq douloureuses années avaient passé. Mais je me suis relevée : pendant près de dix ans, de 1985 à 1994, j'ai poursuivi mon bénévolat auprès des personnes aux prises avec le « mal à l'âme ». J'ai fait partie d'un groupe qui a mis sur pied une ressource alternative en santé mentale, Le Phare, dont la mission vise à permettre aux gens déprimés d'améliorer leur quotidien, de réintégrer la société et de recouvrer leur autonomie. Cet engagement était important pour moi, car je crois que la vie doit être vécue avec les yeux du cœur.

Les intervenants du Phare apportent un soutien particulier à ces personnes confrontées à des problèmes de santé mentale. Cet organisme à but non lucratif est un havre de paix et de sérénité pour ceux qui souffrent. J'ai été membre et même présidente de son conseil d'administration.

J'ai participé bénévolement à l'instauration du comité des bénéficiaires de l'Institut Roland-Saucier, qui fonctionne toujours. J'y ai même agi un an à titre de présidente. J'ai œuvré également au sein du Groupe de promotion et de défense des droits en santé mentale de la région du Saguenay–Lac-Saint-Jean, dont j'ai assuré la présidence pendant un an. Ce groupe travaille à faire respecter les droits de toute personne vivant ou ayant connu des problèmes de santé mentale, à favoriser leur prise en charge et à les informer de leurs droits.

Pendant deux ans (1994-1996), j'ai côtoyé à nouveau l'univers religieux, cette fois en tant que membre de la chorale de l'église Saint-Marc.

Depuis douze ans maintenant, je suis bénévole pour la Conférence Saint-Vincent de Paul, où je partage mes mercredis après-midi avec des personnes démunies.

## Retour aux études

Une parenthèse sublime s'est introduite dans ma vie : celle du retour aux études. Enfin, je pouvais retourner sur ces bancs d'école qu'on m'avait jadis interdits. Quelle aventure ! Mon premier cours s'intitulait « La découverte de la dimension communautaire ». Tout d'abord, je sortais de chaque cours enrichie. Lors de mon premier cours, chaque élève y est allé de sa propre expérience et de son vécu. Je dois dire que le partage de nos riches confessions m'a emballée au plus haut point. Cela me rappelait mes années à la Jeunesse ouvrière catholique, qui me furent si bénéfiques tout au long de ma vie.

Le groupe se composait de douze étudiants. Les besoins et les intérêts étaient bien différents pour chacun. Comme l'atmosphère était marquée par l'expression des sentiments et de forts moments d'introspection, on peut dire qu'il y avait une âme à l'intérieur de notre salle de cours.

Un texte sur la dignité de la personne humaine du Concile Vatican II m'a énormément plu. Il stipule que « l'Église ressent à fond les difficultés de la personne humaine tout en étant instruite par la révélation divine, en y apportant une réponse où se trouve dépeinte la véritable condition de l'homme, en y mettant au clair ses faiblesses, mais aussi en reconnaissant, en même temps, la dignité de l'homme et sa vocation ». Je reconnais que la dignité est un droit fondamental et inaliénable. La dignité, ça ne se perd jamais ! Personne ne peut nous la prendre. Elle fait partie de nous. C'est pourquoi j'essaie de respecter la dignité des autres comme je voudrais que les autres respectent la mienne.

Jean-Paul II a écrit: «L'évangile de la dignité de la personne et l'évangile de la vie sont un évangile unique et indivisible.» Je pense que l'homme ou la femme, de par sa nature, est un être social qui, sans relations avec autrui, ne peut ni vivre ni faire épanouir ses qualités. Comme catholique, je suis enveloppée par la croyance d'avoir des choses à recevoir des autres, qui ont eux aussi des choses à donner et à recevoir et à donner.

Je pense que nos besoins fondamentaux, en tant qu'êtres humains, sont de vivre, d'être nous-mêmes et de nous accomplir. J'estime avoir réalisé une partie de ces trois besoins à l'intérieur de ma famille, qui est, pour moi, un centre et une source de spiritualité. J'ai donné le premier souffle de vie à mes trois enfants, le tout assaisonné d'un amour riche.

À propos de spiritualité, où irions-nous sans idéal? Je sais maintenant que retrouver sa religion, c'est retrouver l'évangile et que la foi est une réalité humaine. Le partage des idées et les échanges m'ont davantage ouvert l'esprit envers les autres. Par exemple, le bénévolat me permet de recevoir beaucoup de la part de gens qui m'apportent tant de sérénité.

Quel sens prend notre vie spirituelle quand nous côtoyons des gens qui n'ont pas les mêmes croyances que nous? Je suis convaincue qu'on s'enrichit avec les gens qui nous entourent, qu'ils soient semblables ou… différents de nous. Il ne faut pas se fermer à la différence, sinon il y a ce risque décrit par le psychanalyste Erich Fromm: «Vivre est un processus de reconnaissance continue et la tragédie de la vie, c'est que nous mourrons avant d'être pleinement né.»

## L'enseignement religieux en milieu scolaire

La pertinence de l'enseignement religieux en milieu scolaire a été récemment remise en cause dans les médias, et ce, tant par de simples citoyens que par des enseignants, des hommes et des femmes engagés politiquement.

Je me dresse contre ces critiques, car il faut mettre en exergue ce que des cours de religion peuvent apporter au cœur et à l'âme. Les cours de religion que j'ai suivis par le passé m'ont permis d'en savoir davantage sur ma foi religieuse, de me convaincre de certaines choses et de trouver une réponse aux questions existentielles que je me pose. Que dire des besoins spirituels qui nous sont nécessaires dans cette période tourmentée où les gens doivent se ressourcer?

Dans le cadre du cours «La découverte de la dimension communautaire», un texte sur la dignité humaine m'avait singulièrement plu. Il y était question de l'Église moderne qui, jeune de vingt ans, constatait les difficultés de l'homme, tout en étant instruite: cette Église qui dépeint la véritable condition de l'homme, tout en mettant au clair ses faiblesses.

En classe, nous avions d'enrichissants échanges. Dès qu'une personne laisse entrevoir ou transparaître son humanité, elle se dévoile, tout en se remettant en question, et c'est un plus pour la société. Car dès qu'on se ferme au «Bien à l'autre», on se consume lentement dans la solitude. Oui, sans partage, on s'appauvrit. C'est le sens de ce qu'a écrit Pierre Teilhard de Chardin. Il y avait aussi un autre texte intitulé «L'au-delà retrouvé», qui m'a permis de mieux apprivoiser la mort. J'ai retenu cette phrase qui en résume bien le sens: «Le grain de blé ne meurt pas parce qu'il est fautif; il meurt pour ne pas rester seul; il meurt pour devenir épis; il meurt par nécessité et métamorphose.»

Pour donner de l'amour, on doit en posséder et être convaincu de son existence. Il faut aussi être disponible à l'amour, en avoir une bonne compréhension et vivre en lui. Les prémices de l'amitié mènent à l'amour. Pour se consacrer à l'amour, on doit croître sans arrêt et surtout s'aimer soi-même pour pouvoir aimer l'autre.

Et Jésus s'est consacré à l'amour. Lorsqu'Il parle d'un amour tout puissant, c'est un amour qui va durer jusqu'au bout, comme Il nous l'a prouvé par sa mort. Dans le christianisme, ma relation avec Dieu est vraie et c'est en voulant être humanisée que je pourrai atteindre l'amour du Christ et croître en Lui.

Je me considère toujours comme une chercheuse vis-à-vis de l'amour divin et de la foi. Je me permets cette parenthèse de Saint-Exupéry : « L'amour, c'est la démarche que je fais pour me ramener à moi-même. »

Ce que je devrais envisager à l'avenir serait de faire alliance avec un Dieu à l'image de l'homme et non un Dieu à l'image des pieux. Nous ne sommes pas Dieu !

## Le sens de la vie

Le sens de la vie est souvent remis en question par les événements imprévisibles. Il y a des époques de lenteur nécessaire, des temps d'arrêt, de silence libre ou contraint. Au cours de ces périodes, des bilans informels se réalisent, permettant ainsi de se recentrer sur l'essentiel, sur ce que l'on désire ardemment. Des temps qui contribuent à distinguer l'utile de l'inutile, et ainsi à se rapprocher de ce qui vaut vraiment quelque chose pour soi. En somme, c'est un test de valeurs et de désir de réalisation. Quelles seront les valeurs déterminantes qui inspireront ce qu'il reste à accomplir ?

Arriverons-nous à distinguer ce qu'est l'inutile ? Au cours des trois derniers mois, un texte écrit en 1911 par le philosophe Henri Bergson a accompagné ma réflexion. J'avais noté un passage, il y a fort longtemps :

« [...] Dans la vie, il se dit une foule de choses inutiles, il se fait une foule de gestes superflus, il n'y a guère de situations nettes ; rien ne se passe aussi simplement, ni aussi complètement, ni aussi joliment que nous le voudrions ; les scènes empiètent les unes sur les autres ; les choses ne commencent ni ne finissent ; il n'y a pas de dénouement entièrement satisfaisant, ni de geste absolument décisif, ni de ces mots qui portent et sur lesquels on reste : tous les effets sont gâtés. Telle est la vie humaine. »

L'essentiel est ce qui est le plus important pour chacun. Alors n'est-il pas urgent de s'engager dans la réalisation, non pas de ses rêves, mais des idéaux qui sommeillent en nous parce qu'ils ne sont jamais complètement accomplis ? Je crois que nous ne pouvons pas vivre sans idéaux, même si les tenants d'un pragmatisme simplificateur affirment qu'ils ne sont que des rêves irréalisables, donc inutiles. La lucidité ne doit pas l'emporter sur l'idéalisme. Elle doit l'accompagner, tout comme l'engagement.

Pour ma part, je crois en la nécessité d'une idéalisation, d'une visualisation d'un monde meilleur pour soi et pour les autres. Idéaliser, c'est se mettre en projet, c'est accepter de se revoir et de voir l'avenir. C'est aussi contribuer à sa réalisation. Bergson écrivait aussi :

« J'ai beau me représenter le détail de ce qui va arriver : combien ma représentation est pauvre, abstraite, schématique, en comparaison de l'événement qui se produit ! La réalisation apporte avec elle un imprévisible rien qui change tout. »

# TROISIÈME PARTIE

## Rachida M'Faddel

C'est pourquoi nous avons prescrit pour les Enfants d'Israël que quiconque tue une personne non coupable d'un meurtre ou d'une corruption sur la terre, c'est comme s'il avait tué tous les hommes. Et quiconque lui fait don de la vie, c'est comme s'il faisait don de la vie à tous les hommes.

Le Coran [5 :32]

Françoise,

Par ta douceur et ta gentillesse, tu as apporté à notre collaboration une bouffée de chaleur et de tendresse. Je te remercie de m'avoir ouvert un pan de ta vie et de ta culture.

Et toi, Alexandra,

Notre écriture m'a permis d'en découvrir et d'en connaître davantage sur le peuple juif dont tu es issue : de ressentir ses souffrances et ses exils avec les yeux de ton âme.

Pour vous,

« L'amitié, c'est ce qui vient au cœur quand on fait ensemble des choses belles et difficiles. » L'abbé Pierre

## Notre famille

Mes parents ont eu sept enfants et je suis la quatrième. Il y a mon grand frère Mohamed, ensuite Ahmed, qui est mort à l'âge de deux ans. Ensuite Naïma, puis moi. Peu de temps après arriva Bouchaïd. Nos parents étaient tout heureux d'avoir enfin un autre garçon. Et puis la petite Saïda est née à Chartres, en France, et le petit dernier, Redouane, est né à Dreux.

J'ai 48 ans. Je suis née à l'hôpital de Derb Moulay Chérif, à Casablanca, au Maroc. Je ne garde pas de souvenirs précis du Maroc de cette époque, puisque je devais avoir quatre ans lorsque mes parents l'ont quitté.

Bouchaïd est venu au monde un an et demi après moi. Non seulement il est né avec une oreille percée, mais en plus, le jour de sa naissance, papa a obtenu un contrat de travail lui permettant d'immigrer en France. Il n'en fallait pas plus pour que maman soit persuadée que Bouchaïd était un protégé ou un béni de Dieu. Elle a toujours vu en lui un ange. Et c'est si vrai… Qu'il est gentil! Il ne se met jamais en colère, est toujours le plus conciliant de nous tous.

Ainsi, peu après la naissance de Bouchaïd, papa a immigré en France, en 1964, nous laissant seuls avec maman. Nous l'avons rejoint, ma mère, mes deux frères et moi, par l'entremise du regroupement familial. Ma grande sœur Naïma nous a rejoints l'année suivante.

Située au fond d'une vallée, au confluent de l'Eure et de la Voise, la commune de Maintenon se trouve dans la région du bassin parisien, à l'extrême limite du nord de la Beauce, jouxtant le Thymerais. Maintenon est à moins d'une heure de Paris, entre Rambouillet et Chartres. Elle est située dans le nord du département de l'Eure-et-Loir et fait partie du district de Chartres. On la surnomme avec affection «le joyau de la vallée de l'Eure». Elle est également connue pour son fameux château de Maintenon, que j'ai visité des dizaines de fois. Cette petite ville m'a donné l'envie de découvrir la vie de Madame de Maintenon[1] et de travailler plus tard à l'institution Maintenon, comme quoi le passé nous rattrape toujours à quelque coin de notre vie…

Nous habitions dans le hameau de Maingournois, près de la gare de Maintenon. Ce lieu reste pour moi empreint de couleurs gaies et d'odeurs suaves. Notre maison, à Maintenon, avait été construite au milieu d'arbres fleuris et d'une rivière près de laquelle nous aimions jouer. Une fois, Bouchaïd était tombé dans l'eau glauque et Mohamed, sans prendre le temps de réfléchir, s'était jeté à l'eau tout habillé pour le repêcher. C'était un endroit sombre et ombragé. J'avais toujours peur de voir apparaître du fond des buissons une sorcière aux ongles acérés… Encore aujourd'hui, je frémis à ce souvenir!

Cette petite bourgade était un réel havre de paix. Les gens vivaient en bonne communauté et tissaient entre eux de réels liens d'amitié. Je me souviens de notre voisine, Madame Rideau, si gentille avec nous et si bonne avec maman. Nous nous entendions bien avec ses enfants qui avaient à peu près le même âge que nous. Plus de trente ans après, je suis retournée à Maintenon avec mes enfants et mon mari. Je pris tant de plaisir à retourner dans mes souvenirs d'antan. Alors que je me promenais, tentant de reconstituer chacun de mes souvenirs, des hommes et des femmes d'un certain âge

---

1. Françoise d'Aubigné Marquise de Maintenon (27 novembre 1635, prison de Niort–15 avril 1719, Saint-Cyr-l'École), plus connue comme Madame de Maintenon, fut secrètement l'épouse de Louis XIV (1638–1715), roi de France et de Navarre.

m'interpellaient, me prenant pour maman. Ils criaient son prénom : « Fatna ! » Ce qui m'émut. Ils se souvenaient de son prénom. Un prénom, il faut en convenir, pas très courant à Maintenon ! J'ai revu aussi Madame Rideau qui, elle aussi, me prit pour maman. Je me suis sentie honorée par cette ressemblance, tant maman est belle !

De mon enfance à Maintenon, je me souviens aussi des flocons de neige en hiver et du grand sapin de Noël dans le jardin. Je me souviens de l'autobus scolaire qui venait nous chercher tous les matins, à la même heure, et nous ramenait le soir sous des refrains scandés à tue-tête le long du trajet. Il y avait le père Noël qui, la veille de Noël, distribuait des jouets empaquetés dans les chaumières. Chaque famille avait droit à un cadeau par enfant. Nous étions cinq. Nous avions donc droit à cinq paquets et à de délicieuses oranges. J'en garde encore dans le cœur et la tête l'émotion et le parfum juteux.

Mais maman s'ennuyait à Maintenon. Elle se sentait dépaysée et sa famille lui manquait. Elle se plaignait souvent de l'exil et du déracinement, se consumant à petit feu. Avec le recul, comme je la comprends ! On laisse toujours un peu de soi dans son pays d'origine et on se retrouve privé des personnes chères. Et c'est toujours un bouleversement des habitudes.

Son arrivée en France l'a obligée à changer son apparence vestimentaire et à modifier la composition de ses plats culinaires. Elle ne trouvait ni coriandre ni gingembre. Alors elle s'en passait, mais le goût des plats qu'elle cuisinait était différent. Cela la dérangeait de ne pas retrouver le goût et les arômes de son pays. Elle avait beau apprêter les repas, rien ne faisait. Ils lui semblaient insipides.

Maman s'était attachée à Madame Rideau. Cependant, leurs discussions restaient limitées du fait que maman ne parlait pas très bien le français. Elle aurait voulu pouvoir s'entretenir avec une amie dans sa langue maternelle. Échanger, mêler ses souvenirs sur le Maroc, dans son langage d'usage et de référence, mais la communauté marocaine était rare dans cette petite commune. Maman s'en plaignait souvent à papa.

Comme il y avait beaucoup de possibilités de travail à Dreux, papa y trouva facilement un emploi. Maman en était enchantée, tandis que nous étions malheureux de quitter notre petite bourgade, Madame Rideau et ses enfants. Épanouis comme des petits poissons dans une eau douce, nous nous étions habitués à notre paisible existence. Et nous étions si peinés de devoir quitter ce bien-être. Mais il fallut suivre les adultes... Non sans avoir versé des torrents de larmes.

Dreux est situé dans le département d'Eure-et-Loir et la région Centre. À partir des années 1960, des usines d'automobiles, de produits pharmaceutiques et de radio avaient fait venir des travailleurs immigrés du Maghreb, du Portugal et d'Afrique subsaharienne. C'était une période de croissance, et tout le monde pensait que les belles années des Trente glorieuses[2] allaient se poursuivre indéfiniment. Ce ne fut pas le cas. Les usines ont fermé ou licencié à profusion, laissant dans la précarité des centaines de familles.

Des cités entières avaient été construites au nord de la ville ancienne (Les Prud'hommes) et au sud (Les Chamards). La politique migratoire était alors perçue comme un facteur de

---

2. Expression de l'économiste français Jean Fourastié désignant la période de forte croissance économique qu'a connue la France et, avec elle, l'ensemble des pays industrialisés, entre 1945 et 1975.

progrès pour la ville. Grâce à elle, la population de la ville avait doublé entre 1945 et 1975.

### *Douce France* de mon enfance

Ce que je suis, je le dois à la *Douce France* de mon enfance. Elle a constellé en mon âme les brides et l'armature de ma personnalité. Parce que nous sommes la somme de nos origines, parce que notre destin s'esquisse dès l'enfance, parce qu'il se bâtit sur ce qui nous est transmis, communiqué, et ce qu'il faut prendre et garder.

Mon identité est plurielle. Elle est composée de plusieurs parcelles de mon histoire. Cette identité constitue mon socle, mon fondement et je ne saurais la renier. C'est une composante de ma fiche signalétique.

Je suis fière de mon identité plurielle : elle me permet d'être ouverte au monde et de porter un regard plein d'acceptation sur tout ce qui se meut sur cette Terre. Je me sens faire partie de toutes les ondes du monde. La Révolution française de 1789 avait été menée en scandant «Liberté, Égalité et Fraternité». Ce sont des mots forts et puissants auxquels je veux continuer de croire. Pour la plupart des immigrés, ces mots se sont avérés illusoires. Heureusement, pour certains, ils ont été porteurs de rêves. Et les paroles de *La Marseillaise* résonnent encore avec fierté dans ma tête et mes souvenirs. D'ailleurs, j'ai appris l'hymne à mes enfants, même si, eux, n'ont pas grandi sous le ciel de la République, mais au bord de l'Atlantique. Je leur ai communiqué les schémas de valeurs et les principes de vie que la République a distillés en moi tout au long de mes fondations et de mes apprentissages.

Façonnés par notre éducation et notre instruction, nous sommes également le produit et le sous-produit de tout notre vécu et des paradigmes sociaux de notre environnement culturel. Je dirais même, davantage que par notre patrimoine génétique, même si notre ADN nous transmet de l'information contenant l'identité de nos ancêtres. Il y a les codes sociaux, la culture de la rue, de l'école, de l'espace public et de l'éducation silencieuse.

À l'extérieur de la maison et à l'école, nous parlions et pensions en français. À la maison, nous parlions un marocain châtié avec nos parents, mais nous pensions toujours en français. D'ailleurs, mes frères, mes sœurs et moi ne parlions que le français. Encore aujourd'hui, lorsque je m'entretiens avec eux, c'est toujours en français. La langue de notre enfance et de nos souvenirs. Par sa multiplicité, la langue française est, à mon sens, la langue qui communique le mieux les émotions et les sentiments. Elle porte en elle une telle liberté… On a l'impression de tout pouvoir dire par le seul pouvoir de son vocabulaire.

Je ne suis pas née en France, mais c'est là que sont les souvenirs de ma prime enfance. Je suis née au Maroc, et c'est le pays de mes ancêtres, mais je n'y ai que peu d'attaches. La France représente ma jeunesse, mes réminiscences, mes repères, mon ancrage. Même si je suis très attachée au Québec pour de nombreuses raisons, j'ai un lien viscéral avec la France. Et avec Maintenon.

Persuadée que mes ancêtres étaient des Gaulois, j'excellais dans les cours d'histoire de France. Je connaissais par cœur les aventures de Clovis, de Vercingétorix, de Charlemagne et de Pépin Le Bref, sans oublier celles de Napoléon et de Louis XIV. La prise de la Bastille et la Révolution française n'avaient pas de secret pour moi. Je me plongeais avec délices dans ce monde féérique relaté avec brio dans nos livres de classe. Fière, le menton haut, je récitais les desseins des grands hommes qui avaient fait ma *Douce France*. Je me souviens du sourire mi-figue, mi-raisin de maman, lorsque je récitais de manière théâtrale l'histoire de «mon pays». Je la sentais inquiète... Maintenant, c'est moi qui la regarde d'un air dubitatif lorsqu'elle m'affirme qu'il n'y a pas de racisme en France et que c'est un pays accueillant et avenant.

Le système éducatif français est très riche et diversifié. Sur les bancs des écoles françaises, j'ai découvert le rayonnement des civilisations et des peuples. Ce qui m'a ouvert au monde. Lorsque notre institutrice nous parlait du vase de Soissons, je m'imaginais le chercher... Et puis j'ai détesté Charlemagne, à l'instar de nombreux camarades, lorsque j'ai appris que c'était lui qui avait inventé l'école. On pensait naïvement que, sans lui, nous n'aurions jamais eu à nous lever le matin pour rentrer le soir l'esprit bourré et des devoirs plein le cartable.

Je n'aimais pas les mathématiques, elles exigeaient de moi que je me creuse les méninges. Je leur préférais les lettres! Il me suffisait de me laisser emporter dans des rêves emplis de mots. Et la littérature se nourrissait de la magie du verbe dans un lexique riche et varié, plein de sens et de signes. Retirée en moi-même, j'étais toujours dans un coin de la maison, à lire ou à écrire, me ressourçant dans la poésie et les pièces de théâtre. Je connaissais par cœur les textes de Molière et de Corneille que je déclamais avec une telle verve! J'en connais encore des tirades entières que j'aime, à l'occasion, réciter de mémoire à mes chérubins.

C'était lors de la kermesse, à la fin de l'année, que maman me découvrait. Au sein de la chorale dans laquelle je chantais des chansons de Guy Béart et d'Hugues Aufray, j'étais toujours placée en avant et me tenais droite comme la justice. Choisie parmi les élus! Les souvenirs se précipitent dans ma tête et tout est en moi pour l'éternité. Ma voix portait et ma mère me souriait, radieuse.

## Musulmane et fière de l'être

Au commencement, je n'ai pas choisi d'être musulmane. Je suis née musulmane, de parents musulmans, dans un pays musulman. Alors, pour ne rien déranger, je suis restée musulmane, perpétuant la religion qui m'a été léguée par filiation.

Mon éducation musulmane a inscrit de manière profonde et intrinsèque son histoire et sa religiosité dans les prismes de mon identité. Nos parents, d'un naturel ouvert et tolérant, étaient fondamentalement dans l'acceptation de toutes les autres religions, qu'elles soient ou non d'obédience stricte. Comme le répétait à volonté maman : « On ne reconnaît une bonne personne qu'à travers ses actes et non par le Dieu qu'elle adore ou le Livre Saint qu'elle vénère. » Et cette phrase avait fait son chemin dans nos petites têtes. Un autre fait m'avait aussi émue. Un jour, ma sœur Naïma a allumé un cierge, dans une église, avec une amie catholique. Elles espéraient ainsi en appeler à Dieu pour les aider dans leur examen de français. De retour à la maison, ma grande sœur, un peu honteuse de son acte, en parla à maman qui la rassura en souriant : « N'oublie jamais ma fille qu'une église est la maison de Dieu au même titre qu'une synagogue ou une mosquée. »

J'ai mis quelques années avant de découvrir que mes ancêtres venaient d'Arabie et que j'étais Marocaine et musulmane. C'était en cours d'histoire que, fascinée, je découvrais la vie du prophète Mohammed et l'épopée musulmane, avec l'expansion de l'islam[3] jusqu'en France où, selon les uns, c'était Charles Martel qui avait arrêté l'invasion et, selon les autres, ce sont des rumeurs de peste qui avaient fait fuir les conquérants musulmans. J'étais subjuguée. J'imaginais, vers 711 après Jésus-Christ, ces cavaliers courageux conduits par le preux Tariq ibn Ziyad[4] bravant les terres et les mers. Je me représentais, non sans fierté, ce chef berbère débarquant au pied du mont djabal al-Tariq, près d'Algésiras, propageant l'islam en Espagne. Ce mont, devenu par la suite Gibraltar, est situé au sud de l'Espagne et relie la Méditerranée à l'océan Atlantique. Il se compose d'un rocher calcaire haut de 423 mètres, long de 4,5 kilomètres et large au maximum de 1,2 kilomètre, qui domine la ville et se rattache au continent par une plaine de sable basse et marécageuse. À chaque traversée que nous faisons en bateau, en contemplant le rocher de Gibraltar je repense à cette époque où le rayonnement de l'islam était à son apogée.

La grande mosquée de Cordoue[5], en Espagne, en témoigne, étant l'œuvre la plus accomplie de l'art des Omeyyades. Elle est un des monuments majeurs de l'architecture islamique, et avec l'Alhambra de Grenade, le plus prestigieux témoin de la présence musulmane en Espagne, du VIIIe siècle au XVe. Elle a été

---

3. Religion monothéiste professée par Mahomet, en Arabie, au VIIe siècle, dont les fidèles sont appelés aujourd'hui musulmans.

4. Commandant militaire musulman du VIIIe siècle d'origine berbère. Il est essentiellement connu pour avoir mené, sous les ordres de son supérieur omeyyade, le général Mûsâ ben Nusayr, les troupes musulmanes à la conquête victorieuse de l'Espagne au cours de la Conquista. Depuis cette victoire, le détroit de Gibraltar porte aujourd'hui son nom ; en effet, Gibraltar est une déformation linguistique de djabal al-Tariq, signifiant en français « la montagne de Tariq ».

5. Également appelée Santa Iglesia Catedral de Córdoba.

transformée en église après la Reconquista[6], puis en cathédrale. C'est aujourd'hui l'église principale du diocèse de Cordoue.

Mon appartenance à la religion musulmane fait partie de mon héritage culturel et religieux. Malgré des passages dans le Coran qui en gênent certains, je ne peux récuser une religion qui fait partie de mon histoire personnelle et de la culture dans laquelle j'ai été élevée. Je crois que la vérité n'est pas exclusive à une seule religion ou un seul dogme, elle est le fait universel de l'humanité. Toutes les religions et les croyances se rejoignent dans l'amour de l'autre, le respect de la vie et leur quête de vérité.

Même si nos parents habitaient avec nous dans le même pays, nous évoluions dans des sphères complètement différentes. Nous étions dans notre élément et n'avons pas eu besoin de nous adapter. Nous étions tout simplement « chez nous ». Le sapin de Noël cohabitait allégrement avec de grands tableaux représentant les lieux saints de l'islam. Je passais des heures à contempler la Kaaba[7], le mont Arafa, la bataille de Karbala, Abraham, son fils Ismaël, et l'ange Gabriel qui apporte le bélier pour le sacrifice. J'apprenais par cœur les notes en bas des images. Je m'amusais à les réciter à papa qui était très fier de moi.

Je me souviens qu'il m'avait expliqué que l'islam était la troisième religion monothéiste et qu'elle était apparue après le judaïsme et le christianisme, qu'il s'inscrivait dans la continuité de ce qui l'a précédé : en l'occurrence, de la pensée judéo-chrétienne.

---

6. Correspond à la reconquête des royaumes musulmans de la péninsule ibérique par les souverains chrétiens.

7. Bâtiment de forme approximativement cubique situé au centre de la Grande Mosquée de La Mecque, vers lequel les musulmans se tournent pour prier.

En relevant de façon sélective certains passages du Coran, les détracteurs de l'islam cherchent à démontrer qu'il prône la haine et la violence. Ces passages sont souvent traduits de façon erronée ou cités hors de leur contexte. Il ne faut pas perdre de vue que le Coran a été transmis à une époque où les gens vivaient dans des cultures et des traditions anciennes. Ceux qui attaquent le Coran le citent sans tenir compte des développements subséquents et le présentent, à tort, comme un Livre dont est issue une religion primitive et belliqueuse.

C'est si facile de diffamer les musulmans et leur religion. D'ailleurs, c'était ainsi que procédaient les ennemis des Juifs au XXᵉ siècle, en exposant des passages du Talmud. Ces diffamations ont trouvé écho, au point que la haine des Juifs a été exacerbée. Selon les Juifs, ces critiques font fausse route, les passages en question n'indiquant qu'une traduction inexacte, voire des choix sélectifs de propos pris hors de leur contexte.

## Souvenirs… Souvenirs…

Mes souvenirs, ce sont les escapades tous les cinq avec notre grand frère. Nous allions dans les bois jouer à débusquer des malfrats ou dans les vergers, à cueillir des poires, des pêches et des pommes dont nous faisions de savoureuses compotes. Les champs regorgeaient d'épis de maïs… Nous nous régalions de grains de maïs bouillis ou braisés. Sous la pluie, nous allions à la chasse aux escargots qu'on faisait ensuite cuire dans un bouillon épicé. Naïma nous en servait chacun une louche. Avec une petite aiguille, nous extirpions de la coquille la chair que nous savourions avec délice. Puis, nous buvions le bouillon en soufflant dessus à petits coups.

Lorsque nous ne disputions pas des parties de cartes, nous jouions aux cow-boys et aux Indiens, à chat perché, à la balle au prisonnier, à cache-cache ou aux gendarmes et aux voleurs. J'adorais les jeux de gars et j'étais devenue rapidement une spécialiste pour jongler avec quatre ou cinq balles. Je fascinais mes autres petits camarades. Et aux parties de billes, je raflais toutes les billes, grosses et petites, de toutes les couleurs… Mon petit frère Bouchaïd en était vert de rage. Mais je le consolais en lui refilant toutes les billes que je gagnais. Il était tout content de pouvoir piocher dans mon magot. Et moi, heureuse de battre les garçons sur leur propre terrain. Comme la fois où j'avais remporté un cross et que j'avais dépassé même le garçon le plus rapide de l'école. Quel bonheur ! Pour tout dire, j'ai marché longtemps la tête haute, regardant avec suffisance les garçons de l'école. Ils avaient été battus par une fille, sur leur propre terrain ! J'aimais leur en montrer, cela me faisait un petit velours, comme on dit au Québec.

Et puis cette joie de vivre, cette liberté que nous avions et qui nous permettait de nous mouvoir comme on le voulait dans notre quartier. C'était fantastique. Surtout que notre grand frère était toujours là avec nous. Nous l'adorions. À lui seul, il était notre idole, notre Pygmalion, notre modèle. Et si j'aime autant les mots et les lettres, c'est aussi à lui que je le dois. Il était entier et parlait toujours avec son cœur. Il aimait Johnny Hallyday, alors nous aimions Johnny. Il admirait Cassius Clay, alias Mohamed Ali, alors on l'admirait. Il s'entraînait à la boxe, alors il nous initiait au combat à six. Il avait de l'humour à revendre, on rivalisait d'histoires drôles pour l'épater.

Mohamed portait un grand attachement pour le Maroc. Très jeune, il en parlait. Cela devenait pour lui une obsession, un état d'âme. Il rêvait de retourner au Maroc, alors on rêvait tous de rentrer au pays. Un pays qu'on ne connaissait presque pas. Qu'importe, il savait ce qu'il faisait et il avait toujours raison, alors on pouvait se fier à lui. Nous étions influencés par ses choix. Il était notre aîné et par là même notre exemple. Et il n'a jamais failli. Il restera toujours un exemple pour nous cinq et une fierté pour maman, dont il est le préféré. Son premier enfant. La prunelle de ses yeux. Celui sur qui elle s'était si souvent reposée moralement. Et celui qui nous chapeautait. Grâce à lui, nous n'avions peur de personne. Si quelqu'un nous cherchait querelle ou nous frappait, il intervenait pour prendre notre défense. Il était notre justicier !

Mohamed lisait beaucoup. Très jeune, il avait commencé à lire *Le Monde*, *Jeune Afrique*, *L'Express*, *Le Nouvel Observateur*, *Le Canard Enchaîné*, etc. Il empruntait également beaucoup de livres scientifiques à la bibliothèque. Alors je pouvais lire les journaux et les magazines qu'il apportait. Cela a constitué pour moi une manne de culture enrichissante. Nous n'étions pas une famille aisée, mais grâce à lui, nous avons baigné dans un bain de littérature et d'art. Nous écoutions avec lui l'actualité et il en discutait avec nous. Il adorait nous suivre dans nos devoirs et nous faire réciter nos leçons. Comme nous avions un duplex, il avait aménagé une pièce qui nous servait de salle de travail. Au mur, il avait accroché un tableau noir et avait disposé des pupitres et des chaises au fond de la pièce. Comme un maître d'école, il veillait sur chacun d'entre nous. Nous tenions des débats et il nous forçait à réfléchir sur des thèmes existentiels.

Le 30 juin 2009, mon grand frère a été élu maire de Mohammedia, une ville qui compte près de 300 000 habitants. C'était la première fois qu'un « *Beur*[8] » était élu à l'issue

---

8. Personne qui est née en France ou a grandi en France et dont les parents sont d'origine maghrébine.

d'un scrutin local. Il a fait, et fait encore à n'en pas douter, figure d'exemple et de réussite pour les jeunes issus de l'immigration en France. Depuis le 25 novembre 2011, il est député et maire de la ville de Mohammedia.

## Enfant d'immigrés

Au début de mon adolescence, je commençais à prendre doucement conscience des stéréotypes entourant les immigrés. Pourtant, lorsque je m'insurgeais contre le regard négatif porté sur les immigrés, il m'arrivait de me faire violence et de me reprocher de me centrer sur mon propre nombril. Avais-je le droit de me plaindre alors que des milliers de gens de par le monde étaient accablés et vivaient dans la misère et la pauvreté ? Alors que des enfants souffraient de handicaps qui les privaient de leur enfance ? Alors que d'autres dépérissaient à cause de la maladie ? Alors que la guerre ravageait certains endroits de la planète ?

Ma prise de conscience devint une révolte intérieure. Ma vie avait perdu de son innocence. Tout prenait un aspect grave et austère. Chacun de mes gestes, chacune de mes pensées étaient alourdis par le triste poids du sentiment d'injustice. J'étais sensible à la souffrance des enfants victimes des conflits internationaux, de la faim et de la maladie, sensible à l'horreur, d'où qu'elle vienne et où qu'elle soit, à la souffrance de tous sans distinction de race ou de religion. J'avais honte de ma chance de vivre dans un pays libre et de droits.

Les années passaient et la vie politique retenait de plus en plus mon attention. Je me découvrais une grande admiration pour Che Guevara[9]. Je considérais qu'il était une icône pour

---

9. Ernesto Guevara était un révolutionnaire marxiste et homme politique d'Amérique latine, un dirigeant de la guérilla internationaliste cubaine.

les mouvements révolutionnaires marxistes du monde entier. Capturé et exécuté par l'armée bolivienne, Ernesto Guevara n'en est pas moins resté dans le cœur de ceux qui continuent de revendiquer ses messages de justice sociale. Pour moi, il reste un révolutionnaire hors pair qui a marqué l'Histoire et le monde. D'ailleurs, sa pensée politique est toujours d'actualité.

Mon autre idole était Nelson Mandela, le leader de la lutte contre le régime de l'apartheid en Afrique du Sud, qui avait passé vingt-sept ans de sa vie en détention. Je priais si souvent pour lui et pour ses frères de combat que lorsqu'il sortit de prison, en 1990, j'en ai pleuré de bonheur. Et avant Mandela, Martin Luther King Jr[10], qui avait passé sa vie à s'opposer à toute forme de ségrégation raciale et à dénoncer avec virulence la spirale d'inégalités et de haine qu'elle provoquait. Il avait un rêve, l'égalité des droits entre Blancs et Noirs américains. Ce rêve s'est largement concrétisé : en 1964, la loi sur les droits civiques[11] interdit toute forme de ségrégation et de discrimination raciale dans les lieux publics. Son discours *I have a dream* me fait encore flipper d'émotions.

Des livres comme *Le journal d'Anne Frank* et *Racines*, d'Alex Haley, m'avaient bouleversée. L'histoire de cette petite fille juive, Anne Frank, réfugiée dans un « grenier » et celle de ce petit Africain, Kunta Kinté, arraché à sa famille et conduit, enchaîné, dans une cale de navire pour être vendu dans une plantation américaine, m'avait submergée de révolte.

J'ai réalisé qu'on pouvait souffrir et être stigmatisé à cause de sa religion ou de la couleur de sa peau. Comme Anne, je tenais un journal, et comme elle, j'avais un sens aigu de l'observation. Je me souviens d'une phrase dans son journal

---

10. Pasteur afro-américain (1929-1968) et Prix Nobel de la paix en 1964.
11. *Civil Rights Act.*

qui m'avait fait beaucoup réfléchir tant elle est vérifiable et confirmée : « On ne connaît vraiment les gens qu'après avoir eu une bonne dispute avec eux, alors seulement on peut juger de leur caractère. »

Je me demandais jusqu'où l'humanité pouvait aller dans l'horreur et la déshumanisation. L'Holocauste et l'esclavage sont des crimes dont le monde ne se relèvera jamais. Sans oublier les autres génocides. Aujourd'hui, je réalise à quel point nos lectures et les films que nous voyons nous déterminent et nous façonnent. Ils nous conscientisent aussi. Mot après mot. Lettre après lettre. Image après image. Pourtant, l'Histoire se répète et les peuples ne tirent pas de leçons de l'horreur. On continue à perpétrer des crimes au nom du pouvoir, de la terre, de la religion ou du pétrole. Il n'y a qu'à évoquer la Bosnie, la Tchétchénie, le Darfour, le Rwanda, la Palestine, l'Irak, l'Afghanistan, etc.

Lorsque je travaillais avec des enfants handicapés et que je constatais mon impuissance devant leur état, je ne pouvais que m'en remettre, les yeux au ciel, à la puissance du Très-Haut. La maladie, la pauvreté et la misère modifiaient de façon importante les échelles de valeurs et réduisaient à leurs justes proportions nos questions existentielles. Il me fallait me fondre dans le grand tissu du monde et en accepter les tourments, tout en relativisant leur importance dans ma vie.

Le grand écrivain et savant perse Omar Khayyâm avait passé une grande partie de sa vie à chercher des certitudes, pour finalement conclure que toute recherche est futile et empêche de se concentrer sur la dynamique même de la vie. Un véritable truisme ! J'étais épatée par Omar Khayyâm, dont j'avais découvert l'œuvre à la bibliothèque municipale. C'était

un grand mystique soufi[12]. Il était aussi considéré comme
l'un des plus grands mathématiciens du Moyen Âge, mais
ses travaux algébriques ne furent connus en Europe qu'au
XIXe siècle. Un de ses quatrains avait forcé mon admiration :

> Contente-toi de savoir que tout est mystère :
>
> La création du monde et la tienne,
> La destinée du monde et la tienne.
> Souris à ces mystères comme à un danger que tu
>     mépriserais.
> Ne crois pas que tu sauras quelque chose,
> Quand tu auras franchi la porte de la Mort.
> Paix à l'homme dans le noir silence de l'Au-delà !

### Comme un garçon

Vers huit ou neuf ans, je m'habillais comme un garçon. Je
coiffais mes cheveux en chignon et les dissimulais sous une
casquette. Je refusais de toutes mes forces d'être une petite
fille. Mais comment penser autrement lorsque tout conspire
à me rappeler que je suis une fille.

La plus grande humiliation pour moi, c'était lorsque
maman me demandait d'aller laver la vaisselle, alors que
mon frère Bouchaïd regardait tranquillement la télévision en
s'empiffrant de chips. Je rechignais toujours, mais je n'avais
jamais le dernier mot et je ravalais ma colère en jetant à mon
frère de furieux regards en coin. Je lui en voulais tant d'avoir
tous les privilèges. Le pauvre garçon me regardait lui tirer
la langue, ahuri. Pour lui, ma place était à la cuisine et il ne

---

12. Mouvement spirituel et mystique issu de l'islam et apparu au VIIIe siècle.
Les musulmans soufis sont des personnes qui privilégient l'intériorisation,
l'amour de Dieu, la contemplation, la sagesse.

comprenait pas que cela puisse me déplaire! Je l'aurai étranglé sans pitié! Je souhaitais qu'il s'étouffe en avalant ses chips.

À la maison, les garçons faisaient ce qu'ils voulaient. Lorsqu'ils n'allaient pas à l'école, ils se levaient à l'heure qu'ils voulaient et ils ne faisaient rien, à part traîner dehors ou regarder la télévision. Il suffisait que l'un de nos frères veuille quelque chose pour que ma mère se plie en quatre, à la vitesse de l'éclair, pour lui faire plaisir. Tout était fait pour les contenter. Maman s'extasiait sur ses fils, les inondant de compliments et d'encouragements. Et je fulminais… enragée!

Alors que nous, les filles, c'était à peine si l'on se souciait de nous! Je surprenais parfois les regards attristés et inquiets de maman. J'avais l'intime conviction d'être coupable d'être née dans l'enveloppe corporelle d'une fille. Il y a de ces convictions qui sont enracinées en nous, tant le poids des traditions est lourd. Si on essaie de les combattre, de s'y opposer, c'est tout un drame que cela provoque. Je faisais profil bas, en attendant un miracle.

Mais le miracle ne se pointait pas. Chaque fois que je demandais à maman pourquoi Bouchaïd et Mohamed avaient le droit de jouer au *foot* ou de sortir le soir, elle me répondait sur le même ton et avec la même assurance dans la voix : ce sont des garçons! Sa réponse fusait telle une flèche, qui me harponnait en plein cœur et me poussait encore plus dans mes retranchements. Des garçons! La belle affaire! Ils ne fichaient rien! Et pourtant, leur sexe leur conférait tous les droits! « Un garçon ne peut apporter que la fierté, alors qu'une femme était un risque d'opprobre. » Cette phrase, je l'ai souvent entendue.

J'avais beau tenir de longs discours existentiels, maman haussait les épaules et poussait un gros soupir : « C'est comme ça, je n'ai rien inventé!» Alors, la mine basse, je me conformais. Pendant ce temps, les garçons gambadaient «dans la prairie». J'en garde encore une profonde révolte et un sentiment d'injustice. Il valait mieux vivre sa vie incomprise que la ruiner à tenter de convaincre les autres…

Je ne comprenais pas. Aujourd'hui encore, je ne comprends toujours pas. On reconnaît une société civile à l'égalité qu'elle donne aux hommes et aux femmes. Je ne veux aller à l'encontre d'aucun principe ni d'aucune religion, mais on ne devrait jamais donner des avantages aux uns au détriment des autres. Personne n'a le droit de considérer qu'une femme est la moitié d'un homme dans un monde où chacun a sa part de misère et s'acquitte de sa charge, qu'il soit un homme ou une femme!

Naïma, ma grande sœur, s'insurgeait aussi contre notre condition, avec plus de retenue toutefois. Elle était l'aînée, alors on lui en mettait encore plus sur les épaules. Mais nous restions unies dans notre contrition. Je me souviens encore de son regard triste, lorsqu'il m'arrivait de m'échapper pour aller jouer à l'extérieur avec mes frères et tous les enfants du quartier. Naïma devait garder le petit dernier, Redouane, et surveiller la marmite. Postée à la fenêtre, elle assistait à nos jeux avec ce même regard plein d'envie et de résignation, ce même chagrin étouffé en elle. Je la regardais, impuissante. Que pouvais-je pour elle? Je savais que si j'avais pu sortir, c'était parce qu'elle m'avait couverte.

Comme je savais que sur Terre personne ne pourrait rien pour moi, je décidai de m'en remettre à Dieu. Être un garçon me paraissait le plus beau cadeau que l'existence pouvait me faire. Un garçon était non seulement libre comme l'air, mais en plus adulé par les deux parents. Et c'est ce souvenir qui me revient encore si souvent. Tous les soirs, avant de me mettre au lit, je priais avec ferveur, les mains jointes, les paupières closes, en suppliant Dieu de me transformer en garçon. C'est dire à quel point j'ai souffert de n'être qu'une fille, tant l'image qui m'en était renvoyée avait une dimension réductrice et négative. Comme mon amie Natasha m'avait dit qu'il fallait aussi en parler à la Vierge Marie, je m'adressais également à elle avec dévotion. Tous les soirs, je réitérais la même prière au Bon Dieu et à la Vierge Marie. Le lendemain, je constatais avec effroi que j'étais encore une fille. Quel désespoir!

Le temps aide les choses à se placer. Alors j'ai mis mon rêve de me transformer en garçon au placard et j'ai commencé à réfléchir aux moyens de vivre pas trop difficilement cette situation, de laquelle je ne pourrais jamais me libérer et dont la responsabilité incombait à Dieu, qui avait décidé, sans me demander mon avis, de faire de moi la moitié d'un homme en me réduisant dans ma condition de femme.

Pour ne pas arranger les choses, je devenais en grandissant une belle jeune fille. Maman voyait ma transformation d'un mauvais œil… Elle m'interdisait de porter des pantalons moulants ou des jupes au-dessus des genoux. Alors je portais des vêtements amples pour me cacher et me conformer à ses principes. Bien qu'ils me semblaient d'une autre époque, je les faisais miens, sans les remettre en question. Il me suffisait de sentir que telle ou telle chose lui déplaisait pour qu'aussitôt elles deviennent honnies. Même si je trouvais ses arguments désuets.

**Vivre ses rêves**

Je m'étais toujours dit qu'on devrait avoir la chance de vivre chacun sa vie comme on la rêve, et non pas la subir. William

Jennings Bryan[13] écrivait que « le destin n'est pas une question de chance. C'est une question de choix : il n'est pas quelque chose qu'on doit attendre, mais qu'on doit accomplir ». Je me promettais de ne jamais laisser personne m'imposer un chemin, quel qu'il soit. J'étais convaincue que nous avions chacun le choix : celui d'être l'objet du malheur ou du bonheur. Il me semblait que tout coulait de source et que la vie nous offrait de réaliser nos rêves, si tel était notre projet et notre dessein. Et puis, je me suis rendu compte que ce n'était pas toujours facile. Parfois, devant la table servie, on se sert en dernier, par peur de prendre de l'initiative, et alors on n'a accès qu'aux restes du repas... Ceux qui osent prennent le meilleur de la vie, et ceux qui, par peur de déranger, restent en retrait, ne vivent que de miettes, abandonnant le meilleur pour le pire, parfois...

Maman me reprochait souvent d'être dans la lune ou dans les nuages. Elle n'avait qu'à moitié raison. Ma meilleure amie, c'était la lune. Je l'aimais beaucoup et elle me le rendait bien. Assise sur un banc ou à la fenêtre, je m'adressais à mon amie la lune, et je me sentais en communion avec les astres. Je lui confiais les tréfonds de mon âme, elle me souriait avec un clin d'œil complice. Je savais qu'elle ne divulguerait jamais mes secrets. Alors je prenais plaisir à m'épancher, me soulageant de mes états d'âme et de mes tourments. Une paix profonde m'inondait. Je contemplais avidement le ciel étoilé. La lune emplissait mon cœur d'une douce lumière. Il me semblait que l'infini et l'éternité étaient liés dans l'Univers. Le temps était suspendu.

---

13. William Jennings Bryan (1860-1925) était un avocat et homme politique américain populiste et pacifiste. Il fut un adversaire résolu de la théorie de l'évolution.

À mon amie la lune, je parlais de mon pays, le Maroc, qui me manquait, et lui confiais mes inquiétudes de petite fille. Maman m'en demandait beaucoup, mon grand frère m'interdisait de jouer trop tard le soir et ma petite sœur Saïda ne voulait pas que je la prenne dans mes bras. Tout était sujet à confidences. La lune était le témoin silencieux de ma vie. Lorsque j'allais au Maroc en vacances, elle me suivait. Je me souviens d'une nuit de pleine lune, dans la campagne marocaine, dans la région d'El-Jadida. Elle était là, amicale et fidèle, mon amie la lune. Et puis, il y avait les étoiles qui brillaient de leur joli firmament. J'étais si heureuse que j'ai refusé de quitter ma place de toute la soirée, malgré les menaces de représailles de ma mère et de ma tante. Un sentiment de paix intérieure… Et si c'était ça aussi, la spiritualité? Une aventure intime qui nous éveille à l'Univers et à l'essentiel qui est en nous? J'étais si bien… C'était il y a si longtemps… Pourtant, j'en éprouve encore une paix intense.

## Ma mère Fatna

Dans son jeune âge, ma mère, Fatna, rayonnait d'une grande beauté. Grande et élancée, elle ne passait pas inaperçue. De grands yeux noirs lui ornaient le visage et de magnifiques cheveux bruns l'auréolaient. Celle qui lui ressemble le plus est notre sœur Saïda, la Chartraine.

Du Maroc de mes premières années, je ne me souviens de rien. Maman nous a raconté que nous vivions dans une maison s'ouvrant sur un grand patio, avec notre oncle et notre tante qui n'avaient pas eu d'enfant. La sœur aînée de maman, Saadia, était mariée avec le frère aîné de papa, M'hamad. C'était notre père qui subvenait aux besoins de toute la maisonnée. Même après notre départ pour la France, papa continuait de soutenir son frère en lui envoyant de l'argent.

Maman s'est tout de suite adaptée à la vie en France. Pourtant, elle ne l'a jamais eue facile. Mais elle est ce qu'on appelle une battante, et jamais je ne l'ai vue se reposer ; ou alors si peu. Levée à l'aube, elle se couchait après avoir mis tout le monde au lit. Elle était à la fois mon modèle et ma crainte. Je me disais que je n'aimerais pas avoir sa vie de labeur, de souffrance. Elle s'était tant battue qu'elle en avait souvent oublié de vivre. Ma mère avait toujours été pour moi un exemple d'abnégation et de ténacité, mais je craignais de lui ressembler dans son acharnement au travail ; dans ses renoncements et dans ses sacrifices.

Comme maman travaillait aussi à l'extérieur, la tâche pour elle était encore plus ardue. Tous les jours de la semaine, avant d'aller au travail, elle préparait le petit déjeuner et le repas du midi. Je l'entendais aller et venir dans la cuisine, à pas feutrés, déplaçant des chaises, faisant cuire le bon pain dont l'odeur me chatouillait les narines, préparant le café et le thé, réchauffant le lait, faisant griller les biscottes et disposant les bols et les couverts. La cocotte-minute sifflait, répandant des odeurs de poulet au citron ou de bœuf bourguignon. J'adorais cette ambiance paisible. Un filet de lumière s'échappait de la cuisine, dont la porte était entrouverte. Quels souvenirs ! Du fond de mes draps, j'appréciais ce bonheur et cette quiétude, heureuse de vivre dans une famille sans histoire : choyée et gâtée.

À midi, elle arrivait en catastrophe pour réchauffer le déjeuner et nous le servir. Ensuite, elle lavait rapidement la vaisselle avant de retourner travailler. Le soir, elle rentrait après être passée au supermarché pour faire les courses. Et puis, rebelote ! Elle préparait le souper, alors que nous faisions nos devoirs. Elle s'asseyait rarement, nous souriant souvent, nous grondant parfois, vaquant sans cesse à sa besogne. Petite maman courage!

Elle était très attachée à la France, mais n'en avait pas moins gardé la nostalgie de son pays et de sa famille. La douleur de l'exil était telle, que je me souviens l'avoir vue tant de fois verser des pluies de larmes... Alphonse Allais disait que: «Partir, c'est mourir un peu, mais mourir, c'est partir beaucoup!»

Partir, c'est toujours faire le deuil, la mise en terre des habitudes, des repères, de la structure familiale élargie, de la culture identitaire et de l'espace socioreligieux.

On garde toujours en soi la nostalgie des odeurs, des bruits et des saveurs. Lorsqu'elle évoquait son bled, maman en avait le regard si triste et le visage si blême que je la sentais toujours un peu plus au bord du désespoir. Et pourtant, elle avait vécu une grande partie de sa vie en France. Arrivée à vingt-cinq ans, elle avait rapidement compris que l'intégration devait se faire par le travail. Débrouillarde, elle passait d'un emploi à l'autre sans difficulté. Et son courage! Elle en avait à revendre, avec une telle endurance. Elle affrontait la vie les manches retroussées, avec l'allure fière d'une beauté fatale de l'Orient.

Je me souviens qu'elle a travaillé à l'hôpital de Dreux. Une primeur, dans le temps, pour les immigrés. Et pourtant, elle n'avait pas hésité à donner sa démission lorsque le directeur de l'hôpital lui avait demandé de se faire naturaliser française. Elle en avait été si choquée. Cela n'enlevait en rien son amour pour la France, mais le *timing* n'y était pas. Il lui fallait d'abord faire le deuil de sa fierté d'être de culture arabe et de nationalité marocaine. Elle avait le sentiment qu'en se faisant naturaliser, elle perdrait un peu de ses origines et, du même coup, de sa dignité. Et cela, il n'en était pas question! Elle ne pouvait souffrir pareille injure envers les siens et sa patrie : « Moi, échanger mon passeport pour un quignon de pain ? Jamais ! »

Elle était ainsi, maman, et elle l'est encore. Pleine et entière dans ses convictions et ses principes. Bien sûr, des années plus tard, elle a demandé et obtenu la nationalité française, mais c'était plus pour des convenances administratives. Elle n'a jamais eu besoin de papiers pour aimer sa France. La France de son cœur, de sa vie. Quand elle en parle, elle a toujours de l'émotion dans la voix.

Comment expliquer que j'aie pu être si effacée et soumise, alors que maman nous avait toujours donné l'image d'une battante. Comme j'ai toujours été fière de ma maman ! Elle s'est faite par la force de ses poignets. Je me souviens encore lorsqu'elle prenait sa motocyclette pour aller travailler. Elle démarrait dans un vrombissement de moteur et la fumée sortait du pot d'échappement.

Elle m'épatait ! Aujourd'hui encore, je me demande comment j'ai pu rester toutes ces années recluse à la maison à frotter le parquet, à faire briller l'argenterie… alors qu'elle ne m'avait jamais donné un modèle aussi réducteur de la femme. Où mon inconscient était-il allé puiser ces paradigmes ? Peut-être avais-je une ancêtre qui avait une prédilection pour les arts ménagers !

Pensant lui faire honneur, je me suis conformée au modèle de la femme et de l'épouse soumise. Elle n'a rien eu à me prescrire. Des mots répétés avec la régularité des aiguilles d'une horloge, des persuasions à coup de proverbes et de maximes. Et je suis tombée dans le panneau. C'est ma mère, et pour moi, ma mère ne pouvait me vouloir que du bien. Les années ont défilé, annihilant en moi toute velléité d'indépendance. Je me suis habituée à n'être que la moitié d'un homme et à le servir.

Et pourtant, dans ma tête, je n'ai jamais cessé de rêver et d'imaginer... me construisant des châteaux en Espagne. Maman m'avait donné le goût du voyage, de la trame. Alors que nous étions petits, elle nous installait tous dans son grand lit et nous racontait des histoires d'animaux, de rois, de princesses et de génies. On ne se lassait jamais de ses récits et nous en quémandions toujours d'autres avec force suppliques. Elle relatait alors sans fin, s'arrêtant par moments pour faire durer l'énigme, le suspense, riant aux éclats lorsqu'il nous arrivait de vouloir trouver la suite ou que nous lui posions à notre tour des charades. Grâce à elle, tous autant que nous étions, nous avons hérité et profité de son talent pour l'art de la communication. Maintenant, je réalise qu'elle m'a aussi transmis le goût des mots et de la romance.

## Mon père Abdallah

Papa était le type d'immigré silencieux et travailleur. Il ne demandait jamais rien et se tuait à la tâche pour mériter la reconnaissance de ses pairs et de ses patrons. Il était courageux et, sans rechigner, il faisait facilement douze heures de travail par jour. Il travaillait même les fins de semaine. Il adorait s'occuper et restait rarement à ne rien faire. Il était soudeur-serrurier-forgeron et nous fabriquait ou inventait toutes sortes de décorations en fer forgé. On avait un super beau porte-manteau orné d'une multitude d'arabesques. Je le voyais parfois travailler le fer avec un long chalumeau qui crachait du feu et des étincelles. Il me fascinait avec ses grosses lunettes de protection... Comme il me manque!

Toute sa vie, papa a travaillé dur. Pourtant, vers la fin, il n'avait rien. Il a commencé à travailler vers l'âge de onze ans. Tout en allant à l'école, il suivait des cours de formation professionnelle. Il a obtenu ainsi ses certificats de spécialité professionnelle en tant que soudeur, serrurier et forgeron. Il avait un grand sens de l'adaptation et surtout beaucoup de charisme. C'est d'ailleurs ce qui lui a permis de faire sa place dans la France des années 1960.

Malheureusement, il avait un défaut dont ses six enfants ont hérité. Il était gentil à l'extrême. Il s'était souvent fait avoir sur le plan financier. Il prêtait et on ne lui rendait jamais son argent. Alors il en faisait son deuil et pardonnait. C'était un homme humble et bon. Il n'a jamais fait de mal à qui que ce soit, si ce n'est à lui-même. Il était très intègre et travailleur. Si, à la fin de sa vie, il s'est pratiquement retrouvé sans le sou, c'est justement à cause de sa trop grande bonté. Il permettait trop aux autres de profiter de son argent. Alors que maman a investi dans les biens fonciers et qu'elle a bien géré et placé son argent, lui, au contraire, a tout flambé en distribuant son pécule aux uns et aux autres. C'était à celui qui lui soutirerait le plus d'argent!

Lorsque je suis arrivée au Canada, j'ai souvent pensé à lui. Je me suis demandé comment il avait fait pour immigrer dans un pays dont il ne connaissait ni la langue ni la mentalité. Comment avait-il bien pu aussi rapidement s'intégrer et trouver du travail? Il avait une telle faculté d'adaptation. C'est vrai qu'il était toujours souriant et blaguait sans cesse. Je pense que sa bonne humeur était si contagieuse que tout le monde recherchait sa compagnie et qu'on lui faisait facilement confiance.

Fait rare en France, il était régulièrement invité chez ses patrons. Je me souviens encore de ces somptueuses réceptions où nous étions installés à la table des grandes personnes. J'y regardais, de biais, les autres convives se servir des nombreux couverts. Je n'étais pas une habituée de l'art de manier le couteau et la fourchette pour décortiquer les crevettes ou les écrevisses. Je revois aussi les serveurs en livrée et les grands plats argentés qu'ils passaient. Je mangeais très peu, perdue dans ma contemplation du décor.

Lorsque je pense à papa, il y a dans mes souvenirs des moments très forts. Souvent, le soir, il s'installait dans son fauteuil et nous psalmodiait des versets entiers du Coran. Il était ce qu'on appelle un « érudit » du Coran, ayant fait des études de théologie et maniant le verbe comme pas un. Je l'écoutais, éblouie. Je ne comprenais pas tout à fait ses litanies, mais j'aimais le son guttural de sa voix et l'émotion qu'il suscitait en moi. Encore aujourd'hui, j'entends la mélodie de sa récitation dans ma tête et je le vois, se balançant doucement dans son fauteuil. Les morts ne meurent pas, ils s'endorment doucement pour s'éteindre lentement.

Papa et moi avions une sorte de pacte : il me choisissait, entre mes frères et sœurs, pour m'emmener au Café de la gare de Dreux. Là, il m'installait en face de lui et commandait pour moi un diabolo menthe[14]. La patronne arrivait avec un petit plateau ; elle déposait devant moi mon verre et me tendait une paille. Je la remerciais timidement, gardant les yeux baissés. Elle me souriait et le félicitait d'avoir une petite fille aussi jolie et polie. Papa me caressait les cheveux en me faisant un clin d'œil. Je ne me sentais plus… tant j'étais fière ! J'étais si heureuse de voir ses yeux briller de bonheur.

D'autres souvenirs encore affluent à ma mémoire… J'aimais son humour taquin et ses blagues rigolotes. Lorsque quelque chose lui plaisait beaucoup, il disait que c'était « deux

---

14. Eau gazeuse additionnée de sirop de menthe.

peccables», pour signifier que c'était mieux qu'impeccable. Ce qui n'était, après tout, qu'une fois «peccable»!

Et puis, je ne peux passer sous silence le surnom qu'il me donnait. Il m'appelait souvent «Nadia Comaneci», tout simplement parce que j'excellais en gymnastique. J'étais d'une grande souplesse et mon entraîneur voulait toujours m'avoir pour les compétitions. Maman voyait cela d'un mauvais œil que je fasse de la gymnastique. Alors, un jour, elle décida de me retirer de la gym. J'en avais été mortifiée. Tout le monde avait essayé de la faire revenir sur sa décision. Pas question! Pour calmer les esprits, elle avait inscrit mon frère Bouchaïd à ma place. Malheureusement, il était plus doué pour le soccer.

Papa aimait beaucoup la France et il nous exhortait toujours à lui être redevables et à l'aimer. Il nous répétait que c'était à la France que nous devions notre instruction et notre éducation. Il ajoutait: «Aimez ce pays, car c'est lui aussi qui nous nourrit.»

Il n'avait jamais compris ni vraiment accepté que ma petite sœur Saïda et moi nous soyons mariées au Maroc. Il en parlait du bout des lèvres, avec de la tristesse dans le regard. Je ne disais rien. Parfois, pour arriver au bonheur, la vie nous emporte par des voies contournées.

Papa est mort au Maroc le 14 mai 1992, d'un cancer généralisé des poumons. Maman, mon grand frère Mohamed et ma petite sœur Saïda ont pris soin de lui jusqu'à son dernier souffle. Papa décédé, un pan de notre histoire s'en était allé. Nous nous étions alors sentis amputés d'un socle de notre famille. Que son âme repose en paix!

## Le poids du racisme et de la xénophobie

J'ai quitté la France en août 1983, à une époque où la xéno-phobie avait poussé à son paroxysme, chez les Français de souche, la haine des étrangers. Je pense que ce climat malsain avait provoqué en moi un tel abattement et une telle désolation que, lorsque mon futur mari a demandé ma main à ma famille, j'y ai vu un signe du destin.

En fait, les travers de la politique d'immigration en France me révoltaient. Des années plus tard, lorsque les émeutes ont éclaté dans les banlieues et que des voitures ont été brûlées, je n'ai pu que constater le résultat de l'injustice. Le lit de cette violence s'était fait sur les ruines de la déplorable politique migratoire. Pour avoir grandi à Dreux, première ville bastion du Front national[15] de Jean-Marie Le Pen et dans laquelle Marie-France Stirbois a été élue députée, je sais ce que veut dire le désespoir des « *Beurs* » et leur révolte. Cela devenait de plus en plus malsain. Surtout pendant les élections. D'ailleurs, à l'époque, j'étais journaliste pigiste à *La République du Centre* de Dreux.

Toutes les campagnes ciblaient les immigrés et les uti-lisaient comme boucs émissaires. C'était en des termes forts : « l'invasion étrangère », « l'insécurité », « le chômage ». Ils étaient responsables de tout ! Je trouvais qu'on leur donnait bien trop de pouvoir…

Dreux était devenue célèbre en faisant la manchette des journaux. Non pas grâce à sa chapelle ou à son beffroi, mais en raison de la victoire de l'extrême droite. Ceux qui étaient visés par ce vote extrémiste étaient principalement les immi-

---

15. Le Front national est un parti politique français nationaliste fondé en octobre 1972 et présidé, depuis lors, par Jean-Marie Le Pen. Il est situé à l'extrême droite de l'échiquier politique.

grés musulmans. J'ai détesté cette période xénophobe et lapidaire durant laquelle les gens devenaient de plus en plus méfiants et se regardaient avec suspicion. On ne savait plus à qui faire confiance, et chacun se réfugiait dans une distance muette.

Cette victoire de l'extrémisme avait complètement anéanti la France socialiste. C'était l'incompréhension et l'inquiétude. Tout le monde était atterré. La victoire du Front national fut une défaite pour tous les épris de liberté et d'égalité. Elle affichait un constat alarmant !

Depuis, le visage de la ville a changé. Des ghettos se sont construits sur la misère humaine et psychologique. Ils sont peuplés presque exclusivement d'étrangers. Je retourne régulièrement à Dreux et j'ai remarqué que les jeunes femmes portent davantage le voile qu'il y a dix ans. La troisième génération revendique une reconnaissance de son identité à la fois musulmane et française. Parmi cette jeunesse, on parle beaucoup de l'alimentation *halal*[16] et d'écoles musulmanes. Je me suis rendu compte du décalage qui existe entre nous, la deuxième génération, et eux, la troisième. Il me semble que nous n'avions pas ce besoin de nous démarquer par la religion. On la vivait chacun chez soi, chacun pour soi. Elle restait du domaine privé, alors que maintenant, elle est étalée sur la place publique.

En France, la discrimination est omniprésente ! Que ce soit à l'emploi ou au logement, les étrangers typés[17] y ont droit ! Elle est en lien avec l'origine, le patronyme et le faciès. Pour préserver la clientèle « de souche », des gérants n'hésitent pas à refuser l'entrée des discothèques ou des restaurants à

---

16. Se dit de la viande d'un animal tué suivant le rite musulman.
17. Qui correspond de façon précise à un type.

des Maghrébins. Une fois, alors qu'on circulait sur la rue piétonne à Dreux, des «Beaufs»[18] nous avaient traitées, une amie et moi, de «sales Arabes». Lorsque je m'en suis plainte à deux policiers qui passaient par là, ils se sont mis à rire. Que pouvais-je faire alors que des représentants de l'ordre se comportaient ainsi? On tombe de très haut en subissant ce genre d'affront. C'est une facette de la France que l'on ne doit pas nier. Cette expérience m'a fait prendre encore plus conscience du mal qui mine les relations interpersonnelles au sein du tissu social français, entre les «souches» et les «importés».

C'est ainsi que la dure réalité nous rattrape. On a beau s'insurger contre l'intolérance et les préjugés, ils n'en sont pas moins présents et tenaces. Quelqu'un m'avait dit, à juste titre, que «la fin de l'ignorance, c'est le début de la tolérance». Le racisme, l'antisémitisme et la xénophobie sont des maux qui empoisonnent le genre humain, lui niant toute humanité, lui enlevant toute conscience. Ce sont des sentiments si réducteurs! Je n'ai pas forcément besoin que ces maux soient dirigés contre moi pour en avoir la nausée. Je me suis toujours sentie française et fière de l'être, jusqu'à ce que je découvre, à travers le regard des autres, que je ne l'étais pas du tout. Lasse d'en être réduite à raser les murs et à toujours m'excuser d'être là, un beau jour, j'ai pris mes cliques et mes claques et suis retournée dans mon pays d'origine, espérant y trouver une reconnaissance de mon identité.

## Le grand voyage

Maman avait quitté son pays à vint-cinq ans; je faisais le voyage en sens inverse à vingt ans.

---

18. Petit-bourgeois aux idées étroites et bornées.

Mes amies étaient abasourdies que je fasse le saut; elles me croyaient complètement sous contrôle, entièrement soumise. Mais j'étais sûre de ce que je faisais. Je me disais que je vivrais une sorte de renaissance dans mon pays, où je ne subirais plus les regards inquisiteurs, où je ne serais plus l'immigrée, l'étrangère. Et cela, pour moi, n'avait pas de prix.

J'ai réalisé que nous écrivons notre vie comme un roman, page après page, sans en connaître la trame; encore moins la fin. Chaque pas dessine le relief de notre destinée. Les années passent dans un battement de cils et nos jours s'écoulent comme le cours d'une rivière. Nous marchons dans la même direction jusqu'au moment où le destin nous fait bifurquer pour prendre un autre chemin. Est-ce que le destin est écrit? Est-ce que nous l'écrivons réellement? Qui nous dirige? Les pas que nous faisons sont une empreinte dans le cœur de la vie. Il suffit d'un souffle pour en faire changer le cours. Rien n'arrive sans raison. Et j'y crois de plus en plus, car c'est à chacun de nous de trouver le sens de tout ce qui nous arrive; ou de lui donner un sens.

Toute ma vie, j'ai voulu plaire à ma famille: je me laissais toujours si facilement influencer par elle. En fait, malgré mon autonomie et mon indépendance apparentes, j'étais très malléable. C'était souvent ma mère qui prenait les décisions à ma place. Lorsque quelque chose ne lui plaisait pas, que ce soit mes fréquentations ou mes tenues vestimentaires, je m'ajustais en conséquence. J'étais si naïve et je voulais tant lui faire plaisir. Par amour. Combien de jeunes filles et de jeunes hommes ont été piégés par l'amour filial ou fraternel? Ce sont des choses qu'on ne divulgue pas, des secrets de famille qu'on emporte avec soi dans la tombe.

L'illustration la plus saillante de ce désir de lui plaire repose sur le fait suivant : je quittai la France en 1983 pour me marier au Maroc. Il me semblait avoir été emportée par des vents puissants, déracinée sans avoir rien décidé ni rien accepté. J'ai enseveli en moi peine et douleur.

## Rencontre de deux mondes

Lorsque Mohammed, mon futur mari, est venu chez nous, en France, pour la première fois, ma mère m'expliqua que le père de Mohammed était le cousin de mon grand-père maternel. Elle ne m'en dit pas plus.

Alors que le jeune homme était installé dans le salon avec elle et mon frère Bouchaïd, maman m'appela pour que j'aille le saluer. Cette familiarité m'embarrassa, mais j'obtempérai et les rejoignis, non sans traîner des pieds. C'était la première fois que je le rencontrais. Son allure jurait avec les codes vestimentaires auxquels nous étions habitués. Il portait un complet-veston à rayures et tenait à la main un attaché-case. Je remarquai rapidement son élégance et ses belles manières. Mohammed me scruta de la tête aux pieds, avec un petit sourire en coin. Je portais une longue robe d'intérieur qui m'arrivait aux chevilles, un tablier ceignait mes hanches et un fichu noir couvrait mes cheveux. Il s'attarda sur mes pieds nus, ce qui me gêna. Je ne portais jamais de souliers à la maison, car j'aimais la sensation du bois franc sous la plante de mes pieds. Beaucoup plus tard, après notre mariage, Mohammed me confia qu'il m'avait alors prise pour la femme de ménage et qu'il avait été surpris d'apprendre que j'étais la fameuse Rachida dont on lui avait tant vanté les mérites. Je comprends ! Quelle déception !

Je ne savais pas que Mohammed était venu chez nous pour faire ma connaissance. J'aurais dû m'en douter, car le comportement de ma mère n'était pas d'usage. Elle me demandait de faire le service lors des repas ou des collations, alors qu'habituellement, nous (les filles) ne franchissions jamais la porte de la salle à manger lorsque des hommes étaient à la maison. Je lui en fis la remarque, lui proposant de se faire aider par mon jeune frère Bouchaïd, mais elle refusa avec véhémence, prétextant que ce dernier était bien trop maladroit. Cela me parut étrange, mais je ne relevai pas.

Mohammed resta quelques jours à la maison durant lesquels il se montra prolixe. Il passa de longues heures à discuter avec maman, et elle le trouva d'agréable compagnie. Pendant ce temps, comme d'habitude, j'allais et venais, vaquant aux tâches ménagères. Je n'avais eu que très peu l'occasion de bavarder avec Mohammed, mais ce qu'il avait retenu de moi, lors de son séjour, ce sont les *posters* qui recouvraient les murs de ma chambre. Des messages pour la paix, des images dénonçant la guerre et la famine... Il suffisait d'entrer dans ma chambre pour me découvrir. Sur mon bureau trônaient un petit cahier noir et un dictionnaire. Il y avait des statuettes incas et des petites poupées en chiffon sur une commode, un tapis mexicain par terre, un masque sénégalais en bois accroché à la porte, une couverture péruvienne sur mon lit, un flacon de parfum au patchouli sur une petite murette, un volume de Martin Gray[19], *Au nom de tous les miens*, sur ma table de chevet, un petit clown en chiffon surmontait une boîte en bois sur la bibliothèque, un rouleau de parchemin

---

19. Écrivain juif franco-américain d'origine polonaise, né à Varsovie le 27 avril 1922.

égyptien sur une tablette; et mon fameux *poncho*, suspendu au porte-manteau.

Nous contrastions de façon si évidente que, lorsque maman me suggéra d'épouser Mohammed, je ne pus retenir un éclat de rire. Je nous trouvais bien mal assortis, lui, avec son style B.C.B.G.[20], et moi, arborant mon côté *baba cool*. J'avais l'impression que nous vivions dans des sphères antagonistes, tant nous étions à l'opposé l'un de l'autre. Il avait fait des études en économie et occupait un haut poste de direction dans une entreprise multinationale. Il voyageait partout à travers le monde pour importer des produits pour le sanitaire: lavabos, baignoires, cuvettes, bidets, carreaux, etc. Sa vie semblait compartimentée et bien établie, contrairement à la mienne: jeune révolutionnaire dans les nuages, en continuels questionnements intérieurs. Je pouvais rester des heures suspendue à mes rêveries solitaires. Alors qu'il est pragmatique et cartésien, je suis romantique et alanguie. Alors qu'il s'est depuis longtemps emmuré dans une carapace de béton, je suis d'une sensibilité extrême, à fleur de peau même. Alors qu'il est élégant, je suis négligée… Alors qu'il est raffiné, je suis sans apprêt. Rien ne semblait nous prédestiner à cette union.

Nous étions si différents. Nous étions principalement d'éducation et de culture différentes. Nos codes sociaux n'étaient pas les mêmes. Il y avait toutes sortes de détails qui nous éloignaient, mais je faisais tout pour passer par-dessus. Et lui fermait les yeux, sans doute, sur pas mal de mes travers. Je l'ai trouvé parfois si clément. Avec le recul, je me dis qu'il a dû faire beaucoup d'efforts pour s'harmoniser, pour composer avec nos multiples différences.

---

20. Abréviation de «bon chic, bon genre», qui désigne des personnes au style classique et élégant.

J'étais du genre *baba cool* et je vivais dans une grande simplicité volontaire. Je prenais la vie du bon côté, qu'il pleuve ou qu'il vente ! Chaque matin, je me levais à la dernière minute, avec le sourire aux lèvres. Je mettais de la musique à fond. Stevie Wonder, Bob Marley, Bob Dylan et Joan Armatrading hurlaient au grand dam de maman, qui craignait que les voisins se plaignent. Après avoir pris ma douche et avalé ma biscotte légèrement trempée dans du chocolat ou du thé, je me brossais les dents en vitesse. Je ne m'éternisais pas dans la salle de bain et ne me regardais que rarement dans la glace. Les cheveux au vent, en *jeans-baskets* et longue liquette[21], parfois fringuée d'un *poncho* par-dessus, je me déplaçais, l'air joyeux.

Je descendais les escaliers quatre à quatre, au risque de me tordre le cou. Parfois, je me laissais glisser sur la rampe de l'escalier. Tout le long du chemin pour me rendre au lycée, je courais en chantant des tubes à tue-tête, faisant se retourner les passants sur mon chemin. J'étais en retard à tous mes impératifs. Mon futur mari, et je lui en suis reconnaissante, m'apprendra plus tard à devenir ponctuelle, me répétant que c'est là la politesse des rois. Et il a raison ! Je suis devenue aussi ponctuelle qu'une montre suisse : pour son plus grand bonheur… et le mien.

Je rêvais de révolutionner le monde ! Pas à la manière de Che Guevara, mais plutôt à celle du Mahatma Gandhi ou de Nelson Mandela. Pourtant, je n'ai rien révolutionné du tout. Non ! Je n'ai agi ni comme le Che ni comme les ténors de la non-violence. Je n'ai fait que traîner ma vie, me contentant de philosopher sur tout et sur rien, sans trop me mouiller… C'est si facile lorsqu'on est à l'abri de la pluie !

---

21. Chemise.

Je voulais que ma vie tende vers un seul et même objectif: le bien-être de l'humanité dans un monde de paix. Il y avait urgence! La politique et l'engagement communautaire et associatif me semblaient les moyens les plus efficaces pour pallier les manquements et endiguer les creusets. Pour moi, mon avenir était tout tracé et mon but tout désigné! Agir pour améliorer une réalité difficile...

Mon engagement en tant que bénévole dans un centre pour enfants handicapés et dans une maison de retraite à Dreux me poussait encore plus sur cette voie. L'énergie générée par cette motivation me galvanisait et me donnait des ailes! J'aurais déplacé des montagnes pour faire adopter des lois et des règlements afin de permettre aux personnes handicapées et aux malades de longue durée de bénéficier de plus de soutien de la part des gouvernants. Sans oublier les personnes âgées, pour lesquelles je déplorais le parquement et, pour les immigrants, la marginalisation.

Je pensais nuit et jour aux moyens de soulager la peine des uns, la misère des autres... Je considérais que je ne serais jamais en paix avec moi-même tant que l'injustice sévirait quelque part dans le monde. Cela me taraudait le cœur et la tête... Comme me le dira vingt-cinq ans plus tard mon amie Samira Alfakhr: «Sur ta lancée, tu aurais pu changer la couleur de la Tour Eiffel!»

Et pourtant! Rien... Je n'ai rien fait!

## Le Maroc

Je quittai donc la France pour le Maroc au début du mois d'août 1983. Le contrat de mariage fut conclu le 7 août 1983, à El-Jadida. Rédigé en arabe, il fut signé sans ma présence. Une petite fête eut lieu le samedi suivant, réunissant seulement nos deux familles. Mon grand frère et ma mère étaient sur un petit nuage de bonheur rose. Surtout ma mère. Elle avait casé sa deuxième fille. Elle n'avait plus à s'en soucier. J'étais entre de bonnes mains. Et c'était vrai. Je n'ai jamais eu à regretter mon union avec Mohammed.

Néanmoins, je ressentais une grande ambivalence par rapport aux événements. Mohammed avait tout ce dont une femme pouvait rêver trouver chez un homme. Attentionné, chaleureux, poli, bien éduqué, très instruit, intègre… La liste de ses qualités serait trop longue à énumérer. En un mot, c'est un vrai gentleman.

Je savais que l'homme auquel j'étais unie était une excellente personne et qu'il saurait prendre soin de moi. Mais j'étais dans une grande mélancolie. J'étais si triste de quitter ma famille et la *Douce France* de mon enfance. Je mettais au placard tous mes rêves, mes projets de changer le monde. Lorsque je faisais part de mon inquiétude à ma mère, elle me consolait en m'assurant que je pourrais aussi faire des choses pour aider les démunis au Maroc. Je hochais la tête, mais je n'étais pas convaincue. Je pressentais que j'allais me consumer dans le temps qui passe. Pour reprendre du poil de la bête, je me disais que, de toute façon, mon premier rôle sera de prendre soin de mon mari et de nos futurs enfants.

Très vite, j'ai dû me rendre à l'évidence : je n'étais pas plus chez moi au Maroc qu'en France. Étrangère dans mon propre pays. Je me sentais déracinée. J'avais perdu mon cadre référentiel et je me suis retrouvée, du jour au lendemain, dans un pays où je découvrais un milieu si loin de ma réalité. Je n'en connaissais ni les us ni les coutumes. Je ne connaissais de ma religion musulmane que ce que j'en avais appris en cours d'éducation civique et d'histoire sur les bancs de l'école de la République laïque. Je souffrais de ne savoir ni lire ni écrire l'arabe et je n'osais m'en ouvrir à personne. Surtout, j'étais coupée de toute ma famille, puisque mes parents, mes frères et mes sœurs étaient restés en France.

Je ne m'y suis jamais sentie vraiment en sécurité et c'est pourquoi je ne sortais que rarement. Je préférais rester à l'abri, entre les murs de ma maison. Je ne voulais rien avoir affaire avec le monde extérieur. Protégée et recluse, je travaillais sans cesse à frotter, laver, nettoyer. Je me perdais dans la besogne, oubliant jusqu'au temps. Seul le tic-tac de l'horloge me sortait parfois de ma léthargie et me rappelait que les heures passaient.

Je manquais de plus en plus de confiance en moi et ne m'exprimais que rarement en public. J'aurais donné n'importe quoi pour me fondre dans le paysage afin qu'on ne remarque plus ma différence. J'ai ainsi édifié autour de moi un mur pour me protéger des autres. Je n'ai jamais réussi à m'imposer ni avec mon mari ni avec ma belle-famille, qui ne m'avait jamais respectée, me jugeant trop insignifiante, sans colonne vertébrale. J'avais endossé avec abnégation le rôle de la femme obéissante et docile, dans une vassalité muette et soumise. Et je m'y complaisais. Quand j'y repense, je suis prise d'une violente envie de vomir. Comment ai-je pu avaliser autant de réduction, moi l'irréductible et révoltée Rachida ? J'aurais donné ma vie pour sauver celle des autres et j'étais là, complètement effacée, dans une vie sans âme. Dans une reddition silencieuse, j'avais laissé à d'autres le soin de décider de mon avenir. Moi qui rêvais de voyages et de lumières, je ne vivais plus que dans l'ombre, repliée sur moi-même dans une absence et un vide déprimant et lourd. La lecture était mon refuge, ma soupape de sécurité. Ma relation avec Dieu était mon sanctuaire.

Les premières années de ma vie au Maroc ont été pour moi un plongeon dans la culture arabo-musulmane, et j'y ai fait mes premiers pas en tant que femme et épouse. Je lisais régulièrement une traduction française du Coran et j'avais appris à faire ma prière. J'étais très imprégnée des dogmes religieux et je lisais régulièrement les *hadiths*[22] du prophète Mahomet. Je voulais porter le foulard et je l'ai porté quelque temps. J'étais convaincue de l'importance de se couvrir les cheveux. Je croyais dur comme fer plaire ainsi à Dieu. Je me sentais en symbiose avec Lui. Dans un amour total et une parfaite communion.

Mon foulard me protégeait du regard des hommes. C'était pour moi un moyen d'être respectée et considérée en tant que personne, et non comme un objet sexuel, mais il me permettait avant tout de me rapprocher de Dieu. Toutefois, mon mari m'opposait continuellement son refus. Il n'acceptait pas de me voir avec un foulard sur la tête. C'était pour lui synonyme de régression. Il était dans l'évolution des mentalités et me répétait que le foulard n'était rien d'autre qu'un accessoire de mode utilisé par certains et certaines comme un outil de propagande. Ce que je démentais formellement.

J'étais dans l'observance stricte des règles religieuses, un peu dévote. Je faisais consciencieusement ma prière et je n'y dérogeais jamais. Comme je ne lisais ni n'écrivais l'arabe, je m'étais procuré un livret de prières écrit en lettres latines. Je pouvais rester des heures à lire le Coran, le visage illuminé par la foi et le recueillement. Dans mon havre de renoncement, j'étais en paix avec mon âme.

---

22. Paroles, actes du prophète Mahomet qui constituent des voies à suivre pour les musulmans.

J'éprouvais de la nostalgie lorsque je pensais à la France, ce qui m'arrivait souvent. J'avais le regret de ce que je n'avais jamais vécu et que j'aurais tant aimé vivre. Le temps passait et je me demandais ce que je faisais dans ce pays, qui était pourtant mon pays. Je voulais m'y épanouir, mais seize ans plus tard, j'étais toujours à la case départ avec, en plus, mes désillusions et mes amertumes. Je m'étais reniée en essayant de me fondre dans le moule socioculturel marocain. J'avais appris à parler l'arabe, mais mon accent faisait toujours autant rire. Je n'avais pas réussi à apprendre à l'écrire, le cœur n'y était pas. Je faisais le triste constat que je n'étais vraiment chez moi ni en France ni au Maroc. Je me sentais apatride.

C'est alors que je me suis mise à rêver du Québec, ce petit coin français du grand Canada. À quel point j'en ai rêvé! Cette belle province me séduisait, comme elle continue de séduire des millions d'hommes et de femmes à travers le monde. Pour moi, elle appartenait à l'imaginaire, mais j'étais galvanisée par l'espoir d'y vivre un jour. Tant d'événements me confortaient dans cette décision. Sur la chaîne internationale TV5, je suivais les actualités et les émissions culturelles québécoises. J'étais impressionnée par l'ouverture dont les Québécois faisaient preuve sur tous les plans. Les immigrants pouvaient vivre en toute liberté leurs croyances religieuses et des mesures gouvernementales permettaient leur intégration. À la télévision, lors d'un reportage sur l'intégration des minorités visibles, j'avais assisté, impressionnée, à la prestation de serment de la députée Fatima Houda-Pépin[23], une femme politique québécoise d'origine marocaine, qui prêtait serment sur le Coran. Elle était ainsi devenue, en 1994, la première

---

23. Députée libérale de La Pinière, elle est aussi vice-présidente de l'Assemblée nationale du Québec.

députée musulmane élue dans un parlement au Canada. Cette femme m'a fait rêver. Je l'ai par la suite rencontrée et nous avons eu l'occasion de discuter ensemble. Elle est un des plus beaux exemples du rêve canadien.

*Les contes d'Avonlae* et *Anne, la maison aux pignons verts* avaient terminé de me convaincre de tenter l'aventure en immigrant au Canada. Les étendues verdoyantes et les espaces gigantesques de ce pays me fascinaient. Cela ne m'était pas difficile de m'imaginer traverser de vastes contrées, les cheveux au vent ou sous une tuque.

J'en parlais à mon mari qui, au début, s'était mis à rechigner. Puis, il concéda que cela serait une bonne chose pour les enfants… Nous avons donc décidé de tout faire pour nous installer au Québec. Plus moi que lui… Je voulais enfin choisir mon pays. J'étais née au Maroc, j'avais grandi en France, et maintenant, je faisais le vœu de devenir Canadienne. Vivre dans le plus beau pays du monde! Tout se fit à la fois si lentement et si vite. «Partir, c'est mourir un peu…» Et je me suis sentie mourir un peu pour la seconde fois, car rien ne se fait sans douleur.

Ma mère avait accueilli avec effroi la nouvelle de mon intention d'immigrer au Canada. J'avais beau lui expliquer que je faisais ce choix aussi pour mes trois enfants, elle ne comprenait pas que je veuille quitter une vie bien confortable pour l'inconnu. «Vous avez tout! Que voulez-vous de plus?» me demandait-elle, inquiète. Mais nous avons tenu bon. Mon mari et moi voulions donner à nos enfants la chance de vivre dans un grand pays démocratique dont les principes de droit et d'égalité font partie de la charte. Un pays où la liberté est un droit, et non un privilège!

Je ne regrette pas mon choix, au contraire. Je regarde mes enfants et je me dis qu'ils auraient difficilement pu être aussi bien dans leur peau en France. Ma chère France où l'atmosphère est devenue si malsaine, sur tous les plans, chacun se renvoyant la responsabilité des incertitudes qu'elle traverse. Quel dommage!

## Mon bonheur

« Les gens heureux sont sans histoire. » C'est la phrase finale d'un conte de Charles Perrault. Et c'est vrai. Mon mari et moi avons toujours vécu en harmonie. Nous sommes ce qu'on appelle communément un couple modèle. Souvent, je me suis demandé ce que cela voulait dire. Il n'y a jamais eu de discussions houleuses entre nous, jamais un mot plus haut que l'autre, encore moins de disputes. Du respect dans chacun de nos gestes ou de nos paroles.

Mes enfants sont nés au Maroc et sont tous les trois imprégnés à la fois de la culture marocaine et de la culture française. Mes deux garçons et ma fille sont aussi différents que semblables. L'aîné s'appelle Fayçal. Il est sensible à la beauté des choses et aime beaucoup rendre service. Son altruisme est à toute épreuve. Il s'investit beaucoup dans les relations interpersonnelles. Achraf, on le surnomme « l'intello ». C'est l'artiste de la famille. Il est solitaire et un peu poète aussi. Il a en lui l'amour des mots et des tournures de phrases. Notre Wissal, c'est un peu des deux. À la fois communicative et artiste, elle m'épate par son caractère bien trempé. C'est une humoriste à tout casser. Elle a remporté la palme de la finissante la plus ricaneuse de toute l'école internationale de LaSalle. Être et vivre au Québec et au Canada est le plus beau cadeau que je leur ai fait, que la vie nous a fait.

Comme il a raison, James Thomson[24], lorsqu'il dit dans son fabuleux poème : « Il ne craint rien celui qui n'attend rien. » Il faut tenter le va-tout dans un coup de dés. Et surtout, ne pas craindre de se tromper. Celui qui n'essaie pas, ne se trompe qu'une seule fois ou ne se trompe pas, puisqu'il n'a jamais essayé !

## Arrivée au Canada

L'avion a atterri à l'aéroport de Dorval[25] le 17 juillet 2000, vers quatre heures du matin. Cette journée restera toujours pour nous une date à commémorer.

Nous étions tous les cinq dans un état second. Nous avions fait une escale interminable à New York. Nous avions à peine dormi. Je regardais mes enfants, l'un après l'autre, et j'étais submergée par une grande émotion. C'était magique ! Nous avions l'impression d'être dans un rêve qui se réalisait en direct. Nous le concrétisions enfin. J'étais si heureuse d'avoir réussi à les conduire au Canada. Ce rêve, je le voulais pour moi, mais surtout pour eux : leur donner une chance unique de vivre dans un pays de liberté, de droit et d'égalité. Un pays de tolérance et d'ouverture où chacun est reconnu dans sa dimension à la fois unique et plurielle.

Mener à terme, pour ne pas dire de front, un projet d'immigration n'est pas une mince affaire, et dans mon livre *Le Mirage canadien*, je raconte le processus de sélection et les états d'âme des candidats à l'immigration. Aujourd'hui encore, lorsque j'y repense, mes yeux s'embuent. L'attente avait été si angoissante. Au-delà du possible !

---

24. Poète écossais né en 1700 et mort en 1748.
25. Cet aéroport porte aujourd'hui le nom d'Aéroport international Montréal-Trudeau.

Lorsque nous avons entrepris cette formidable aventure, ce n'était qu'une gageure, mais là, j'atteignais enfin mon but. Du moins, je le croyais. Je ne me doutais pas encore de la galère dans laquelle je m'étais embarquée et de toutes les situations qu'il me faudrait endurer. Je ne connaissais rien du parcours jalonné d'embûches qui allait être le nôtre... le mien. Je me suis sentie souvent si seule. Heureusement, des sourires, j'en ai eu à la pelle. Des visages compatissants et amènes. J'en profite pour remercier tous ceux dont le «Sésame» m'a permis de m'adapter et de «passer au travers», comme on dit par ici... Sans eux, je ne pense pas que j'aurais pu garder ma bonne humeur et ma joie de vivre. Ce sont ces rencontres qui font de notre vie une histoire touchante. Une merveilleuse odyssée! Et c'est si important de conserver en soi le goût du bonheur et de l'espoir sans cesse renouvelé. Tout est si proche, même si, parfois, cela semble si loin.

Le trajet en taxi depuis l'aéroport se déroula comme dans un rêve... Montréal *by night*. Nous étions silencieux, les yeux agrandis, tentant d'emmagasiner le plus d'images possible de cette ville que nous découvrions pour la première fois. Alors que l'automobile roulait, notre fils aîné, Fayçal, captait les premières impressions de Montréal par caméscope. Rien ne lui échappait!

Je me souviens encore du lendemain de notre arrivée au Canada. C'était l'été, tout était inondé de lumière. Le soleil brillait de mille feux. En regardant par la fenêtre, je contemplais les feuilles des arbres qui s'agitaient sous le souffle léger du vent. Le paysage m'apparaissait féerique. Dix ans plus tard, nous nous émerveillons toujours devant l'immensité du territoire canadien, devant la beauté de la végétation, les grandes artères et les rues symétriques. L'été indien et l'hiver restent les moments forts de nos découvertes.

Nous étions restés quelques semaines à l'hôtel, puis il a fallu commencer à chercher un logement. Tout nous prenait la tête : les démarches administratives pour l'obtention des cartes d'assurance maladie et d'assurance sociale, l'inscription des enfants à l'école, l'abonnement au téléphone, l'ouverture de comptes, le permis de conduire, l'achat des meubles, la recherche d'un médecin de famille, etc. Chaque jour apportait son lot de peines et de misères. Alors que nous nous débattions dans les dédales de l'administration, les enfants vivaient leur rêve à l'américaine. Tous les trois faisaient leurs découvertes, se liaient d'amitié. Je me souviens qu'ils avaient été heureux de rencontrer des enfants de diverses origines ethniques. Des liens se nouaient et des ponts se construisaient !

Les premiers temps, je me sentais perdue dans un magma fangeux, dans un brouillard d'incertitudes. Je m'ennuyais de ma famille. Ce qu'il y a de plus difficile, c'est d'arriver dans un pays où non seulement on est étranger, mais où en plus on ne connaît personne. J'étais un peu dans l'expectative, la découverte. Je regardais le monde environnant avec à la fois de l'extase et de la terreur. Dans le métro, les gens se bousculaient et couraient dans tous les sens avec empressement et indifférence. Des yeux hagards rencontraient des regards fuyants dans un monde d'ombres et de silence.

Chacun vit son expérience selon son pouvoir d'adaptation. Le processus d'établissement n'est jamais linéaire. La motivation est un catalyseur, elle déploie des forces incommensurables. Les choses qui auraient pu m'abattre dans une autre vie me rendaient beaucoup plus forte. Ce que je déplorais le plus, c'était qu'en occupant deux emplois, j'étais moins disponible pour mes enfants, et aujourd'hui encore je m'en sens coupable. Pourtant, je ne les ai jamais autant gâtés que lorsque je travaillais beaucoup. Je leur confectionnais toutes sortes de gâteaux. Je me couchais très tard pour leur préparer des spécialités de chez nous. J'essayais de compenser du mieux que je pouvais. Mais cela ne me déculpabilisait pas. Je ne vivais que pour eux, et le moindre moment, je le chérissais auprès d'eux, m'en délectant jusqu'à la lie.

Je ne voulais pas que mon surplus de travail entraîne des répercussions préoccupantes sur mes relations avec mon mari et mes enfants. Il m'arrivait d'avoir des périodes d'abattement et de tristesse. Je tentais de pallier mon absence comme je le pouvais. Mais comment peupler une absence qui se fait sentir dans le fond et la forme ? En dépit de toutes les difficultés que nous avons vécues, nous avons réussi à créer dans notre foyer une certaine paix, une sérénité. On finit par s'adapter, mais c'est un processus qui prend du temps.

Lorsqu'on arrive d'ailleurs, on emmène dans ses bagages des idées toutes faites, et même si les femmes d'ici sont choquées par notre soumission, voire notre subordination, nous nous sentons agressées par certains comportements ; au début du moins, car par la suite, on comprend et puis on accepte. Notre regard change. On réalise peu à peu le pouvoir de liberté qui prend force en soi et qui s'exprime par le refus de l'aliénation, par le refus de ce qui amoindrit ou comprime, ou nous limite simplement dans nos choix. Retirer à l'autre son droit de choisir et de vivre à sa convenance, c'est tout simplement le tuer à petit feu. J'ai compris cette liberté que le Canada nous offre et nous confère : vivre sans craindre le regard de l'autre.

Nul ne se connaît vraiment tant qu'il n'a pas souffert. La souffrance ouvre en nous des brèches, des recoins inconnus qui nous font aller au fond des choses et comprendre les

chemins de l'existence et les priorités de la vie. Mes découvertes canadiennes ont pondéré mes idées toutes faites et mes
principes. Je suis moins tranchée, plus réceptive.

## L'hiver

Je me souviens de notre première neige. Nous nous sommes
réveillés et avons couru tous les cinq à la fenêtre. Le ciel gris
s'étendait à l'infini et des flocons de neige blancs tombaient
comme des petits confettis de coton. Les enfants étaient fous
de joie. Comme il n'y avait pas classe ce jour-là, ils étaient
montés sur la terrasse faire des bonshommes de neige et jouer
à des batailles de boules de neige.

Sur la terrasse, nous contemplions, fascinés, les toits des
maisons et des églises. Je plissais les yeux face à cette lumière
aveuglante. Pour ne rien rater de cette féerie, je suis allée à
l'appartement chercher mes lunettes de soleil. Quelle magni-
ficence de voir les arbres couverts de neige! Le charme de
l'hiver, c'était également les bancs de neige immaculée et
les luges qui descendaient à grande vitesse sur les pentes des
montagnes enneigées sous les cris de joie des enfants et des
parents.

L'hiver, c'est surtout Noël, les rues scintillantes sous les
lumières et les couleurs de la paix et de la sérénité.

## Les attentats du 11 septembre 2001

À la télévision, sur toutes les chaînes étaient diffusées les
séquences de cette apocalypse, et les faits nous étaient rap-
portés quasi en direct. J'avais l'impression que nous étions
en train de regarder un film cauchemardesque. Je ne pouvais
m'empêcher de voir et revoir dans ma tête ces femmes et ces
hommes pris dans cette folie meurtrière.

Ces attentats ont été un désastre pour l'humanité, et plus précisément pour les musulmans. Ils ont ouvert une brèche et enclenché une nouvelle donne dans les relations entre l'Orient et l'Occident, entre les musulmans et les autres. Cette période a marqué l'avènement d'une nouvelle forme d'ostracisme : l'islamophobie. Depuis, on peut attaquer, vilipender l'islam en long et en large sans souffrir d'aucun sentiment de culpabilité. Au contraire, c'est devenu de bon aloi de critiquer vertement l'islam.

Je n'ai jamais accepté la théorie du complot et j'ai accueilli avec soulagement d'autres versions. Certains soutenaient mordicus que ce n'étaient pas des kamikazes qui avaient organisé les attentats. Cela me rassurait ! Peut-être que l'islam et les musulmans n'étaient pas en cause… Il y a trop de choses qui se contredisent et trop de coïncidences troubles… À travers la planète, nombreux étaient ceux qui étaient convaincus que des zones d'ombre subsistaient… Les circonstances de ces événements resteront une énigme pour ceux qui refusent la thèse du complot fomenté par un groupe d'islamistes transformés en kamikazes.

La thèse d'un complot des terroristes d'al-Qaida qui auraient détourné des avions pour provoquer les attentats du 11 septembre 2001 était celle que soutenait l'administration Bush. Elle a servi à justifier la guerre en Afghanistan, puis en Iraq. Au début, l'administration américaine avançait que Saddam Hussein était impliqué dans les attentats, en affirmant que des liens existaient entre lui et Oussama Ben Laden. Depuis, il a été prouvé et accepté par les autorités américaines que l'ancien président irakien n'avait aucune confiance en al-Qaida et lui refusait toute aide. Le président américain a reconnu que Saddam Hussein n'avait rien à voir dans ces attentats. Comme de bien entendu! Mais il en a mis du temps, tout de même. Mieux vaut tard que jamais, même si des milliers de femmes et d'hommes ont péri sur le compte d'une guerre inutile qui a «juste» un peu plus chamboulé la région.

Il n'y a jamais eu de version officielle des attentats du 11 septembre 2001. Aucune enquête judiciaire n'a été déclenchée sur cette question. Tout le monde savait que les faucons de l'administration Bush, dont Donald Rumsfeld et Paul Wolfowitz, s'étaient prononcés en faveur d'une nouvelle guerre contre l'Iraq depuis de nombreuses années. Que de mensonges et d'omissions!

Après avoir mené, tambour battant, leur guerre contre le terrorisme en Afghanistan et en Iraq, personne n'a eu à rendre compte des milliers de victimes civiles tuées inutilement.

Nous sommes tous concernés par la douleur et le deuil causés par les événements du 11 septembre 2001. Personne ne peut y rester insensible. Les personnes responsables de ces attentats doivent être jugées, mais selon une justice droite et équitable, pas une parodie judiciaire menée par les faucons de la Maison Blanche. Du temps de Bill Clinton, nous avions tous une admiration pour l'*american way of life*, mais la politique de Georges W. Bush a véhiculé une image expansionniste et impérialiste des États-Unis. Sa politique a exacerbé la haine des Occidentaux envers le monde arabe et l'islam, et a engendré l'islamophobie, stigmatisant plus d'un milliard de musulmans!

Heureusement, le peuple américain a décidé de tourner la page sur ces années lugubres. Le 4 novembre 2008, il a élu Barack Hussein Obama et l'a proclamé le 44e président des États-Unis d'Amérique. Il est le premier Afro-Américain à occuper ce poste. Cet événement est porteur d'espoir pour l'humanité tout entière.

## Israël et la Palestine

La situation entre la Palestine et Israël est un véritable problème pour le Proche-Orient. Deux peuples sémites qui auraient tout à gagner à vivre ensemble et en paix.

En tant qu'arabe et sémite, je me sens concernée par la détresse de ces deux peuples. S'il suffisait juste de se parler… Malheureusement, trop de barrières les divisent. Ils se tiennent dos à dos, chacun sur son quant-à-soi. Fermés malgré le semblant d'ouverture.

Je suis en train de lire *Ô Jérusalem*. Un très bon livre écrit par Dominique Lapierre et Larry Collins. Il raconte l'épopée de la fondation d'Israël.

L'État d'Israël a été créé en 1948 afin de donner un pays aux Juifs. L'arrivée des Juifs à provoqué entre ceux-ci et les Palestiniens une guerre qui dure depuis cinquante ans. Les tentatives de paix, bien que fréquentes, ont échoué jusqu'à ce jour. La perception du conflit diffère grandement selon qu'on est Juif ou Palestinien. La profonde amitié que je ressens pour certaines personnes de confession juive qui ont beaucoup fait pour ma famille ne peut soustraire une réalité qui m'incommode parce qu'elle brime les Palestiniens.

Depuis 1967, non seulement des territoires sont occupés, mais des colonies de peuplement s'y installent continuellement. Comment rester insensible à la situation des Palestiniens qui vivent dans l'humiliation et le mépris ? Comment ne pas être révolté lorsque des attentats-suicides fauchent la vie d'innocents ? Personne n'est pour la guerre et la destruction. Quand cette partie du monde connaîtra-t-elle enfin

la paix? Et je ne peux m'empêcher de penser à feu Ytzhak
Rabin. Il avait compris que, pour qu'Israël vive la paix, il
fallait la conclure avec les Palestiniens. Cet homme a été un
exemple de courage. Il l'a payé du prix de sa vie.

Parfois je me dis que, si on mettait des écrivains à la tête
des États, ceux-ci seraient dirigés avec plus d'humanité. Si
Marek Halter[26], l'auteur de *La mémoire d'Abraham*, était
nommé à la tête de l'État d'Israël? Sans nul doute que cela
changerait la donne. Juif rescapé du ghetto de Varsovie, il est
persuadé que la paix au Moyen-Orient ne peut passer que par
le «dialogue». Lui qui est devenu un ami de Yasser Arafat[27].
Marek Halter est un militant actif pour la paix et un intellectuel engagé qui s'est toujours investi dans la défense des
droits de l'homme partout dans le monde.

À l'école, dans notre programme d'enseignement secondaire, il y avait l'histoire de la Deuxième Guerre mondiale
et l'horreur de l'Holocauste. Les livres que j'ai lus et les films
que j'ai vus m'ont très jeune mise au courant de ce fait monstrueux de l'histoire. Les Juifs ont été persécutés, chassés et
massacrés. J'ai toujours fait miennes leurs souffrances, ressen-
tant dans ma chair et ma conscience cette ignominie. Que de
larmes versées en regardant les films *La liste de Schindler*[28] et
*Le pianiste*[29]. On n'est jamais assez instruits sur la Deuxième
Guerre mondiale et son lot effroyable de crimes.

Il faut sans cesse rappeler aux générations que cette guerre
a vu culminer l'horreur du racisme et de l'intolérance.
Lorsque j'ai travaillé dans le quartier Côte-Saint-Luc, il m'est

---

26. Peintre et écrivain juif français né en Pologne.
27. Président de l'Autorité palestinienne, né le 24 août 1929 au Caire et décédé le 11 novembre 2004 à Clamart, en France.
28. Film de Steven Spielberg sorti en 1993.
29. Film franco-polonais réalisé par Roman Polanski et sorti en 2002.

arrivé de rencontrer des femmes juives au bras marqué d'un numéro, vestige des camps de concentration. Mon cœur en était retourné d'horreur. Je ne pouvais m'empêcher de fixer ces tatouages de la mort et de la honte. Et si les alliés n'étaient pas intervenus?

Lorsque j'entends des propos antisémites, même mitigés, même sur le ton de la plaisanterie, cela me fait sortir de mes gonds. Il ne faut rien laisser passer. Jamais. Car c'est ainsi que six millions d'hommes et de femmes ont été conduits comme des troupeaux d'animaux dans des camps de concentration… Parce que des mots ont fusé et que ces mots ne dérangeaient plus, ne choquaient pas, et qu'ils s'installaient, prenaient leurs aises et faisaient office de loi. Et la foule les répétait, les scandait. Ce sont des mots qui tuent par leur haine, leur violence, leur inhumanité.

J'ai eu la chance d'avoir des parents qui n'ont jamais mis de haine ou d'intolérance dans mon esprit et qui m'ont permis d'être sensibilisée aux dangers que représentent les préjugés. C'est avec la même virulence et éloquence que je condamne le racisme, l'antisémitisme, l'islamophobie et l'homophobie.

## La femme

Au Maroc, les femmes revendiquent de plus en plus la liberté de disposer d'elles-mêmes et de choisir leur époux et leur devenir. Elles occupent des postes-clés à différents paliers du gouvernement et de la vie publique, et sont de plus en plus visibles dans toutes les sphères de la société. C'est donc une erreur que de vouloir appréhender l'histoire des femmes musulmanes en se basant sur les clichés qui veulent que son statut soit celui d'une éternelle mineure cantonnée à la subordination.

De nos jours, de nouveaux paramètres sociopolitiques ont acculé les hommes à faire profil bas et à céder du terrain aux femmes sur tous les plans, que ce soit dans les sphères publique ou privée. Il y a une véritable remise en question des rôles au sein du couple. Les hommes ont dû s'adapter à la mouvance libératrice des femmes et une nouvelle dynamique des rapports hommes-femmes a vu le jour. Cette réadaptation a forcé les hommes à revoir certains stéréotypes. Malheureusement, elle a aussi un effet pervers : les hommes rechignent à se marier et privilégient le concubinage.

Les premiers temps de mon installation au Québec, je me souviens que mon regard fasciné s'attardait sur ces femmes, libres de cette liberté qui refuse tout compromis. Un jour, dans le métro, un homme offrit sa place assise à une femme. Elle le fustigea du regard en refusant son offre. Et cela me plut. Ne jamais rien céder, car alors l'homme sent son pouvoir s'asseoir, se consolider. Et c'est toujours aux dépens des femmes. Ce refus était clair et sans ambiguïté : je suis ton égale et je n'ai nul besoin de ta condescendance. Ta place, « garde-toi-la et oublie-moi » ! Au Québec, les femmes veulent être les égales des hommes et on ne badine pas avec ça. Accepter aurait donné d'elle un message de faiblesse devant le sexe dit fort. Pourtant, je me suis dit qu'il y aurait parfois la possibilité d'envisager là un acte de galanterie ! Je comprends maintenant pourquoi les hommes n'osent plus faire preuve de courtoisie… Ils risquent de se faire ramasser !

Sur la route, dans les bureaux, dans la rue, dans le métro, j'avais l'impression qu'il y avait plus de femmes que d'hommes. Elles occupaient massivement l'espace public et cela me plaisait. J'ai toujours été une féministe dans l'âme… Même si souvent mon comportement a prêté à confusion. Les femmes ont accès à de nombreux postes décisionnels dans la fonction publique et dans les entreprises avec presque autant de facilité que les hommes. Toutefois, elles doivent encore se battre! Mon amie Françoise m'avait fait remarquer que la femme au Québec ne jouit de son autonomie financière que depuis quelques années.

Les conséquences de ces changements sont flagrantes. Les hommes et les garçons ont une image dévalorisante et réductrice. En plus d'avoir un taux de suicide parmi les plus élevés du monde, le Québec se distingue par un écart prononcé entre le nombre d'hommes et de femmes qui s'enlèvent la vie. Pour certains, c'est l'absence de pratique religieuse et l'émancipation des femmes qui ont poussé les hommes à la solitude et au suicide. Pour eux, l'attachement aux valeurs morales et spirituelles est primordial pour mettre un frein au suicide.

Il est vrai qu'autrefois, la religion avait établi les rôles au sein de la cellule familiale. Le père travaillait à l'extérieur et la femme s'occupait des enfants et du foyer. Or, la reproduction de ces rôles est devenue difficile depuis que la place des femmes s'est transformée dans la société. Au sein de nombreux couples, le rapport de force est si enclenché et avancé que les relations sont tendues et constamment conflictuelles. L'issue reste la communication.

## Le foulard

Souvent, lorsqu'on parle d'une femme qui porte un foulard, on dit qu'elle est voilée. Pourtant, la plupart ne portent pas le voile islamique, puisque celui-ci est censé recouvrir entièrement celle qui le porte. Un foulard n'a pas le même rôle qu'un voile. Donc, ce n'est ni un voile, ni un *hijab*, ni un *niqab*, ni une *burqa*, c'est juste un fichu qui recouvre les cheveux.

Je m'insurge contre le fait que l'on condamne avec véhémence le port du foulard, rendant ce bout de tissu responsable de l'aliénation des femmes. On le dénonce avec virulence jusque sur les plateaux de télévision. Pourtant, ces femmes ne cherchent-elles pas qu'à vivre selon leur cheminement spirituel ? Souvent, le port du foulard découle d'un choix personnel. Il en est de même pour les religieuses chrétiennes. Je ne porte plus le foulard, même si je l'ai porté pendant quelque temps.

Pour certaines, le port du foulard représente un retour à la spiritualité, aux valeurs de bonté, de générosité, d'humilité, de simplicité et de pudeur. Les femmes qui le portent incarnent, selon les dogmes religieux, l'exemple même de la femme musulmane pieuse.

Pour d'autres, c'est un moyen de se faire respecter par les hommes. Pour pallier la misogynie, elles ont été acculées à porter le foulard. D'ailleurs, dans les pays musulmans, grâce au foulard, les femmes ont plus facilement investi l'espace public. Il leur a permis de se libérer et de conquérir leurs droits par l'éducation et la carrière professionnelle.

Le foulard est parfois un symbole identitaire très fort. La guerre du Golfe et les événements du 11 septembre 2001 ont exacerbé les replis identitaires. Des femmes ont commencé à porter le foulard par conscience politique.

Chaque femme qui porte le foulard le fait pour une raison précise. Et très peu sont celles qui le font sur demande ou exigence du mari. D'ailleurs, le foulard me dérange lorsqu'il est imposé dans la contrainte par le frère, le père, le mari ou le fils.

Les clichés voulant que le foulard soit une marque d'oppression de la femme dans les sociétés musulmanes actuelles sont l'expression d'une mauvaise foi évidente. Si le foulard est

imposé, pourquoi est-il aussi présent dans les pays occidentaux, où les femmes ont toute la latitude pour recourir aux
forces de loi pour se protéger de la contrainte de le porter si
les maris les y obligeaient?

Pour moi, il est inconcevable que dans un pays démocratique des femmes puissent se faire reprocher leur tenue
vestimentaire. C'est un non-sens et une incohérence. Je crois
profondément en la démocratie ainsi qu'à l'égalité des femmes
et des hommes. Je défendrai toujours le droit des femmes pour
n'importe quel choix de vie, en autant qu'il leur convienne et
qu'il ne porte pas atteinte à autrui. Par contre, je refuse que
celles qui portent le foulard s'arrogent une respectabilité aux
dépens de celles qui ne le portent pas. La liberté de s'habiller
comme bon nous semble ne doit pas être un privilège, mais
un droit fondamental. Les femmes au Québec se sont battues
pour ce droit!

Ce serait de la malhonnêteté intellectuelle de voir toutes
les femmes qui portent un foulard comme des victimes de
l'islam ou des intégristes. Je honnis et exècre toute forme
d'intolérance. Je voudrais citer Platon qui, à bon escient,
déclarait: «C'est par ses excès mêmes que la démocratie peut
conduire à la tyrannie.»

Le port du foulard ne fait pas partie des cinq piliers de
l'islam (profession de foi, prière, pèlerinage, aumône et jeûne).
Il n'est pas une injonction édictée dans le Coran.

Que ce soit dans la Bible ou dans le Coran, on encourage
les femmes à se couvrir:

Coran [33:59]: «Ô Prophète! Dis à tes épouses, à tes
filles, et aux femmes des croyants, de ramener sur elles
leurs grands voiles: elles en seront plus vite reconnues

et éviteront d'être offensées. Dieu est Pardonneur et Miséricordieux. »

Bible, Épîtres de saint Paul, (1 Corinthiens 11:5) : « Toute femme, au contraire, qui prie ou qui prophétise le chef non voilé, déshonore sa tête : c'est comme si elle était rasée. »

Ceux que le foulard dérange n'ont qu'à détourner leur regard. Les défenseurs de la pauvre femme musulmane spoliée de ses droits et tenue dans un état de subordination ont rarement essayé de comprendre le choix de ces femmes. Ce qui m'horripile au plus haut point, c'est que ces mêmes défenseurs nient à ces femmes le droit de se vêtir comme bon leur semble.

Et je ne pourrai jamais accepter que des femmes soient mises au ban de la société à cause de leur appartenance religieuse et de leur choix vestimentaire. Tout comme, je défendrai toujours celles qui choisissent de vivre l'échangisme, la bigamie et la prostitution, ou tout simplement celles qui choisissent de vivre avec une autre femme. Pour moi, le Québec a été libérateur, car il m'a appris l'ouverture et la reconnaissance de la différence. Chacun doit pouvoir disposer de lui-même, dans le respect de l'autre. C'est pourquoi j'ai choisi de m'installer et de finir ma vie au Québec. Le Québec est l'un des lieux où le féminisme a remporté les gains les plus spectaculaires, même si beaucoup de luttes restent encore à y mener : équité salariale, violence conjugale, etc.

L'image de la femme véhiculée sur certaines affiches et spots publicitaires la réduit parfois à un simple objet sexuel ? Qu'est-ce qui est le plus dommageable pour notre société ? Ces corps offerts en pâture ou la présence de ces femmes voilées.

## Les femmes qui m'ont émue par leur engagement

Plusieurs femmes forcent mon admiration. Toutes les femmes qui se démarquent par leur courage et leur ambition m'épatent.

Il y a tout d'abord Mère Teresa, qui a fait don de sa vie à l'humanité. Durant plus de quarante ans, elle a consacré sa vie aux pauvres, aux malades, aux laissés-pour-compte et aux mourants, d'abord en Inde, tout en guidant le développement des Missionnaires de la Charité, puis, à travers son œuvre, dans d'autres pays.

Madame Fatima Houda-Pépin vit au Québec depuis 1974. Première vice-présidente de l'Assemblée nationale du Québec et députée de La Pinière, elle œuvre sans relâche au rapprochement des différentes communautés.

Madame Houda-Pépin s'est démarquée lors de l'affaire de la légalisation possible de la Charia en Ontario. Elle s'est opposée fermement à l'introduction du droit islamique dans les ménages musulmans du Canada.

Elle assume sa double identité canadienne et marocaine. Elle dit aux immigrants qu'ils peuvent faire partie du problème ou de la solution ; qu'il faut affronter le racisme et la discrimination, et rester ouvert à l'égard des personnes qui ont des préjugés.

Janette Bertrand a mené depuis des décennies un combat en faveur de la condition féminine. Elle a tissé sa vie en brisant des tabous et des stéréotypes. J'ai lu son livre *Ma vie en trois actes* et j'ai été éblouie par cette femme. J'étais à mille lieues d'imaginer que les femmes québécoises avaient vécu comme celles de mon pays. Leurs luttes, leurs victoires, leurs défis, elle me les a fait découvrir et je me suis sentie en symbiose avec Janette. Moi, la « *Beurette* » issue de l'immigration, mariée au Maroc et immigrée au Québec, je me suis sentie si proche de Janette que j'ai versé des larmes en la lisant.

Puis Louise Arbour, dont le courage et la détermination ne sont plus à décrire. Elle a rempli d'espoir l'humanité tout entière. Par sa pugnacité, sa ténacité et son amour de la justice. Cette femme incarne pour moi la noblesse de la justice. Louise Arbour est d'un courage à toute épreuve.

Il y a aussi Rachel Corrie, la militante du Mouvement de solidarité internationale (ISM). Lorsqu'un bulldozer D9 a écrasé Rachel Corrie, qui tentait d'empêcher la démolition d'une maison à Rafah, j'étais devant mon téléviseur. Rachel était sensible à la détresse humaine et éprouvait de l'empathie pour les hommes et les femmes qui souffrent, quelles que soient leur religion, leur culture ou leur identité. Refusant sa paix pour vivre la guerre des autres, elle n'a pas hésité à faire un bouclier de sa vie pour tenter d'empêcher la démolition de la maison de parfaits inconnus. Elle a vécu et elle est morte en accord avec ses convictions.

Et... Denise Bombardier! Quelle femme! Ses livres sont l'expression de son engagement en tant que femme et citoyenne. Journaliste, romancière, essayiste, productrice et animatrice de télévision, cette «leader»[30] s'inscrit dans le principe d'égalité entre les hommes et les femmes. Dans toutes les chaumières, que l'on soit homme ou femme, les propos de Denise ne laissent pas indifférent! Son charisme et son entregent la placent *de facto* parmi les personnages emblématiques du Québec. C'est en la lisant que j'ai compris...

J'admire le courage de Françoise Gaspard, qui avait dévoilé son homosexualité. Encore aujourd'hui, je reste marquée par son combat pour l'intégration des immigrés. Une femme qui

---

30. Qu'elle me pardonne cet anglicisme.

s'est battue dans un univers d'hommes pour faire une place à des femmes et des hommes venus d'ailleurs. Il faut toujours du courage pour prendre position, car inévitablement, cela entraîne des heurts et des distorsions. On ne peut pas vouloir apporter des changements qui vont à l'encontre de croyances ou de valeurs implantées dans le subconscient et plaire à tout le monde. Immanquablement, cela attise la haine et la rancœur. Mais ceux qui ont ce courage marquent l'histoire.

# Chapitre 2

# DIALOGUE

Au-delà de tout préjugé…
Pour que nos différences rencontrent nos ressemblances !

**Rachida** Depuis le temps que nous échangeons nos points de vue, nous avons pu nous découvrir des valeurs et des principes communs.

**Françoise** Oui, toutes les trois, nous aimons l'art, la littérature, la cuisine et la musique.

**R.** Dans une autre vie, j'aurais aimé être chanteuse comme Tracy Chapman, Joan Armatrading ou encore Norah Jones. Mais je n'ai jamais osé en parler à maman. Elle en aurait eu une syncope. Elle n'y aurait pas vu de l'art, mais de l'exhibitionnisme.

**Alexandra** La musique évoque pour moi un espace de recueillement. Lorsque je suis triste ou faible, je ressens le besoin de rentrer en moi-même et je me ressource dans mon intériorité. J'ai l'impression que la musique évacue le stress en moi. C'est une sensation si belle et si apaisante. Elle me permet de me détacher des choses et me plonge dans une atmosphère, dans une bulle dans laquelle plus rien n'existe. La musique, c'est la vie !

**F.** Cela nous fait pas mal de points communs. Nous sommes si différentes et en même temps si proches. J'ai l'impression de lire en toi, Rachida, comme dans un livre ouvert. Et toi, Alexandra, je peux aisément t'imaginer dans tes cours à l'université.

**R.** J'ai le même sentiment. Toi, Françoise, tu exaltes en moi mes émotions d'adolescente, de fougueuse révoltée. La douceur de ta voix est comme un soleil! Tu dégages beaucoup de sérénité, de paix… Je sens les messages que ton regard et ta voix diffusent. Je me sens alors si proche de toi, de tes émotions. Et puis toi, petite Alexandra, j'aime ta détermination et ta voix si volontaire. Lorsque j'en entends le son et que mes yeux se posent sur ton visage, je sens toute la force de ta sensibilité. Toutes les trois, nous vivons dans le même pays, mais nos parcours ne sont pas du tout les mêmes… (Rires)

**F.** Ma vie est un long parcours parsemé de joies et de peines, et rien n'arrive «tout cuit dans le bec». Mais une chose est sûre, c'est que la magie des mots apaise les cœurs et les âmes. D'ailleurs, c'est pour cela que j'adore lire. Je m'évade et voyage à travers les contrées et les âges. Un livre qui m'a apporté beaucoup de paix et de lumière est *Le Prophète,* de Khalil Gibran[1].

**R.** Moi aussi, j'aime beaucoup cet auteur. *Le Prophète* est une œuvre incontournable. Je l'ai lue et relue plusieurs fois. C'est une Américaine qui me l'a fait découvrir au hasard d'une rencontre. Elle m'avait dit qu'aux États-Unis, certains passages de ce livre sont lus à l'occasion de mariages. *Le Prophète* est une œuvre poétique faite d'aphorismes et de paraboles livrés par un prophète en exil sur le point de rentrer

---

1. Poète et peintre américain d'origine libanaise. Né au Liban en 1883, à Bcharré, et mort en 1931 à New York.

chez lui. Aux grandes questions existentielles, celui-ci livre au peuple qui l'a accueilli pendant douze ans des réponses simples et pénétrantes. Des thèmes universels sont abordés, mais le fil conducteur reste l'amour. Ainsi est-il dit sur le mariage : «Emplissez chacun la coupe de l'autre, mais ne buvez pas à la même coupe. »

**F.** À côté des grandes questions de la vie pratique, comme le mariage ou les enfants, il parle de la connaissance de soi et de la religion. Ce qui fait le succès de cette œuvre, c'est son universalité apte à en faire le livre de chevet de tous, emportant l'adhésion par de grandes valeurs comme la liberté, l'amour, le respect de l'autre. En cela, *Le Prophète* est un écrit totalement humaniste.

**R.** Je ne me lasse jamais de le lire… C'est un poète intemporel. Il est toujours d'actualité. Au Maroc, il est étudié dans plusieurs établissements scolaires. Et toi, Alexandra ? Où va ta préférence ?

**A.** J'attends toujours avec impatience mes pauses à l'école parce que cela me permet de décompresser et de lire *leisurly*. J'adore me perdre dans des histoires. J'ai bien aimé les livres de Frank McCourt, comme *Angela's Ashes* et *'Tis*. Ce roman raconte la jeunesse d'un jeune Irlandais lorsqu'il vivait en Irlande et, plus tard, lorsqu'il a immigré aux États-Unis. J'adore les livres quand ils me ramènent dans une autre partie du monde, lorsqu'ils me transportent vers d'autres continents.

**R.** Beaucoup de livres m'ont émue. Mais le texte *Les vieux*, de Jacques Brel, m'a réveillée. Je me souviens que ce texte m'avait fait réaliser de plein fouet le côté éphémère de la vie et le spectre de la mort. Du néant…

## Le Québec

**R.** Dis, Françoise, je l'aime ton pays… Même si l'hiver me glace ! (Rires)

**F.** Moi aussi je l'aime mon pays… (Rires)

**A.** Je suis fière de ce pays. Je suis fière de la richesse de notre province. C'est une belle province où la diversité est magique. Surtout Montréal, qui est très multiculturelle. Je me souviens que ma mère nous a raconté comment elle avait trouvé le Québec, spécialement Montréal. Elle était venue à Montréal durant l'Expo 67 et c'était une des villes les plus connues au monde ! Il faut aussi mentionner que le Canada était un des premiers pays au monde à avoir adopté une politique de multiculturalisme en 1971 ! Je suis très fière de ça !

**F.** Oui. C'est un pays coloré dans lequel vivent des hommes et des femmes venus des quatre coins du monde. Diverses origines cohabitent au sein du grand Canada.

**R.** Sans rire ! Lorsque je suis arrivée ici, il y a dix ans, je ne connaissais rien à vos coutumes et à vos traditions. Puis, j'ai découvert la richesse de votre patrimoine culturel. J'ai fait miennes vos charmantes expressions. Bien sûr, il m'a fallu m'adapter à vos codes sociaux. Mais, petit à petit, jour après jour, les ombres se sont dissipées et j'ai commencé à comprendre la trame de votre histoire… Comme l'avait si bien dit René Lévesque : « … celle d'un petit peuple qui serait quelque chose comme un grand peuple… » J'adore cette phrase !

**F.** Notre histoire est très belle, mais si âpre et si dure à raconter, il faudrait remonter à jadis. Tant de choses ont passé depuis… Tu me parles de René Lévesque et cela me ramène loin en arrière. Au Québec, il restera toujours une figure emblématique.

**R.** Raconte-moi, Françoise…

**A.** Oui! Moi aussi je suis intéressée! J'ai déjà entendu parler de lui vaguement, mais je ne connais pas les détails. Je fais partie de la nouvelle génération et je trouve qu'on ne nous parle pas assez de ceux qui ont fait du Québec une nation à part entière.

**F.** Vous voulez vraiment savoir? Cela vous intéresse?

**R.** Si nous sommes ici aujourd'hui, c'est parce que nous aimons ton pays et nous voulons le connaître encore plus, nous approprier son histoire, l'histoire de votre peuple... ces colons qui ont construit ce beau pays, qui l'ont défriché.

**F.** Mon pays, c'est l'hiver, et qui n'aime pas l'hiver, ne peut aimer mon pays! (Rires)

**R.** Six ou sept mois d'hiver par année, il faut vraiment l'aimer « en maudit » ton pays pour vivre tout ce « fret »...

**A.** Même si j'y vis depuis toujours et que je suis née avec la neige blanche pour couverture, je ne serai jamais habituée à l'hiver. Même si je suis obligée de vivre avec, je suis toujours si heureuse de retrouver le printemps et sa verdure. Le renouveau avec les prémices de l'été. Quel bonheur de sentir les premiers rayons du soleil, les premières chaleurs! De pouvoir de nouveau s'habiller légèrement sans des pelures de vêtements chauds.

**F.** Autrefois, il faisait bien plus froid que maintenant. Je me souviens des immenses bancs de neige qui n'en finissaient pas. Le climat du Québec se caractérise par de fortes variations régionales, des hivers longs et froids, des étés courts et frais, ainsi que par d'importantes précipitations annuelles, dont un tiers environ sous forme de neige. Du nord au sud, le climat varie de polaire à continental humide, en passant par le type subarctique[2] dans le centre.

---

2. Situé immédiatement au sud de l'Arctique.

**A.** Tu te souviens, Françoise, de la tempête de verglas de 1998? C'était une horreur! En janvier 1998, une pluie verglaçante est tombée sur le Québec. Le verglas atteignait plus de 100 mm d'épaisseur par endroits. Il a provoqué l'un des plus importants désastres naturels en Amérique du Nord. Il n'y a pas eu d'électricité pendant une semaine et plus.

**R.** Lorsque nous sommes arrivés au Canada, on ne manquait pas de nous en parler. On nous a raconté que le poids du verglas a provoqué des pannes de courant généralisées par l'écroulement des pylônes de plusieurs lignes à haute tension, ainsi que d'importants dommages aux arbres et aux propriétés. Il a également forcé l'annulation des vols aériens et des voyages en train et perturbé grandement les déplacements par automobile et autobus.

**F.** Le pays était tétanisé. Tout le monde était abasourdi. Les effets du phénomène se sont étendus bien au-delà de la période de pluie verglaçante, créant une véritable crise du verglas alors que des foyers ont été laissés dans le noir pour des périodes allant de quelques jours à cinq semaines.

**A.** C'était un vrai cauchemar.

**R.** Moi, plus rien ne me fait peur. Depuis onze ans que je vis ici, je peux te dire que l'hiver, j'en ai fait tout le tour. Au début, lorsque les gens apprenaient que je ne vivais que depuis peu au Québec, ils me demandaient systématiquement, avec un petit sourire en coin, si j'avais connu mon premier hiver. Comme je répondais par la négative, ils me souriaient avec un air dubitatif... On me mettait en garde contre le facteur vent...

**F.** Cela a dû te sembler dur de ne plus avoir le soleil toute l'année comme au Maroc! Ici, le climat est si ingrat! Alors que dans ton pays, il fait toujours beau.

**R.** Le climat n'est pas de tout repos, mais le paysage social québécois compense. Même si le temps est maussade et froid, les gens sont chaleureux et accueillants.

**A.** Cela dépend… Durant la période hivernale, je sens que les gens font ressortir le pire en eux. Rien ne va plus dans leur vie. J'ai l'impression que l'hiver exacerbe la tristesse qui sommeille en chacun de nous. Moi-même je le vis ainsi. L'été est source de vitalité, alors j'attends toujours avec impatience la période estivale. La grisaille rend nos cœurs tristes et froids. Mais parle-nous plutôt de René Lévesque…

**F.** De tous les chefs qui marquèrent le Québec, René Lévesque a été celui que j'ai préféré. C'était un homme intègre, droit, courageux et honnête. Il a gouverné le Québec pendant neuf ans. J'ai beaucoup pleuré lorsqu'il est mort.

**R.** Mais qui était-il vraiment? Je n'avais jamais entendu parler de lui avant de venir au Québec.

**F.** René Lévesque croyait tant à notre beau coin de pays. Il est un de ceux qui ont contribué à la survie de la langue française en Amérique du Nord.

**R.** J'aime bien le drapeau du Québec. Ses couleurs sont éclatantes de vie. Le bleu et le blanc. Alexandra, ne trouves-tu pas que les couleurs du drapeau québécois renvoient aux couleurs du drapeau d'Israël?

**A.** Oui. D'ailleurs, il y a des comparaisons à faire entre Israël et le Québec. Il y a le même nombre d'habitants – plus ou moins sept millions d'habitants dans chaque pays – sauf que le territoire du Québec est immense comparé à celui d'Israël. C'est un petit nombre par rapport à plusieurs grands pays. Vous voyez, on peut être un petit nombre et avoir une place significative au sein du monde, y jouer un rôle important et avoir marqué l'Histoire. Auparavant, je n'avais jamais considéré les similarités entre les deux nations, Rachida. Elles sont fortes et se battent pour leur indépendance dans le monde. Le fait que les mêmes couleurs aient été choisies pour leur drapeau en dit beaucoup. Le bleu signifie le ciel, qui représente l'infini, et le blanc représente la pureté. C'est ainsi que ces deux nations se voient. Elles se considèrent comme des nations fortes et prêtes à tout pour sauvegarder leur intégrité et préserver la sécurité de leur peuple. Un désir de survivre et une immense vitalité créatrice les animent.

**R.**  Et puis, René Lévesque...

**F.**  Je pense qu'on devrait parler de ce grand homme à tous les nouveaux arrivants, afin qu'ils puissent vraiment connaître l'histoire du Québec du temps de René Lévesque. C'est en 1960 qu'il s'est lancé en politique. Il a été élu la même année, sous la bannière libérale, aux côtés de Jean Lesage, et a occupé le poste de ministre des Richesses naturelles pendant cinq ans. Cela a fait tout un changement. Il a été un des grands responsables du projet de nationalisation de l'électricité et de la création d'Hydro-Québec. Il fut aussi un des principaux acteurs de la Révolution tranquille. Dès le début, il a affiché son honnêteté et il a participé activement aux modifications de la loi électorale afin de baliser les finances des partis politiques et des députés. Il a ensuite fondé, le 19 novembre 1967, le Mouvement souveraineté-association, qui est devenu en 1968 le Parti québécois.

**R.**  J'ai lu quelque part qu'il avait menacé de démissionner si les délégués du Parti québécois ne reconnaissaient pas les droits linguistiques de la minorité anglophone du Québec.

**F.**  Il était contre toute forme d'injustice. Pour lui, il n'était pas question de faire vivre à la minorité anglophone ce que les Québécois avaient enduré par rapport à la langue française.

**A.** Je le trouve courageux.

**F.** Oui. Il avait pour principe de ne jamais faire aux autres ce qu'il ne voulait pas qu'on fasse à son peuple. Sur le plan social, René Lévesque a adopté plusieurs réformes. Grâce à lui, le montant des allocations familiales a augmenté, un système national d'adoption a été mis sur pied, les assistés sociaux ont obtenu une assistance médicale gratuite et le programme d'aide pour familles monoparentales a été bonifié.

**R.** En fait, il faisait une politique sociale pour répondre aux besoins des personnes en difficultés financières. Il était le «Petit Prince des pauvres».

**F.** Comme je te l'ai dit, il détestait l'injustice. Il voulait que tout le monde mange à sa faim!

**A.** C'est rare d'avoir quelqu'un en position de pouvoir qui a pour but de ne jamais faire aux autres ce qu'il ne voudrait pas qu'on fasse à son peuple.

**F.** C'était un homme juste et équitable. Pour mieux comprendre la vision souverainiste du Parti québécois, il faudrait remonter à toutes les injustices qu'ont dû subir les Québécois à cause des Anglais. Tu ne peux imaginer par quoi les francophones sont passés!

**R.** La première chose qu'on remarque, lorsqu'on arrive au Québec, c'est la différence entre les anglophones et les francophones: deux solitudes qui se regardent en chiens de faïence. J'ai ressenti plus de tolérance et d'ouverture du côté des francophones que de celui des anglophones, qui m'ont paru un tantinet imbus d'eux-mêmes. Dans la manière qu'ils ont de regarder de haut, dans l'intonation de leur voix, dans leur agacement dès qu'on ne comprend pas ce qu'ils disent… Peut-être que je généralise, et tu sais comme je suis contre les préjugés, mais c'est mon impression. Sans vouloir offenser quiconque…

**F.** Tu dis ta perception, c'est tout. Il n'y a pas de problème…

**A.** Je suis d'accord. Il existe au Québec une grosse différence entre les anglophones et les francophones, mais je ne trouve pas que les francophones sont plus ouverts et chaleureux. Au contraire, je suis anglophone, mais je m'exprime assez bien en français, et je me trouve souvent dans des situations où je ne me sens pas acceptée par des francophones. Parce que je parle pour ma génération, je connais beaucoup de jeunes adultes qui étudient au Québec, qui viennent d'autres parties du Canada et du monde. Ils évoquent leurs expériences au Québec. Ce n'est réellement pas une expérience positive, mais plutôt négative à cause de la langue française qui leur cause un blocage et qui les empêche de s'intégrer comme ils le voudraient. En tant qu'étudiante spécialisée dans l'histoire et la science de la langue, je comprends tout à fait l'importance de protéger la langue française, et c'est la raison pour laquelle il existe des lois. Mais je trouve que, malheureusement, les lois profitent à certains au détriment des autres. Bien qu'il existe des programmes pour apprendre la langue de notre «belle province», il est difficile d'en profiter. Et il restera toujours un fossé entre les anglophones et les francophones. Chacun restant dans ses certitudes. Et les deux solitudes auront du mal à se rejoindre, faute de communication. C'est ce que je ressens.

**F.** Heureusement qu'il y a des lois, sinon, on ne parlerait plus beaucoup le français au Québec. Nous sommes très tolérants et patients, mais nous ne transigeons pas lorsqu'il s'agit de notre langue.

**R.** Je ne vis que depuis dix ans au Québec et j'ai pu, à travers mes diverses occupations, rencontrer des gens de toutes les origines. J'ai donc pu me faire ma petite idée. Mais là encore, je n'ai pas la science infuse et il y a des bons et des mauvais dans chaque peuple. Les Canadiens français ou, si l'on préfère, puisqu'il faut les appeler ainsi, les Québécois, sont vraiment dans la pleine acceptation des autres et ils prêchent beaucoup par l'exemple. C'est ainsi que le mimétisme agit insidieusement. On en prend de la graine, puisqu'on devient aussi tolérant qu'eux!

**A.** Je suis contente pour toi, Rachida, et pour tous ceux qui ont eu une expérience positive. Ainsi, vous avez pu vous intégrer et réaliser vos projets. Mais il faut penser à ceux qui ont vécu une expérience négative et qui doivent travailler encore plus fort pour avoir le respect et bénéficier d'opportunités qui sont offertes seulement aux francophones. On ne peut pas nier que ceux qui ne parlent pas le français sont vraiment pénalisés et limités, tant dans leur projet de vie qu'en termes d'opportunités. Par exemple, ma sœur Élizabeth, dont je suis très proche, a fui le Québec, car elle n'arrivait pas à trouver du travail parce qu'elle ne parlait pas convenablement la langue française. Pourtant, elle a fait beaucoup d'efforts pour améliorer son français. Elle a bien souffert du fait de ne pas être acceptée en raison de ce handicap. Même si son fiancé est francophone et souverainiste.

**R.** C'est vrai que, pour ce qui est de leur langue, les Québécois sont intransigeants. Mais je trouve que c'est du bon pain. En tout cas, pour ma part, je n'ai eu que de bonnes expériences. On pourrait dire que je suis chanceuse.

**F.** On n'aime pas le trouble et c'est pour cela que nous avons vraiment espéré avoir notre autodétermination. Je vous dirais que notre désir d'indépendance est un fait historique. C'est terrible le pouvoir que les Anglais avaient sur nous, et ils s'en délectaient. On se faisait souvent «tasser» dans les commerces par les anglophones montés sur leurs gros sabots.

**A.** Il y a des personnes gentilles et d'autres qui le sont moins dans tous les pays du monde.

**R.** Françoise, je sens de l'émotion dans ta voix...

**F.** C'était très dur. Ils agissaient comme des envahisseurs. Ils occupaient les meilleures positions et détenaient les cordons de la bourse. Ce sont eux qui dirigeaient l'économie du pays.

**R.** Cela devait te faire enrager!

**F.** C'était frustrant. Heureusement, nous avons réalisé, comme le dit si bien René Lévesque, que nous étions... «quelque chose comme un grand peuple»!

**R.** Puisque l'ouverture et la tolérance sont la politesse des grands peuples, alors oui, vous en êtes un! Mais il ne faut pas changer, sinon le Québec ne sera plus ce qu'il est et il perdra de son charme.

**A.** Même si je trouve qu'il y a encore des inégalités entre les gens au Québec, parce qu'il y en aura toujours dans n'importe quelle partie du monde, je suis tout de même fière d'être née dans un pays où différentes cultures cohabitent et s'acceptent. Juste le fait de parler deux langues est pour moi une richesse et un privilège, bien que je ne me sente pas complètement acceptée par un des groupes fondateurs du Québec.

**R.** Au Québec, la diversité culturelle est une source de richesse, de force, de créativité et d'innovation, mais elle est aussi un agent de développement socioéconomique.

**F.** La diversité culturelle est une richesse pour le Québec.

**A.** Depuis les années 1970, le Canada se révèle de plus en plus diversifié sur le plan de l'ethnicité, de la culture et de la langue, en raison des vagues successives d'immigration. Il s'est construit grâce aux millions de gens qui lui offrent leurs forces, leurs rêves et leur courage.

## Les nouveaux arrivants

**F.** Mes ancêtres sont arrivés de France et d'Irlande il y a plus de quatre cents ans et je ne me sens pas plus Québécoise que vous deux. Des immigrants du monde entier viennent s'établir au Canada depuis quatre siècles. Notre population doit sa richesse aux personnes de diverses nationalités qui ont fait du Canada leur foyer d'adoption, malgré la difficulté de s'installer sur une terre inconnue. Pour moi, tout nouvel arrivant a droit au respect et il est chez lui sur cette terre à partir du moment où il s'y installe pour y faire sa vie et contribuer à l'essor du pays.

**R.** Je suis d'accord avec toi. Cependant, vous êtes le peuple fondateur du Québec et vos ancêtres ont défriché ce pays dans le froid et la glace. Ils ont construit les autoroutes, les villes et les infrastructures. Ils ont déblayé le terrain, quoi! (Rires)

**F.** Mais cela ne nous donne pas plus de droits qu'à vous. Nous sommes égaux et devons veiller à faire en sorte que tous les citoyens de ce pays soient égaux en droits, mais aussi en devoirs.

**R.** Oui, assurément.

**A.** Je suis tout à fait d'accord. Ma mère n'est pas encore citoyenne canadienne, mais elle a beaucoup contribué à l'économie de ce pays. Je trouve donc qu'elle a le droit d'avoir les mêmes privilèges que les autres. Elle est née en Hongrie et elle a vécu une grande partie de sa jeunesse en Angleterre à

cause de la révolution hongroise. Elle est arrivée au Québec
il y a plus de quarante ans. Elle s'est mariée à un Italien et
a eu ses trois enfants, qu'elle a élevés du mieux qu'elle a pu,
leur donnant une bonne éducation afin qu'ils aient une place
respectable au sein de la société. Elle a donné le meilleur
d'elle-même pour qu'ils soient acceptés par les deux groupes
dominants.

**F.** Chaque année, de nouveaux arrivants s'installent ici.
Les médias nous apprennent leur nombre et leurs origines,
mais nous ne sommes pas au courant des procédures d'immigration ou de sélection.

**R.** Environ 60 % des immigrants sont sélectionnés sur la
base de critères préétablis, de 25 à 30 % arrivent dans le cadre
du regroupement familial et de 10 à 15 % sont des réfugiés.

**F.** Pour toi, Rachida, quels étaient ton statut et celui de
ta famille ?

**R.** Nous avons été sélectionnés en tant que travailleurs
permanents. Le pouvoir de sélection du Canada s'effectue à
l'aide d'un ensemble de critères qu'il a établis en fonction de
ses objectifs en matière d'immigration.

**A.** Le moment où vous êtes arrivés au Québec a dû être
émouvant.

**R.** Toujours restera en moi le souvenir inoubliable et
impérissable du voyage en avion. Suspendus dans notre rêve
bientôt accessible, si proche d'être réalisé. Nous avons été
accueillis, nos enfants et nous, par les sourires et les mots de
bienvenue des agents d'immigration. C'était effectivement
très émouvant.

**F.** Et toi, Alexandra ? Parle-nous de l'immigration de ta
famille au Canada.

**A.** Ma mère est arrivée au Canada en 1967. Au début, elle est allée à Toronto parce que des amis de son père vivaient là-bas et avaient accepté de la parrainer. Elle souhaitait aller aux États-Unis, mais elle ne pouvait pas obtenir de visa du fait qu'elle venait d'un pays communiste. En ce temps-là, la seule façon d'entrer sur le territoire canadien était d'être parrainé. Elle est donc restée à Toronto pendant trois mois et n'arrivait pas à trouver du travail dans son domaine, la mode. Alors elle a décidé de s'installer toute seule à Montréal, parce qu'à l'époque, Montréal était renommée dans le domaine de la mode. Une fois à Montréal, elle a habité dans les locaux du Young Women's Christian Association (YWCA) jusqu'à ce qu'elle trouve une petite chambre à louer au centre-ville.

**F.** Cela a dû être très difficile de tout quitter et de recommencer à zéro. Trouver un logement, du travail… Aussi jeune et toute seule dans une grande ville!

**A.** Elle se sentait perdue. Toi, Rachida, tu en sais quelque chose, n'est-ce pas?

**R.** Rien n'est aisé. On fait en quelque sorte un deuil: un deuil de nos habitudes et de notre vie d'avant; une rupture dans l'absolu avec nos amis d'antan; un éloignement d'avec la famille; les saveurs qui nous échappent; le temps qui nous fuit; l'oubli qui nous guette et, qui plus est, l'usure qui nous tue! En fait, on n'est jamais assez préparé pour s'installer dans une nouvelle vie, un nouveau pays. Il y a trop d'ombres, d'espaces gris. Et je l'ai très vite réalisé. Pourtant, nous étions sûrs de nous être bien préparés. Mais l'inconnu, dans toute sa dimension, nous a sauté en plein visage!

**A.** Ma mère n'a pas eu de problèmes durant cette période, lorsqu'elle a immigré au Québec. Je pense que c'est dû au fait qu'il y avait l'Expo 67. À cette époque, des millions d'immigrants et de touristes étaient venus au Québec. Il y avait beaucoup plus de possibilités d'emploi qu'aujourd'hui. C'était un moment historique qu'il vaut la peine de mentionner. Toutes les cultures du monde étaient présentes et acceptées dans une même place! Mais avec les années qui passaient, cela devenait plus difficile.

**F.** L'Exposition universelle de 1967 est l'un des événements qui ont marqué l'histoire du Canada, du Québec et de Montréal.

**A.** Cette exposition a duré environ six mois. Soixante-deux pays y ont participé sous le thème de «Terre des hommes»[3].

**F.** C'était une époque magique!

**A.** Certains des visiteurs sont restés définitivement. Mais je sais que ce n'est vraiment pas facile de tout refaire.

**R.** En effet, ce n'est pas évident pour les immigrants de s'intégrer sur le plan professionnel. Nous sommes arrivés en l'an 2000 et mon mari, malgré sa formation, ses nombreux diplômes et sa longue expérience, a eu du mal à trouver du travail. Heureusement, il a fini par constituer sa propre entreprise. René, un Marocain de confession juive, l'a introduit dans l'industrie du vêtement et l'a soutenu et encouragé.

**A.** Même si le Canada est connu pour être un pays multiculturel et regorgeant de possibilités, des constats inquiétants ressortent d'une étude menée auprès d'immigrants fraîchement installés au Québec. Il s'avère qu'il est plus difficile pour les immigrants en provenance du Maghreb de trouver un travail, malgré leurs diplômes et leurs compétences.

**R.** Il y a un nombre impressionnant de chauffeurs de taxi diplômés universitaires parmi les hommes de type arabe. Ces derniers, confrontés de plein fouet à une certaine forme de

---

3. Titre d'un ouvrage d'Antoine de Saint-Exupéry.

discrimination, sont désavantagés sur le marché de l'emploi et subissent le délit de faciès depuis les événements du 11 septembre 2001.

**A.** Comment avez-vous survécu les premiers temps?

**R.** J'ai dû occuper deux emplois. L'un à temps plein, au gouvernement du Québec, et l'autre à temps partiel, dans une boutique de vêtements pour femmes. Je trouvais, à certains égards, que mon expérience et mes premiers pas au Québec étaient très lourds. Il m'est arrivé si souvent d'avoir envie, moi aussi, de faire mes valises et de prendre le premier vol pour le Maroc.

**F.** Pourquoi n'avez-vous pas demandé de l'aide sociale et des allocations familiales en attendant que ton mari puisse trouver un travail dans son domaine?

**A.** Pourquoi pas? Avec des enfants, ce n'est pas évident!

**R.** Parce que nous sommes trop fiers et que nous refusions de dépendre du système. On ne voulait surtout pas donner un exemple de dépendance sociale à nos enfants. Je leur répète souvent qu'il ne faut jamais accepter ni la défaite ni l'échec. Je ne pouvais pas baisser les bras!

**A.** Je te comprends. Mais en même temps, parfois on n'a pas le choix. Quand mes parents ont divorcé, ma mère s'était retrouvée toute seule avec trois enfants en bas âge et des dettes à payer. Elle n'avait pas d'autre alternative que d'accepter n'importe quelle aide. Je me souviens être allée plusieurs fois avec elle à des banques alimentaires où on offrait gratuitement des denrées alimentaires pour les familles. Heureusement que nous pouvions avoir accès à cette aide! Ma mère ne parlait pas bien le français et elle n'avait pas beaucoup d'expérience de travail en dehors de son domaine qui était celui de la mode. Elle se trouvait donc très limitée. Comme elle n'avait rien trouvé d'autre, elle a occupé un emploi de femme de ménage pendant quelque temps. Aujourd'hui, je peux dire que nous avons eu beaucoup de chance. Malgré les souffrances qu'on a pu vivre, nous avons eu ma mère, qui n'a ménagé aucun effort pour nous offrir une vie sécuritaire et confortable.

**R.** La situation de ta mère était bien différente. Elle se retrouvait, du jour au lendemain, seule avec trois jeunes enfants. Elle n'avait pas d'autre alternative que d'accepter ce qui se présentait. Il y avait l'urgence de la survie. Et j'aurais fait la même chose si j'avais été dans la même situation. On ne badine pas avec la santé des enfants. Je connais ta mère et je sais à quel point elle s'est investie pour vous offrir le meilleur. C'est une femme admirable !

**F.** Ta mère est une femme très courageuse, Alexandra. De tout temps, les femmes ont fait des sacrifices. Ma mère aussi a travaillé fort pour nous permettre de faire des études. Je me souviens qu'elle travaillait une grande partie de la nuit dans son atelier pour que nous ne manquions de rien. Où habitiez-vous, Rachida, toi et ta famille, lorsque vous êtes arrivés au Québec ?

**R.** Nous avons demeuré presque deux mois sur la rue Sainte-Famille, dans un appartement meublé. Nous avons ensuite emménagé au 65, de la rue Sherbrooke Est, au Tadoussac. Un immeuble de luxe avec piscine et sauna.

**A.** La *dolce vita* !

**F.** Malgré les difficultés dues à l'immigration, comment voyez-vous l'intégration des nouvelles arrivantes ?

**A.** Je pense qu'il y a beaucoup de ressources et d'aide pour les nouveaux arrivants. Il faut juste se renseigner. Du fait que nous vivons dans une province où les deux langues officielles sont utilisées, j'estime que leur apprentissage est indispensable. Et surtout la maîtrise de la langue française. Au Québec, le français est un incontournable pour travailler et s'intégrer socialement. Le Canada étant un pays multiculturel, il y a beaucoup de centres communautaires qui offrent leurs services aux nouveaux arrivants provenant de tous les coins du monde. Il existe différents genres de programmes d'éducation pour les femmes, les hommes, les enfants, les adolescents, etc. Je conseille particulièrement aux nouvelles arrivantes d'essayer différentes choses. Rien n'est facile, mais les nouvelles immigrées doivent accepter les défis et s'adapter aux situations méconnues qui se présentent. Elles doivent surtout voir les choses de façon positive et aller vers les autres pour échanger.

**R.** En arrivant au Canada, toutes les femmes qui viennent d'ailleurs prennent conscience du rôle qu'elles peuvent jouer au sein de la société, du pouvoir et des privilèges de la femme dans la famille. Bien informées, elles refusent de continuer à subir. L'image de réussite que leur renvoient des femmes issues de toutes les communautés renforce leur détermination et, au risque de tout bouleverser, elles veulent changer les rapports de force au foyer. Les hommes se sentent pris de court et ne voient pas les choses de la même façon.

**F.** Cela a dû être tout un choc pour toi, Rachida, puisque tu viens directement du Maroc?

**R.** Lorsque nous sommes arrivés, on nous a proposé de suivre des séances d'information pour les nouveaux arrivants. Nous avons refusé d'y participer. Il n'était pas question pour nous d'y perdre notre temps, il nous fallait trouver un travail et vite. Et c'est ce que nous avons fait. Pourtant, je suis certaine que si des cours d'histoire et de géographie du Québec avaient été offerts, cela nous aurait été profitable. Car il est essentiel, pour un nouvel arrivant, de connaître la culture du pays et l'identité du peuple qui l'accueille afin de mieux cerner la manière d'aborder les gens d'ici. Je reste persuadée qu'une telle connaissance nous outille dans notre recherche d'emploi et dans notre compréhension des codes sociaux du pays.

**F.** As-tu déjà eu l'occasion de lire des auteurs québécois ? Cela te permettrait sûrement d'en découvrir un peu plus sur l'identité québécoise et de comprendre nos codes sociaux.

**R.** J'ai découvert avec bonheur Michel Tremblay, Yves Beauchemin, Gil Courtemanche, Anne Hébert, Denise Bombardier, Dany Laferrière, Louise Tremblay-D'Essiambre et Marie Laberge, pour ne citer que ceux-là.

**A.** Tu as la chance d'avoir vécu dans plusieurs pays. Tu as ainsi plusieurs cultures. Cela doit te plaire ?

**R.** Dans ma vie, j'ai subi deux chocs culturels. Le premier en retournant au Maroc pour m'y marier, le second en arrivant au Québec. Les deux pays m'ont confrontée à de nouveaux codes sociaux, à un autre mode de vie auquel il m'a fallu m'adapter. Cependant, l'un et l'autre n'ont pas eu le même impact sur mon estime personnelle et mon identité. Au Maroc, je me suis sentie oppressée dans un moule qui annihilait en moi toute velléité d'indépendance. J'avais l'impression d'être restreinte dans ma liberté de mouvement et confinée dans ma solitude.

**A.** Est-ce à cause de ton mari ? T'empêchait-il de sortir ?

**R.** Pas du tout. Mohammed est très libéral et il m'a donné beaucoup de latitude. Mais je n'aimais pas sortir et je me suis refermée sur moi-même, évitant de rencontrer des gens. Ma famille me manquait beaucoup, puisqu'elle était en France. Je ne la voyais que durant la période estivale.

**F.** Au Québec, tu as changé ?

**R.** Lorsque je suis arrivée au Québec, j'ai senti en moi une grande liberté et une paix immuable. Mes ailes se sont déployées, me guidant vers des choix de vie en harmonie avec mon identité plurielle. Ne plus vivre dans une société dont les paradigmes sont contraignants m'a libérée. Je me dis souvent que rien dans ce bas monde n'arrive par hasard.

**A.** C'est vrai !

**R.** Si je suis ici aujourd'hui, c'est parce que mon cheminement de vie passe par le Québec. Si vous saviez comme j'avais regretté d'avoir quitté la *Douce France* de mon enfance. Les premiers temps, je me faisais violence pour ne pas hurler et crier ma désespérance. Aujourd'hui, avec le recul, je me dis que Dieu a peut-être voulu que je passe par certains événements pour pouvoir savourer « mon Québec » et ma nouvelle vie ici.

**A.** Oui, c'est vrai. Le destin nous mène là où la vie nous réserve d'autres surprises.

**F.** Explique-nous plus précisément ce que le Québec t'a apporté. Qu'est-ce qui fait que tu te sens plus heureuse ici qu'au Maroc ou en France ? Comment expliques-tu cette liberté et cette paix que tu as ressenties d'instinct à ton arrivée ici ?

**R.** C'était dans l'air du temps et les couleurs du ciel… (Rires) Je dirais aussi dans les relations interpersonnelles. Les gens sont chaleureux, plaisants, et surtout, on ne se sent jamais jugé. Je me sens si bien ici ! C'est chez moi aussi, ici… comme je me sens chez moi également en France et au Maroc.

**A.** Donne-nous des exemples d'endroits que tu as visités au Québec…

**R.** Au Saguenay, lorsque nous nous promenions à Chicoutimi et à La Baie, personne ne me regardait de biais et on ne se retournait pas sur mon passage. Quel sentiment de bien-être pour moi... (Rires) Je me fondais dans la couleur locale... une vraie «pure laine»!

**A.** C'est formidable! Je te sens vraiment heureuse! Et je peux te comprendre, puisque moi aussi j'ai eu le sentiment d'être épiée et jaugée lorsque je suis allée visiter le Maroc. Je n'étais jamais tranquille, il y avait toujours quelqu'un qui me regardait. Alors qu'ici au Québec, personne ne s'occupe de nous. Il y a tant de diversité que cela offre un paysage coloré. C'est la raison la plus importante pour laquelle j'adore vivre dans notre «belle province».

**R.** Quel bonheur de vivre dans un pays où l'on n'est pas sans cesse réduit, dans le regard des autres, à une origine ou à une condition, mais où l'on est accepté et reconnu dans son humanité pleine et entière. Cela me change de la France!

**A.** La France n'a pas bonne presse à ce sujet... (Rires), mais j'aimerais bien visiter le Saguenay, je suis sûre que c'est un bel endroit. Vas-tu y retourner?

**R.** C'est avec un immense plaisir que j'y retournerai! En fait, j'adore toutes les régions du Québec et j'espère pouvoir toutes les visiter. Surtout rencontrer les gens au gré de mes excursions. On apprend beaucoup. J'espère seulement que cela ne va pas changer...

**A.** Continue! Raconte-nous le sentiment qui t'anime par rapport au Québec... Tu apportes un regard neuf sur les choses et les gens et cela m'intéresse beaucoup!

**R.** Un énorme sentiment de plénitude! Si je devais résumer en une seule phrase ce que le Québec et ses habitants m'ont apporté, je dirais: ils m'ont transmis une valeur fondamentale qui est l'acceptation de l'autre dans toute sa richesse, sa différence et sa dimension. Autrefois, j'étais guindée et j'étais pétrie de préjugés. Il y avait les choses à faire et d'autres à ne pas faire ; les idées à avoir et d'autres à chasser. Je suis maintenant ancrée dans une réalité si dense qu'elle inclut toutes les données et tous les schismes. Rien que pour cette dimension, je serai éternellement reconnaissante au destin de m'avoir conduite ici. Le Québec nous permet de composer avec de multiples identités et appartenances. Surtout, il nous ouvre sur les différences et nous encourage dans l'acceptation et le respect. J'ai beaucoup gagné en ouverture et en tolérance depuis que je vis ici.

Au début, tout me dérangeait, mè choquait ! Les nombrils à l'air, les *strings* ou les *tangas* qui dépassent, les *piercings*, les tatouages, les hommes qui s'embrassent, les clubs d'échangisme, les prostituées… Je me suis habituée. J'ai surtout appris une loi fondamentale : vivre et laisser vivre. Pourquoi le comportement ou les choix des uns ou des autres devraient-ils me déranger ? De quel droit est-ce que je me pose en juge ou en témoin discret mais ô combien inquisiteur ! Je ne mérite pas le respect si je pose un regard réducteur ou jaugeur sur mon semblable. Il n'y a pas pire crime que celui de se croire supérieur aux autres. De quel droit devrais-je m'offusquer de ce que je juge à l'aune de mon éducation ? En quoi leurs comportements ou leurs choix vont-ils à l'encontre de mon bien-être ? Ils ne sont d'aucun danger pour qui que ce soit si ce n'est pour les bien-pensants qui s'arrogent la dictature de la bienséance. Je remercie le Québec et ses habitants qui, par leur discrétion et leur respect de la différence, m'ont permis de bénéficier d'une éducation silencieuse qui m'a fait me remettre en question et réviser mes *a priori*.

**F.** J'ai remarqué, dans nos discussions, que tu fais souvent une distinction entre le Québec et le Canada...

**R.** Parce que c'est ainsi que je sens les choses. Le Québec est une société distincte du reste du Canada. Sa culture, son identité, son histoire aussi font scission avec le reste du Canada. Un Canadien anglais ne réagit pas de la même manière qu'un Canadien français. Il suffit de les observer, de les écouter. Le Québec est porteur d'un certain comportement qui exclut le sectarisme et les échelles de valeurs. Son esprit est convivial et plein d'humanité. C'est d'ailleurs pourquoi j'ai envie d'y poursuivre la trame de ma vie. Ici, je ne me sens pas différente des autres, car personne ne pointe nos dissemblances. Alors qu'en France, en raison de mon faciès, et au Maroc, en raison de mon accent, je me sentais toujours hors des cadres référentiels. Ici, je me sens chez moi!

**F.** Confucius, un philosophe chinois, a dit: «Nous sommes frères par la nature, mais étrangers par l'éducation», et il avait raison. Nous sommes semblables par notre nature en tant qu'êtres humains. Nos différences sont le plus souvent dues au fait que nous soyons nés dans des pays différents, avec une culture, une éducation ou une religion différentes.

**A.** Vous êtes toutes les deux très ouvertes, très tolérantes et de si bonnes personnes... Cela me fait plaisir d'entendre des femmes de votre âge parler avec autant d'ouverture. La génération à laquelle j'appartiens est très différente des vôtres. Lorsque je regarde les personnes de vos générations autour de moi, elles sont généralement moins tolérantes et acceptent moins les différences, alors que les gens de mon âge sont ouverts aux autres cultures et religions. On part du principe que chacun fait ses choix de vie et que cela ne concerne que la personne individuellement. Personne ne s'arroge le droit de juger ou de condamner. Chacun fait sa vie comme bon lui semble. Je suis juive et mon fiancé est musulman, et le choix que nous faisons de composer chacun avec la religion et la culture de l'autre ne concerne personne d'autre que nous. Cela ne regarde pas non plus nos familles. Ce qui est le plus important, c'est que nous sommes tous les deux de bonnes personnes, que nous travaillons fort pour réussir notre vie professionnelle et que nous nous aimons.

**F.** Je suis tout à fait d'accord. Dans ma famille, nous sommes ouverts aux immigrants, car nos parents nous ont élevés comme ça. Ils étaient avant-gardistes et ont toujours considéré les nouveaux arrivants comme une richesse pour le Québec. Lorsqu'on aime, il ne faut pas s'attarder à la culture, la race ou la religion. L'amour abolit les barrières.

**R.** Tes parents avaient-ils l'habitude de vous parler de la différence?

**F.** Mes parents nous ont éduqués dans l'ouverture et l'acceptation des autres cultures et religions. Pourtant, rien n'était facile non plus au Québec. Il y a encore bien des esprits étriqués pour croire que la différence est un danger, un appauvrissement au lieu d'une richesse.

**R.** Si tu en avais l'occasion, quelles seraient les mesures que tu prendrais pour aider les nouvelles arrivantes à comprendre ton pays et ta culture?

**F.** Si j'avais le pouvoir de contribuer à l'intégration et à l'épanouissement des nouvelles arrivantes, je leur parlerais de mon Québec et de ses réalités aux identités multiples. Je leur raconterais le combat que les femmes ont mené pour faire respecter leurs droits. Si notre gouvernement veut que les immigrants qualifiés restent, il doit prendre des mesures pour leur permettre de vivre dignement, ne serait-ce qu'en allant encore plus loin dans la reconnaissance des diplômes qu'ils ont obtenus dans leur pays d'origine. À travers notre rencontre commune, je voudrais m'adresser à toutes ces femmes qui viennent d'ailleurs pour enrichir mon Québec. Je ne me sens pas si loin de votre culture et de votre religion, qu'elle soit juive ou musulmane. Il me semble que ces dernières années, les gens oublient trop facilement que derrière ces religions, il y a des hommes et des femmes qui croient à la paix et à l'amitié entre les peuples. Lorsque vous me parlez de vos religions respectives, je constate qu'elles présentent beaucoup de ressemblances avec la mienne. Lorsque nous allions à l'église, maman avait toujours un voile ou un chapeau sur la tête. C'était impensable d'y aller tête nue. Alors, une femme avec un foulard sur la tête, cela ne me dérange pas plus qu'il ne le faut… Par contre, ce qui me déplaît, c'est de savoir que certaines sont obligées de s'y soumettre.

**R.** C'est un fait, nos religions ont beaucoup de points en commun. Elles reposent sur des substrats, des fondements ou piliers identiques. Dans le Coran, il nous est interdit de manger du porc, considéré comme impur. Selon la loi islamique, pour que la viande soit *halal*, il faut que l'animal ait été égorgé au nom de Dieu et vidé de son sang, conformément au rite musulman.

**A.** Il y a beaucoup de similitudes. Par exemple, le mot *casher*[4] est l'équivalent de *halal* dans le judaïsme. Moi, je ne mange pas que de la nourriture *casher*, et la plupart de mes amis juifs ne mangent pas uniquement *casher* non plus. En fait, selon les lois alimentaires juives, *casher* signifie «propre à la consommation». Et nous ne mangeons pas de porc non plus parce qu'il est considéré comme impur. C'est une

---

4. Se dit d'un aliment préparé conformément aux lois hébraïques.

interdiction donnée dans l'Ancien Testament. Il faut que les animaux soient tués selon une méthode spéciale qui s'appelle *shechitah*, ce qui veut dire que l'animal doit souffrir le moins possible. Je connais aussi beaucoup de juifs modernes qui mangent *casher* à la maison, mais pas quand ils sortent. Certains juifs respectent scrupuleusement la *kashrouth*, qui est un ensemble de prescriptions alimentaires issues de la Thora.

**R.** Je pense que vous avez une autre restriction…

**A.** Parmi les lois figure l'interdiction de consommer le sang, les animaux qui se nourrissent d'autres animaux, ce qui exclut entre autres les animaux de proie comme les lions, le requin, l'aigle ou le brochet, ainsi que ceux qui parcourent le fond des mers à la recherche des déchets laissés par les autres, tels que les crustacés et les mollusques, etc. De même, le lait et la viande ne peuvent être consommés au cours d'un même repas.

**R.** Parle-nous de la circoncision ?

**A.** En ce qui concerne la *brit milah*, la circoncision, c'est-à-dire l'ablation du prépuce des garçons au huitième jour après leur naissance, en référence à l'Alliance d'Abraham[5], ce rite célèbre l'entrée des mâles dans l'Alliance. Elle peut se faire au cours d'une cérémonie, mais aussi dans un hôpital, sous anesthésie. C'est la même chose pour vous ?

**R.** Dans notre religion aussi, mais il n'y a dans le Coran aucune indication quant à l'âge du garçon.

**F.** Au Québec aussi, autrefois, tous les garçons devaient être circoncis. Nous, on ne mangeait pas de viande le vendredi, seulement du poisson, et cela m'embêtait drôlement. Nous allions à la messe tous les matins et le curé surveillait notre dévotion. À l'école, nous avions même des séances de prière plusieurs fois par jour, et on nous imposait un horaire

---

5. Genèse 17,11.

très strict. À 8 h 30, nous devions faire la première prière du matin, suivie d'une autre à 11 h. On allait dîner, puis nous faisions une prière au retour et une autre en sortant, à 4 h. Nous en avions une cinquième, qui était celle que nous faisions, agenouillés à côté de notre lit, le soir, avant d'aller dormir. C'était donc le même nombre de prières que pour les musulmans pratiquants.

**A.** Dans le judaïsme, nous avons aussi beaucoup de prières et de psalmodies. Les juifs prient au moins trois fois par jour. Ce sont trois offices de prières. Ils se tournent vers Jérusalem pour prier. Certains juifs demandent la reconstruction du Temple depuis sa destruction. Le cœur de tous les juifs est porté vers Jérusalem.

**R.** Tous les musulmans du monde se tournent vers La Mecque, qui se trouve en Arabie saoudite. Mais Jérusalem est également un lieu saint pour les musulmans.

**F.** Comment avez-vous vécu votre éducation religieuse, puisque vous avez grandi ailleurs que dans votre pays d'origine?

**R.** Moi, j'ai grandi entre deux religions: musulmane à la maison et chrétienne à l'école. Lorsque je vivais en France, je me souviens qu'à la cantine on nous servait du poisson tous les vendredis et je détestais le poisson, alors je donnais ma portion à ma grande sœur qui me refilait sa portion de fromage *La vache qui rit*. Je veillais à ne pas toucher au porc. On ne me servait pas de plat de remplacement. Je me contentais donc des légumes d'accompagnement. Dans le temps, on ne faisait pas d'accommodements. (Rires)

**F.** Maintenant, on en fait peut-être un peu trop, n'est-ce pas?

**R.** C'est un autre sujet, Françoise… On va en parler tout à l'heure…

**F.** Revenons-en à la religion. Et toi, Alexandra?

**A.** Mon éducation religieuse est un peu différente de la vôtre. Ma mère est juive. Lorsqu'elle a épousé mon père, qui est catholique, elle a dû signer un document à l'église dans lequel elle s'engageait à élever ses enfants dans la foi catholique. C'était la condition pour qu'elle puisse se marier dans une église catholique. Donc, mes sœurs et moi avons été baptisées. Lorsque j'étais jeune, il fallait que j'aille à l'école, le dimanche, pour apprendre la religion catholique en vue d'être confirmée et de faire ma première communion. Je ne savais pas, à cet âge-là, que ma mère était juive et que dans le judaïsme, c'est la mère qui doit transmettre la religion à sa filiation. Petites, nous aussi ne mangions que du poisson les vendredis. Par contre, quand mes parents ont divorcé, ma mère a commencé doucement à nous enseigner le judaïsme. Ce n'est que depuis peu que j'ai pris l'initiative d'approfondir mes connaissances de cette religion. J'ai fait cela par des rencontres et des activités culturelles qui m'ont permis de rencontrer d'autres juifs de mon âge et dans la même situation que moi, avec qui j'ai pu échanger et apprendre beaucoup sur mon peuple. Mais je n'ai jamais subi de contraintes d'aucune sorte dans mon cheminement religieux et spirituel. Je sais maintenant que je fais partie de la judaïcité et j'assume ma judéité, le fait d'être juive, mon identité, tout en reconnaissant le judaïsme[6] qui est maintenant ma religion. Et j'en suis fière.

---

6. Les aspects religieux du fait juif.

**R.** Dans la religion musulmane, il n'y a pas de contraintes non plus. Permettez-moi de vous citer un des versets du Coran : « Point de contrainte en religion[7] ! »

**F.** Ce n'était pas comme chez nous. Les curés ne se gênaient pas pour passer dans les chaumières et recommander – avec virulence – aux femmes de procréer. Il fallait avoir une grande progéniture. Ma mère a eu 21 grossesses, mais seulement onze ont été menées à terme. Les femmes étaient terrorisées par les prêtres et les curés qui se mêlaient de vouloir régenter la chambre à coucher...

**R.** Les prêtres avaient autant de pouvoir que cela ? Ils étaient donc pires que certains imams qui s'affichent en donneurs de leçons...

**A.** Pour moi, chacun a sa propre religion et ses propres croyances. Une tierce personne n'a pas à intervenir dans la vie de quelqu'un et à forcer ses croyances. Je peux juste parler de ma génération, mais je trouve que nous avons une plus grande flexibilité en termes de croyances. Nous sommes plus libres, comparativement à cette époque pas si lointaine où les femmes subissaient les pressions de l'Église. Je suis heureuse de me considérer comme juive, même si je ne célèbre pas le *shabbat* chaque fin de semaine et que, sans doute, je ne me couvrirai pas les cheveux lorsque je serai mariée. Je suis juive dans mon cœur et dans ma foi, et le reste ne concerne que Dieu et moi.

**F.** Autrefois, les femmes étaient considérées comme des mineures à vie. Elles n'ont obtenu le droit de voter et de se faire élire qu'en 1940, et il aura fallu attendre plus de deux décennies, soit en 1961, pour qu'une première femme, Marie-Claire

---

7. Sourate 2, verset 256.

Kirkland-Casgrain[8], soit élue au Québec. Cette province a d'ailleurs été la dernière du Canada à accorder le droit de vote aux femmes, alors qu'il leur était déjà acquis depuis 1917 en Colombie-Britannique! Pendant longtemps, elles ont été recluses à la maison pour s'occuper de la marmaille. Elles ont toujours été sous-estimées, et encore aujourd'hui, cela m'enrage. Les femmes doivent toujours en faire deux fois plus pour se faire une place. Encore faut-il que cela soit reconnu et accepté.

**R.** La situation des femmes est la même partout dans le monde. Mais dans l'islam, nous avons l'exemple, et non des moindres, de Khadija, l'épouse du prophète Mohammed. Elle est présentée comme une femme d'affaires prospère et avisée. Le prophète n'a jamais pris d'autre épouse. Notre condition, je crois qu'il appartient à chacune de nous de la construire et de l'imposer.

**F.** Mais on n'a pas toujours le choix, sinon ce serait trop facile...

**A.** Je ne peux pas vous donner beaucoup de détails sur la condition des femmes juives, car je n'ai pas été élevée dans cette sphère. Je sais pourtant qu'elles doivent avoir un comportement modèle et être dévouées à leur famille et à Dieu. Il existe une nette ségrégation entre les hommes et les femmes dans la communauté juive orthodoxe: les hommes prédominent dans la vie publique et les femmes dirigent les affaires de la famille. Par contre, je peux vous parler de la femme italienne, puisque j'ai également grandi dans la culture italienne romaine catholique traditionnelle. C'est ce à quoi j'ai

---

8. Avocate, juge et politicienne québécoise, elle a été la première femme députée à l'Assemblée législative du Québec et aussi la première femme membre du Conseil des ministres, en 1962.

été exposée une grande partie de ma vie. Les femmes, dans ce milieu, sont aussi exploitées. Celles de mon entourage étaient recluses à la maison pour prendre soin de la famille. Leur rôle était de rester à la maison pour faire le ménage, prendre soin des enfants et préparer les repas. Ma mère n'a jamais voulu se soumettre à ce rôle. Aussi, elle n'avait jamais été acceptée par la famille de mon père, car elle était différente en ce sens. Elle refusait l'aliénation. Quand je pense à la subordination des femmes et au rôle que certains hommes veulent leur faire tenir, cela m'enrage au plus haut point.

**F.** Ici aussi, les femmes en ont arraché! Beaucoup ont reproché aux féministes la perte des repères des hommes, alors qu'elles ont lutté pour libérer les femmes de tous les carcans religieux et autres. La lutte des femmes est dirigée contre un certain ordre qui les a privées de liberté. Pas contre les hommes! Les femmes québécoises viennent de loin. Et des tas de livres racontent l'histoire des familles québécoises, de l'évolution si difficile des mentalités qui faisaient encore office de loi il n'y a pas si longtemps. Surtout la pugnacité dont des femmes comme ma mère ont dû faire preuve pour se faire respecter et reconnaître à part entière comme membres de la société des humains. Certaines, comme Janette Bertrand, ont été un phare, une lumière pour les femmes au Québec. Je l'admire, ainsi que son courage à vivre les combats auxquels elle a contribué.

**R.** Cela a dû être très difficile pour elle de faire sa place dans un monde d'hommes. Son histoire est formidable. Parce qu'une femme est censée plaire et séduire, on a voulu l'écarter du monde public. Heureusement, elle a eu gain de cause et rien ni personne ne pourra déloger Janette de la sphère publique et du cœur des Québécois et des Québécoises, qu'ils soient d'ici ou d'ailleurs. Autrefois, au Maroc, les femmes étaient prises dans un système imposé par les hommes et qui les comprimait et les annihilait... Heureusement, nous avons eu la *Moudawana*[9], qui a été révisée en février 2004 par le Parlement marocain et qui a été promulguée par Sa Majesté le roi Mohammed VI. Cette révision améliore considérablement le statut de la femme et lui confère des droits qu'elle n'avait pas. Pour les Marocaines, c'est une révolution! La possibilité, pour une femme marocaine, de transmettre sa nationalité à ses enfants n'était pas reconnue dans la *Moudawana*, mais après une campagne publique, elle l'a été dans le nouveau code de nationalité. Sa Majesté Mohammed VI l'a autorisée en octobre 2006; la loi a été approuvée par le Parlement. Plusieurs de mes amies souffraient de ne pouvoir transmettre leur marocanité à leurs enfants nés d'une union avec un étranger. Maintenant, c'est réglé.

**F.** Au Québec, c'était comme chez vous. C'est pour cela que nous, les Québécoises, sommes frileuses lorsqu'il s'agit de religion, car il nous a fallu plus de cinquante ans pour nous libérer des carcans de l'Église. Leurs dogmes nous opprimaient et nous privaient de liberté et de réflexion. Il fallait juste exécuter, et surtout ne jamais rien remettre en question, ne rien discuter. Pour tout vous dire, rares étaient ceux qui avaient lu la Bible. Tout le monde faisait confiance aux prêtres. Leur parole était une référence et avait force de loi. On craignait le courroux de Dieu, alors vous imaginez la culpabilité et les génuflexions faites dans les chaumières. On croyait que le moindre péché nous enverrait brûler en enfer. Les voisins se surveillaient et c'était à celui ou celle qui ferait le plus de dévotions et de prières. Ceux qui n'allaient

---

9. Le Code du statut personnel marocain.

pas régulièrement aux prêches étaient montrés du doigt et critiqués.

**R.** Je comprends mieux le malaise de certains Québécois par rapport au phénomène religieux. Même si je trouve dommage que le foulard soit encore trop souvent stigmatisé.

**F.** La religion mise en évidence devient agressante. Nous voulons nous en défaire et la vivre de manière symbolique. Surtout ne pas lui donner plus d'envergure qu'elle n'en mérite. Alors tu comprendras pourquoi l'ostentation, dans le domaine du religieux, devient obscène. Il heurte quelque part nos paradigmes sociaux. Nous avons œuvré pour un espace de vie laïque. Et nous voulons le conserver, en inspirer les générations futures. Au-delà de tous les clichés entendus çà et là, l'ampleur du port du foulard est telle qu'il est perçu comme une menace pour la laïcité dans l'espace public.

**R.** Toi, Françoise, es-tu dérangée lorsque tu croises dans la rue des femmes aux cheveux dissimulés par un foulard ou lorsque tu vois des barbus? Te sens-tu offensée ou choquée par ces signes extérieurs religieux : le foulard pour la femme, la barbe pour l'homme?

**F.** Non. Bien sûr, ma réalité n'est pas celle des gens vivant dans les grands centres, mais lorsqu'il m'arrive de croiser une femme en foulard ou un homme avec une longue barbe, je me sens interpellée. Je ne peux faire comme si je ne les voyais pas. J'essaie de comprendre leurs motivations, leurs valeurs. Je me dis qu'ils ont fait des choix de vie et que cela ne me concerne pas. Des choses, bien sûr, me dérangent, mais ni le foulard ni la barbe n'en font partie. Même si pour certaines femmes, le port du foulard est un signe de soumission et d'aliénation, je pense que chacune doit choisir, je dis bien choisir. Nous sommes un pays de liberté. Toutefois, je ressens beaucoup de peine pour ces femmes qui se déplacent comme des ombres. En ce qui concerne les hommes, outre le fait que cela doit leur donner du travail que d'entretenir leur longue barbe, je me dis que, là encore, c'est leur choix.

**A.** Et les hommes avec des papillotes?

**F.** C'est quoi des papillotes? Je n'ai encore jamais vu d'hommes avec des papillotes.

**A.** Les papillotes sont les mèches de cheveux (une de chaque côté du visage) portées sur les tempes par les hommes et les jeunes garçons juifs orthodoxes, en particulier chez les hassidims et les yéménites. Cette tradition est basée sur le verset biblique : «Vous ne couperez point en rond les coins de votre chevelure, et tu ne raseras point les coins de ta barbe[10].» Mais c'est sûr que tous les Juifs ne suivent pas cette tradition. Il y en a certainement d'autres qui préfèrent se raser. Il y a même des rabbins qui se rasent.

**F.** C'est très intéressant. D'autant plus que nous puisons les sources de notre christianisme dans toute la Bible, donc également dans la Thora[11].

**A.** De même que Jésus de Nazareth a été formé dans le judaïsme rabbinique, lequel faisait de l'étude de la Thora une valeur centrale. En fait, le Coran et la Bible en contiennent des préceptes. Les «gens du Livre» sont issus d'une origine commune. La preuve que nous sommes tous issus d'un même socle: les catholiques prient Jésus, qui était un juif.

**R.** Le Coran, comme l'Ancien Testament, préconise aussi pour les femmes de se couvrir. Certaines femmes juives portent un fichu sur la tête, d'autres se rasent les cheveux et

---

10. Lévitique 19, 27.
11. Le Pentateuque, formé par cinq livres de Moïse, ou Loi écrite.

portent une perruque. Peux-tu nous en expliquer la signification ou la raison?

**A.** Cela dépend toujours du courant de pensée. Chez les juifs orthodoxes, selon la tradition rabbinique, un code de modestie interdit aux femmes mariées de montrer leurs cheveux en public. Pour les juifs les plus pratiquants, la chevelure d'une femme est une des marques principales de sa féminité, et elle doit la réserver à son mari uniquement. C'est la raison pour laquelle certaines femmes juives mariées portent une perruque ou se couvrent la tête avec un foulard, pour cacher la sensualité de leurs cheveux. C'est seulement chez elles qu'elles peuvent exposer leurs cheveux et ne permettre qu'à leur époux de les voir. Par contre, il ne leur est pas interdit de se maquiller et d'être souriantes, et il ne leur est en aucun cas demandé de cacher leur visage. Un habillement particulier et couvrant distingue ces femmes des autres. Il faut savoir aussi que, comme l'homme juif est censé porter la *kippa*[12] à plein temps pour ne pas oublier qu'une force divine existe au-dessus de lui, la femme juive peut aussi désirer se couvrir la tête, particulièrement lors des prières, pour la même raison.

**F.** Certaines choses me dérangent tout de même... La place des femmes au sein de la religion. Je crains que les femmes perdent leurs acquis et se laissent manipuler par les hommes au nom de la religion. J'ai de la peine pour les femmes occidentales qui décident de se convertir par amour et qui se retrouvent embrigadées dans un cercle religieux fermé dont elles ne peuvent plus sortir.

**R.** Pourtant, de nombreuses Québécoises se convertissent à l'islam sans pour autant se couvrir les cheveux. Elles vivent en harmonie avec leurs principes. Elles arrivent même à faire

---

12. Calotte dont les juifs pratiquants se couvrent la tête.

côtoyer dans leur vie leur religion catholique et leur religion d'adoption.

A. Le fait de se convertir est pour moi d'un grand intérêt. C'est important, au siècle où nous vivons, de pouvoir librement parler des choses de la religion. Je comprends qu'une personne puisse vouloir se convertir en raison de nouvelles croyances, mais si c'est pour pouvoir épouser quelqu'un, je ne suis pas d'accord. Pourquoi faudrait-il se convertir à une autre religion juste pour officialiser une union ? Je m'insurge contre le fait qu'il puisse exister des religions qui nous interdisent de passer le reste de notre vie avec quelqu'un qui peut nous rendre heureux. Malheureusement, je suis en plein cœur de ce problème. Quand mon fiancé et moi étions au Maroc, nous sommes allés visiter une synagogue et nous avons rencontré un rabbin avec lequel nous avons discuté de notre mariage prochain. Nous lui avons posé plus précisément une simple question : « Comment doit faire un musulman pour épouser une juive ? » Et il nous a répondu : « Amusez-vous pour l'instant, mais cela n'arrivera jamais. » J'étais en état de choc. Il nous a dit que si nous décidions de nous marier au Maroc, je serais tout de suite convertie à l'islam, qu'il était trop compliqué pour mon fiancé de se convertir au judaïsme, et qu'il était rare, d'ailleurs, que cela se fasse. Il nous a aussi expliqué les incidences qu'il y aurait sur nos enfants si on leur donnait des prénoms juifs ou musulmans et comment nous allions leur apprendre la religion, etc. De toute façon, pour un couple de notre génération, la conversion n'est pas une question importante. On adaptera notre vie en conséquence et on élèvera nos enfants dans l'ouverture et la tolérance.

F. Cela a dû te faire beaucoup de peine…

**A.** J'ai beaucoup pleuré et mon fiancé m'a consolée. De toute façon, nous vivons au Québec et c'est une chance.

**R.** De tout temps, les mariages mixtes ou les amours entre deux personnes de cultures ou de religions différentes ont eu la vie dure. Je me souviens d'avoir lu la formidable histoire d'amour entre Juliette Gréco et Miles Davis, le grand trompettiste de jazz. Ils ont souffert des préjugés raciaux, mais cela ne les a pas empêchés de s'aimer. Heureusement, de nos jours, plus personne ne se formalise de voir ensemble des personnes d'origines ou de couleurs différentes.

**A.** C'est même une richesse. Mais il faut surtout ne jamais abandonner son identité, sa culture ou sa religion, car c'est comme mourir doucement. Chacun doit s'enrichir avec l'autre et non s'appauvrir.

**R.** Décider de faire le deuil de ses croyances et de ses certitudes ne doit pas être fait à la légère. Cela semble plus difficile de se convertir au judaïsme qu'à l'islam. Chez nous, il suffit de respecter les cinq piliers de l'islam qui constituent la *Chahada*, qui est l'attestation de la foi en l'unicité de Dieu et en la prophétie de Mahomet. Elle est la plus importante.

**A.** Et elle doit se faire devant deux témoins.

**R.** Viennent ensuite les cinq prières quotidiennes qui peuvent être faites n'importe où, en direction de la *Kaaba*; l'impôt annuel, la *zakat,* qui est l'aumône aux pauvres dans les proportions prescrites en fonction des moyens; le jeûne du mois de Ramadan, prescrit du lever du soleil à son coucher; et le pèlerinage à La Mecque au moins une fois dans sa vie, si le croyant ou la croyante en a les moyens physiques et matériels. Mais toi, Françoise, est-ce le foulard ou la manière de se vêtir qui te rebute?

**F.** Comme je vous l'ai dit, les choix vestimentaires ne me dérangent pas plus que cela. J'avoue toutefois que le *kirpan* me fait peur et je ne comprendrai jamais comment la Cour suprême du Canada a pu l'autoriser dans les écoles.

**R.** Je comprends et je te rejoins. Je crois que chacun devrait vivre sa religion entre les murs de sa demeure. Elle ne doit pas habiter l'espace public et devenir une contrainte ou représenter une menace pour les autres. Mais il est toujours difficile de se poser en donneur de leçons, chacun voit midi à sa porte...

**F.** Autrefois, nous étions enrôlés dans des dogmes et des prescriptions à n'en plus finir. C'est la Révolution tranquille qui a fait évoluer notre société en faisant sortir la religion des chaumières. Le prêtre n'a plus droit de regard sur ce qui se passe entre un homme et sa femme. Il se limite aux sermons dans sa paroisse et, à certains égards, à un rôle communautaire.

**A.** Si tu devais t'adresser aux nouvelles arrivantes, que leur dirais-tu? Quel serait ton message?

**F.** Je les encouragerais à s'impliquer dans cette société qui leur ouvre les bras, à profiter de la liberté qui leur est offerte et à choisir leur vie selon leur convenance, et surtout, de se libérer du joug de la religion si elle devient trop étouffante et avilissante. Il leur faut s'imposer pour établir leurs marques. Le Québec leur donne des droits et des avantages, et il faut qu'elles saisissent cette chance de s'épanouir dans le respect dû à leur sexe. Je pense que la meilleure manière de s'intégrer passe par la découverte et la connaissance de notre société et de notre identité québécoise, des valeurs qui ont fait le fondement de notre pays.

**R.** Lorsqu'on choisit un pays, on doit en connaître les us et les coutumes et les intégrer. Nous avons toutes des raisons de tout quitter pour ce coin de paradis !

**A.** Je suis complètement d'accord avec vous deux.

**F.** Rachida, pourquoi as-tu décidé de venir au Québec ?

**R.** Je rêvais déjà de vivre au Québec lorsque j'étais en France. Cet endroit du monde nous attirait, mes amies et moi, et on en parlait des heures durant. En 1987, un peu après la naissance de mon second garçon, un ami de mon mari a entamé une demande d'immigration et nous avait suggéré d'en faire autant. Pour mon mari, il n'en était pas question, il n'avait aucunement envie d'affronter le grand froid et l'hiver près de huit mois par année. Mais l'idée a germé en moi et je voyais poindre la solution à mes états d'âme. J'avais quitté la France en 1983 et je n'arrivais pas à m'habituer à la vie au Maroc. Je n'aimais pas la mentalité des hommes au Maroc, et surtout, je détestais leur regard si réducteur, si avilissant. S'il y a une bonne raison d'être immensément heureuse de vivre au Québec, c'est d'être libérée de cette oppression. Pour ne pas croiser les hommes, j'ai mis ma vie entre parenthèses pendant de nombreuses années. J'ai eu la chance d'enseigner le français dans une école privée où il n'y avait qu'un seul homme. Et il n'avait qu'à bien se tenir ! Il ne faisait pas le poids au milieu d'une vingtaine de femmes… (Rires)

**A.** Moi aussi, cela me révolte au plus haut point !

**F.** Au Québec, les femmes subissent encore parfois du harcèlement sexuel plus ou moins discret, selon le cas. Elles affrontent aussi des regards dégradants, mais nettement dans une moindre ampleur. C'est difficile d'établir un parallèle. Une chose est certaine, la libération de la femme et la protection légale, entre autres, ont fait en sorte que bon nombre d'hommes ont peur d'être poursuivis pour harcèlement. Mais dans ton livre, *Le Mirage canadien*, tu parles des difficultés d'une famille marocaine à faire sa place au Québec. Pourtant, tu as l'air épanouie et heureuse.

**R.** Les codes socioculturels sont différents d'un pays à l'autre. En arrivant au Québec, les immigrants de pays francophones pensent être en France. Et ils se rendent compte que le Québec n'est pas la France. Le Québec est une province francophone en Amérique du Nord. La mentalité québécoise est différente de la mentalité française. C'est tout un choc. On se heurte à un comportement typiquement nord-américain. Bien sûr, les Québécois restent différents des autres Nord-Américains, ils sont tout de même imprégnés de certains paradigmes. Heureusement, même si les Québécois ne sont pas comme les Français, on se réjouit lorsqu'on constate qu'ils sont plus tolérants et ouverts envers les différences ethnoculturelles. On ne s'est pas trompé en choisissant le Québec pour y vivre! Nous n'avons qu'à nous retrousser les manches et à déblayer, qu'à nous débarrasser des entraves les unes après les autres pour enfin savourer une certaine paix.

**F.** Cela semble ardu!

**R.** Après plusieurs années de vaches maigres, on peut effectivement réaliser un rêve au Canada. On transforme le mirage en miracle. Il faut s'accrocher et avoir les reins solides. Beaucoup y ont laissé des plumes et des espoirs déçus.

**A.** Il y a un stéréotype que je voudrais condamner ici. C'est celui selon lequel les Juifs qui ont immigré ici, au Canada et n'importe où dans le monde, sont tous riches, qu'ils ont de belles maisons, de belles voitures, qu'ils ont une vie de sécurité et qu'ils ne travaillent pas beaucoup pour obtenir tout cela. Ce stéréotype est particulièrement fort au Québec, parce que c'est connu que les Juifs habitent dans les plus beaux quartiers du Québec. Je veux préciser que ce n'est pas vrai pour tout le monde. La famille de ma mère a dû travailler énormément pour obtenir son aisance. Mes grands-parents ont eu une belle vie et de belles choses. Ils ont pu mener un grand train de vie. Mais quand les Russes ont envahi la Hongrie, ils ont pris tout ce qui leur appartenait. Les biens de mon grand-père, les propriétés, les maisons, etc. Quand ils ont émigré en Angleterre, il leur a fallu recommencer leur vie à partir de rien.

Quand ma mère s'est installée au Québec, à l'âge de vingt et un ans, elle a été surprise par la difficulté à se trouver un emploi. Elle était seule et il lui fallait travailler pour pouvoir s'offrir ce dont elle avait besoin. Après son divorce, elle a dû travailler encore plus fort pour offrir une vie normale et stable à ses enfants. Il n'y a pas un moment, durant mon enfance et même maintenant, aussi loin que je me souvienne, où ma mère n'a pas travaillé jusqu'à deux ou trois heures du matin. Lorsqu'on dit que les Juifs sont riches et qu'ils ont tout, cela me met en colère. Ils ont connu les mêmes défis et également des temps de vaches maigres. C'est pour cela qu'ils aiment beaucoup s'entraider.

**R.** Le premier emploi que j'ai eu, je le dois à un Marocain de confession juive. C'était une entreprise de télémarketing. Le patron avait donné comme consigne aux recruteurs d'embaucher tous les Marocains qui se présentaient sans même leur faire passer d'entrevue. J'en profite pour rendre hommage à cet homme qui m'a permis de « récolter » ma fameuse expérience québécoise, laquelle m'a ouvert bien des portes.

**F.** Les Québécois ne se rendent pas compte de la misère que vivent les nouveaux arrivants, car on n'entend parler que de ceux qui demandent des accommodements. Le fait d'entendre ce que vous me dites met un peu plus votre vie en évidence et nous porte à partager votre expérience.

**R.** Il y a ceux qui se perdent dans des demandes illusoires, mais il y a les autres, la masse qui se bat et trime fort pour se construire un petit coin de paradis. Et ceux-là n'ont pas de temps pour les jérémiades. Bon nombre d'immigrants sont retournés dans leur pays, dépités et meurtris par leurs désillusions, et cela, sans compter les enfants qui n'ont plus de repères et d'estime pour leurs parents. Surtout le père, car les femmes parviennent, au bout du compte, à mieux s'en sortir. Elles s'adaptent et acceptent plus facilement de faire n'importe quel travail pour y parvenir.

**F.** Mais est-ce que les immigrants ne s'y attendent pas un peu? Tout quitter pour un nouveau pays, c'est tout de même l'inconnu dans toutes ses dimensions. Il faut tout reconstruire et j'imagine les embûches... Cela doit être pareil pour ceux qui émigrent en Europe ou aux États-Unis?

**R.** Non, car le Canada est reconnu et vanté comme le paradis où tout est possible et facile. Celui qui émigre en Europe ou aux États-Unis sait bien que ce sera difficile et qu'il lui faudra se débattre comme un beau diable, mais les avocats et les politiciens vantent si bien le Canada qu'on est sûr de trouver l'Eldorado. Dans les journaux, les magazines, à la télévision, on nous vend le Canada à coups de publicité souvent mensongère. Lorsque les candidats à l'immigration, après plusieurs années, sont sélectionnés, ils sont sûrs de toucher enfin leur but. Ils sont à mille lieues d'imaginer qu'ils trouveront difficilement du travail et pratiquement jamais dans leur domaine. Lorsque nous sommes arrivés au Québec, nous avons rencontré d'autres familles immigrantes : des

Vietnamiens, des Français, des Espagnols, des Mexicains, des Portugais, des Algériens et des Libanais. Tous étaient unanimes : ils étaient déçus !

**F.** Qu'est-ce qui les a déçus plus précisément ?

**R.** On nous a mis en garde contre le décrochage scolaire des enfants, on nous a parlé des hôpitaux bondés et de la difficulté à trouver un médecin de famille. Je ne les croyais pas. J'étais sûre qu'ils divaguaient. On était au Canada, c'était impossible ! Je viens du Maroc, un pays émergent, et nous avons des médecins de famille pratiquement à chaque coin de rue. Les hôpitaux ne sont pas saturés, et on n'y laisse jamais des patients sur une civière, à gémir toute une nuit, comme je l'ai vu dans un hôpital de Montréal. J'hallucinais, la première nuit que j'ai passée aux urgences à attendre avec mon fils qui avait une infection à la gorge. Il était fiévreux et très mal en point. Une infirmière l'avait examiné et l'avait fait allonger sur un lit. Elle l'a abandonné là, dans un coin du couloir. J'avais l'impression de vivre un cauchemar. Des enfants pleuraient, des « vieux » gémissaient et des « moins vieux », aux yeux hagards, semblaient perdus dans leur contemplation du sordide et de la douleur. Je peux te dire que les immigrants qui arrivent au Québec se cassent souvent le nez, et deux fois plutôt qu'une. On se sent floués, bernés et impuissants. Et on ne sait pas quoi faire…

**F.** T'arrive-t-il de regretter ton choix d'avoir immigré au Canada ?

**R.** Les premiers mois, oui. Trop d'irritants nous malmènent et nous font douter de la bonne gestion du gouvernement québécois. Le système de santé est catastrophique… C'est honteux, pour un pays qui est soi-disant développé.

**F.** Je ne suis pas d'accord. C'est vrai qu'en santé, le Québec a des progrès à faire, car le système est mal géré et l'accessibilité aux soins est déficiente, mais tant et aussi longtemps que les médecins en seront les maîtres et que les syndicats en freineront l'évolution, nous serons dans le trouble! D'autant plus que les citoyens, pour la majorité, ne se responsabilisent pas quant à leur santé et leur bien-être... Ils attendent tout de l'État. Le problème du système n'est pas un problème d'argent, mais plutôt d'organisation... ce qu'entravent les médecins, les syndicats et les ordres professionnels. De plus, certains abusent du système, entraînant des dépenses inutiles.

**A.** Je suis d'accord quand vous dites que le système de santé au Québec est désorganisé. Je travaille dans ce domaine et je peux vous le confirmer. Vous ne pouvez même pas imaginer le nombre de personnes qui recherchent en vain un pédiatre pour leur enfant qui vient de naître. Et les médecins ne prennent plus de nouveaux patients. Des enfants ont besoin de l'assistance immédiate d'un spécialiste. Il y a des listes d'attente de plusieurs mois, voire des années. Je connais beaucoup de personnes au Québec qui se rendent aux États-Unis pour consulter des médecins et qui préfèrent payer le prix pour ne pas devoir attendre. Ils ont même droit à un service plus satisfaisant.

**R.** J'en sais quelque chose. Pourquoi le gouvernement n'accepterait-il pas que des médecins formés à l'étranger puissent exercer la médecine ici? Cela allégerait le système!

**A.** Les ordres professionnels sont protectionnistes à ce sujet.

**R.** Et l'enseignement est déliquescent. Je trouve le niveau scolaire très bas au Québec, comparativement à celui de la France.

**F.** Les universités québécoises sont des fabriques à diplômes, ce qui a abaissé le niveau du contenu enseigné. Les baby-boomers se sont créé des programmes sur mesure, des diplômes au rabais avec des schèmes de pensée standardisés, ce qui freine aussi l'évolution des organisations évoluant dans les milieux de la santé et de l'enseignement.

**A.** Je ne peux pas comparer le niveau scolaire du Québec à celui d'un autre pays, mais le fait que je sois encore dans ce système me permet de penser que le Québec ou le Canada devraient payer pour les études, comme il est d'usage en France et dans d'autres parties du monde où la scolarité universitaire est pratiquement gratuite. Si d'autres pays peuvent le faire, pourquoi pas nous? C'est dommage qu'une personne comme moi, par exemple, qui travaille très fort, soit limitée dans ses choix parce qu'elle n'a pas l'argent nécessaire et qu'elle ne peut ainsi poursuivre ses études. Je peux certes demander des prêts offerts par le gouvernement, mais je ne veux pas avoir une dette de 100 000 $ quand j'aurai fini mes études. Je trouve que c'est stressant pour une jeune femme de vingt-cinq ans de contracter des dettes aussi lourdes. C'est aussi un des facteurs qui explique la pénurie de médecins au Québec. S'il n'y en a pas assez, ce n'est pas seulement parce que le programme est très contingenté, mais aussi parce que les études de médecine coûtent trop cher.

**R.** Tu as raison. Je trouve que les lois sociales sont quasi inexistantes, les impôts sont exorbitants et les taxes sont vraiment trop élevées… Sans compter l'hiver qui est glacial. (Rires)

**F.** Je suis tentée de te dire, puisque tu n'as pas trouvé ce que tu voulais, alors pourquoi n'êtes-vous pas repartis? Vous auriez pu repartir… tout simplement…

**A.** Là! Tu y vas fort! (Rires)

**R.** On me la sert souvent celle-là ! Je peux te dire que j'ai souvent eu envie de repartir. Mais repartir comment ? Nous avions tout laissé. Cela nous avait pris trois ans pour obtenir enfin la réponse des services de l'immigration et nous avons dû également préparer notre départ. On ne pouvait pas, une fois ici, prendre encore nos cliques et nos claques pour repartir dans le sens inverse, alors que depuis déjà quelques mois, nous nous démenions comme de beaux diables ! J'avais démissionné de mon poste d'enseignante et mon mari avait liquidé sa compagnie. Nous avions donné nos automobiles et les enfants avaient commencé leur nouvelle vie, et eux, ils s'y plaisaient ! Il n'était pas question pour eux de repartir. D'ailleurs, on leur en avait parlé, mais ils avaient refusé catégoriquement. Aujourd'hui, je ne regrette rien. Le cheminement était parsemé d'embûches, mais lorsqu'on passe au travers des situations d'incertitude, la vie reprend ses droits et tout se place. Surtout pour les enfants. Ils sont si bien ici. Ils ont beaucoup plus de ressources que nous : surtout une plus grande faculté d'adaptation. Comme des petits caméléons, ils se sont littéralement fondus dans le moule socioculturel québécois.

**F.** Tout de même, Rachida, permets-moi de te le dire. N'est-ce pas un peu naïf d'arriver avec les enfants dans un pays sans avoir rien préparé au préalable ? On ne quitte pas tout pour partir à l'aventure avec des enfants sans avoir la certitude de ce qu'on va trouver ailleurs. Tu devais bien savoir que tu prenais un risque.

**A.** Je comprends ton point de vue, mais c'est tellement courageux ce qu'elle a fait. Parfois, il faut prendre des risques dans la vie et, pour moi, si l'on est croyant, on doit Lui faire confiance. Souvent, on fait des choix pour le mieux. On change une situation pour une meilleure. Peut-être ai-je l'air

naïf, mais j'ai vu cela arriver tant de fois… j'y crois fermement. Les choses se replacent très vite.

**R.** Mon mari et moi étions sûrs de notre coup, car les
avocats nous confortent dans nos certitudes. Je me souviens
qu'on nous avait remis un fascicule qui dépeignait le Canada
comme un havre de paix et de bonheur. Le niveau social y
est décrit comme très développé; la santé est gratuite; les
allocations familiales généreuses; l'éducation performante.
La qualité de vie est l'une des meilleures au monde. Et on
pense que l'herbe est plus verte dans le jardin d'à côté, mais
à tort, bien souvent.

**F.** Comment les services d'immigration s'y prennent-
ils pour sélectionner les immigrants? Ils doivent avoir des
balises, je présume?

**R.** Les candidats sélectionnés le sont sur la base de critères
extrêmement pointilleux. Ils sont diplômés et expérimentés.
Lorsqu'ils arrivent au Québec, on exige d'eux qu'ils parlent
l'anglais et qu'ils détiennent une expérience québécoise que
personne ne veut leur donner. Sans oublier les ordres professionnels qui sont hermétiques. C'est ainsi que des médecins,
des ingénieurs, des architectes, des professeurs et des avocats
sont cantonnés à des emplois de chauffeurs de taxi, de ven-
deurs ou de livreurs de pizza… lorsqu'ils sont chanceux. Car
les autres se retrouvent employés d'entretien ou attendent
leur chèque de l'aide sociale. La pire des situations est celle
des femmes. Ce sont toujours elles qui écopent le plus. Elles
acceptent souvent l'inacceptable pour subvenir aux besoins
de la maisonnée, lorsque le conjoint est démissionnaire.
Dans bon nombre de familles immigrantes, ce sont elles
qui remplissent le rôle de pourvoyeur. En plus de continuer
à s'occuper du foyer, car les hommes acceptent difficilement

de s'adapter aux nouvelles réalités au sein du couple. Cette situation crée un fossé qui se creuse encore plus au sein du couple. C'est ce qui explique la forte progression des divorces parmi les nouveaux arrivants. Les chiffres sont tragiques et mettent en lumière l'échec du processus d'adaptation. Et, pire que tout, il y a le sentiment d'avoir raté sa vie, d'où un taux de suicide et de dépression assez significatif chez ces derniers.

**F.** Pourtant, la famille devrait justement être un rempart contre la solitude et la dépression.

**R.** Non seulement ces familles vivent une déchirure cuisante sur tous les plans, mais en plus, il y a la douleur de l'exil, le fait d'être loin de son pays, de sa famille, de son cercle social. Dans nos pays, la cellule familiale est cimentée par l'entourage immédiat, c'est-à-dire la famille élargie. Comme le couple est rarement seul, il n'a guère à faire face aux problèmes inhérents à la vie conjugale. On parle rarement d'un manque de communication ou de compréhension. Comment se remettre en question lorsqu'on n'est pratiquement jamais seul avec l'autre? Quand on est dans son propre pays, à l'intérieur de ses assises, on nous accole souvent une image que chacun a peur de ternir ou d'écorcher. Lorsqu'on quitte son pays et son entourage, on n'a plus peur du jugement ou du regard, car ceux-là mêmes qui peuvent nous juger ne nous voient plus. Par conséquent, le filtre n'est plus là pour empêcher la désagrégation ou l'écroulement du couple.

**A.** Avant que mes parents se marient, ma mère est retournée en Angleterre parce qu'elle n'était pas sûre de sa situation. Ses parents n'étaient pas vraiment d'accord avec son choix d'épouser un Italien catholique parce qu'ils savaient que c'était sa culture et sa religion à lui qui seraient dominantes au sein de leur famille. Quand tu es jeune, c'est rare que tu écoutes tes parents! Ma mère ne les a pas écoutés... Elle est revenue au Québec et elle a épousé mon père, qui avait vingt et un ans. Ma mère avait vingt-cinq ans.

Le fait que mon père soit aussi un immigrant rendait les choses difficiles. Les deux n'avaient pas accès à autant d'opportunités que les citoyens de souche. Ça, c'était déjà un problème. Mon père devait trouver du travail rapidement. Comme il n'avait pas de diplôme, il a commencé à gérer des bars. Par la suite, ils ont eu des enfants, et bien qu'elle ait poursuivi des études à Londres dans la mode, ma mère n'a pu réaliser son rêve de travailler comme designer. Il lui fallait rester à la maison pour prendre soin des enfants. Après quelque temps, leur relation a commencé à se détériorer, pour finalement entraîner leur divorce. Voilà que ma mère était toute seule avec trois enfants, sans emploi ni presque plus d'identité, puisque pendant toutes ces années, elle avait occulté sa religion et sa culture juives. Après son divorce, elle a dû se résoudre à demander à ses parents de lui prêter de l'argent. Ce n'était vraiment pas la vie à laquelle elle avait aspiré, tant pour elle-même que pour ses enfants.

**F.** Je réalise la douleur engendrée par l'immigration.

**R.** Que penses-tu de l'idée qu'avait eue Mario Dumont de réduire le quota de nouveaux arrivants?

**A.** Tiens, cela me rappelle quelqu'un! (Rires)

**F.** Qui ça?

**R.** Cela me rappelle Jean-Marie Le Pen, le président du Front national. Il dit qu'on devrait renvoyer tous les étrangers chez eux!

**A.** Mario Dumont préconise cette option. Il souhaite mettre un frein à l'immigration. Qu'en penses-tu, Françoise?

**F.** Je ne suis pas d'accord avec cette idée, car nous faisons face à un manque de main-d'œuvre qualifiée, nous avons de l'espace et il faut peupler le Canada pour produire plus de richesses économiques, mais aussi culturelles, pour permettre à notre pays de s'épanouir. Nous avons besoin des immigrants. Ils sont générateurs de progrès, car la plupart d'entre eux ont des compétences pointues dans plusieurs domaines. De plus, le Canada est une terre d'immigration.

**A.** Rachida, à partir de ta propre expérience, quelles sont les mesures qui permettraient de mieux intégrer les nouveaux arrivants?

**R.** Peut-être leur offrir un cours d'histoire sur le Québec, afin de leur permettre de se familiariser, non seulement avec le quotidien, mais aussi avec l'identité et la culture québécoises.

**F.** Ils peuvent déjà suivre des cours de français dès leur arrivée pour s'intégrer plus facilement et trouver un emploi.

**R.** Ce n'est pas suffisant. Pour preuve, ce sont les immigrants qui arrivent de pays francophones qui ont le plus de difficultés à trouver du travail. Je crois qu'il faudrait organiser des parrainages interpersonnels et professionnels pour les nouveaux arrivants.

**F.** Alexandra, pour les femmes qui viennent d'ailleurs, quels seraient les conseils que tu donnerais pour qu'elles s'intègrent?

**A.** Je pense qu'il existe déjà un programme de francisation pour les immigrants. Le gouvernement du Québec y offre gratuitement des cours de français. Les femmes, les hommes et aussi les enfants peuvent en bénéficier. En outre, dans le cadre de ces cours de langues, les nouveaux arrivants peuvent souvent se familiariser avec les codes sociaux du Québec. Par exemple, j'ai déjà donné des cours d'anglais langue seconde pour des jeunes, au cours desquels j'ai enseigné les bases de la grammaire, mais la plupart des cours étaient concentrés sur des situations sociales qu'on observe ici chaque jour. Les centres qui offrent des cours de langues pour les immigrants sont un excellent lieu pour commencer à s'intégrer au sein de la société. Ceux qui y participent ont aussi la possibilité de rencontrer des gens dans la même situation qu'eux. Par ailleurs, les échanges qui ont lieu lors de ces séances font profiter chacun de diverses expériences de vie. Je suis d'accord avec Rachida sur le fait qu'il faut organiser des parrainages interpersonnels. Spécialement pour les femmes dont les maris travaillent, parce qu'elles sont souvent perdues et ne savent que faire dans leur nouveau pays. Cela ne peut que leur être profitable et leur permettre d'être plus sociables et plus ouvertes face à leur nouvelle société.

**R.** L'intégration positive et constructive des immigrants n'est pas possible sans ouverture d'esprit, sans une évolution des mentalités. Il ne faut surtout pas rester fermé à tout ce qui est nouveau. Il faut au contraire aller vers les autres et découvrir ce pays et son histoire. Pour ce faire, il faut créer des liens avec tous les Québécois de toutes les origines.

**F.** Vous avez raison toutes les deux. Je le pense aussi. Il leur faut apprendre la langue française pour partager leurs connaissances et leur savoir avec les autres Québécois. Ainsi, les gens se rapprocheraient davantage les uns des autres. Il y aurait plus de dialogue, de rapprochement et moins d'incompréhension. La langue permet des échanges. Elle est un lien avec l'autre. J'aimerais pouvoir aider les nouveaux arrivants. Dans notre région, il y en a de plus en plus. Et cela me plairait de travailler activement à leur intégration. Dans ma petite ville, il y a une Portugaise et elle s'implique pas mal !

**R.** En tant que Québécoise, quelles sont les traditions que tu aimerais sauvegarder et communiquer aux nouveaux arrivants?

**F.** Le 24 juin, qui est la fête nationale du Québec, et aussi le 1ᵉʳ juillet pour fêter le Canada.

**R.** Tu es fédéraliste?

**F.** Pas nécessairement! Le Québec fait quand même encore partie du Canada! Donc le 1ᵉʳ juillet nous concerne tous… du moins pour l'instant. (Rires)

**R.** Trouves-tu que l'immigration a changé le visage du Québec?

**F.** Assurément. Le paysage du Québec est multiculturel et interculturel. J'aime cette diversité. Ses habitants ne sont pas formatés dans une même identité. Ils sont pluridimensionnels. Et j'aime ce Québec interculturel et multiethnique. Par contre, ce qui me gêne, c'est que certains nouveaux arrivants choisissent de s'installer ici, mais refusent notre culture et la critique. Ça me met en «maudit»! Je dis oui à ceux qui font un pas vers nous, mais je dis non à ceux qui refusent de comprendre notre histoire et de s'intégrer à notre culture, à notre façon de vivre.

**R.** Que penses-tu du communautarisme au Québec?

**F.** Beaucoup de Québécois ne sont pas très à l'aise avec ce concept. Il y a des subtilités entre le communautarisme identitaire, social et religieux. Ils n'ont pas la même signification, le même message.

**R.** Je comprends ce que tu veux dire, mais d'un point de vue général, qu'en penses-tu?

**F.** Les nouveaux arrivants ont le droit et la liberté de choisir où et avec qui ils veulent vivre. Cependant, je trouve dommage que certaines communautés vivent en marge de la société québécoise et soient hermétiques à notre culture. Cela me dérange, car c'est un choix de société ; le « vivre ensemble » doit prévaloir sur toute autre considération. Je trouve que le communautarisme tue les relations avec les Québécois, car les gens ont moins l'occasion de se rencontrer et de se parler.

A. C'est dans l'échange et le mélange qu'on progresse.

R. Tous les nouveaux arrivants passent par plusieurs étapes avant de trouver leurs repères, de se placer et de profiter de leurs aises. Dans le processus de sélection, le Québec met la barre très haut pour les personnes qui veulent immigrer ici. Leur formation et leurs qualifications sont au-dessus de la moyenne québécoise. Malheureusement, leurs diplômes et leurs compétences ne leur sont pas d'une grande aide. Dans les valeurs dominantes de notre société dévorée par le souci de performance, de productivité, de profit : sans travail point de dignité. L'exclusion de la vie active est synonyme d'exclusion de la société. C'est là une situation propice aux problèmes psychologiques et aux conflits dans le couple.

F. C'est triste, car vous prenez nos travers…

R. Les nouveaux arrivants s'intègrent à certains aspects de la culture nord-américaine. Surtout les femmes qui se modèlent dans la nouvelle société. Ce qu'elles acceptaient dans leur pays d'origine, elles ne peuvent le souffrir une fois ici. Il ne faut pas trop leur en demander. Les femmes sont les souffre-douleur de l'immigration. À la fois soupape de soulagement et de sécurité. Elles doivent en plus faire le deuil de leur vie tranquille d'antan. Les femmes immigrantes sont privées de la *dolce vita*. Au Maroc, elles ne sont pas obligées de travailler. Le modèle musulman veut que l'homme ait l'obligation de veiller au confort matériel de son épouse. C'est lui qui doit travailler pour pourvoir aux besoins de sa famille.

Au Québec, elle devient l'égale de son époux. En tant que son égale, elle perd ses privilèges et est sommée de sortir du foyer et de devenir un membre actif de la société. Ce qui n'est pas de tout repos. Car en plus de travailler au-dehors, arrivée à la maison, il y a le souper à préparer, le ménage à faire. Et pas question pour « monsieur » de mettre la main à la pâte.

**A.** Pour ma part, c'est difficile de concevoir une telle situation. Je suis née au Québec et j'ai été élevée par une femme qui travaillait tout le temps pour élever ses enfants. Du fait qu'elle était toujours en train de travailler, mes sœurs et moi avons grandi avec une mentalité d'indépendance. Moi-même, je travaille très fort et j'ai une vision et des projets pour ma vie future. Je me considère comme une femme de carrière et j'ai hâte de pouvoir un jour ouvrir mon propre cabinet d'orthophonie. Heureusement, mon emploi me permettra de travailler chez moi, parce que mon fiancé est marocain et qu'il a été élevé dans la mentalité que Rachida vient de décrire. Ce sera un défi pour nous de composer avec nos différences et notre rôle au sein de notre foyer.

**F.** Au Québec aussi, des générations d'hommes ne se sont jamais souciés d'aider à la cuisine… Heureusement, cela a changé. Lorsque je m'exprime sur ce sujet délicat, je sais que je remets en question les principes établis et la religion qui place l'homme en premier et qui le considère supérieur à la femme. Mais ne pourrions-nous pas réactualiser les textes? Comment arriver à remettre en cause les règles tacites de domination des hommes sur les femmes sans soulever un tollé chez les hommes de religion? Car ils restent avec leurs idées figées. Pour toi aussi Rachida, comment concilies-tu ton travail au gouvernement et l'écriture?

**R.**  Depuis que je suis au Québec, j'en fais deux fois plus. Mais c'est le prix de la liberté. Surtout que ma liberté, je l'ai laissée à l'aéroport de Mohamed V. Ici, entre mon travail à la Commission des transports du Québec, le trajet en autobus et en métro, les repas, le ménage, le lavage et l'écriture, il ne me reste que peu de temps pour rêver. Dommage. Le rêve donne une autre dimension à notre vie. Il lui enlève de sa monotonie, il est un vecteur d'espoirs, de lendemains éblouissants…

**F.**  Tu me fais rêver…

**A.**  Sans le rêve, point d'espoir…

**F.**  Dites-moi, que regrettez-vous le plus, l'une et l'autre?

**R.**  Je regrette de ne plus pouvoir me promener dans les allées animées des *souks* et surtout de ne plus profiter du *hammam*. C'est ce que j'adorais le plus au Maroc. Pendant quelques heures, parfois toute une matinée, je me prélassais dans la vapeur des pièces surchauffées, savourant ces moments de détente. Je me faisais exfolier et masser le corps par des mains expertes. Ensuite, je tartinais mon visage et mon corps d'un mélange de henné et de jus de citron frais. Enfin, j'enduisais mes cheveux d'un masque boueux fait de *ghassoul*[13] et de lavande en poudre. De retour à la maison, je sirotais du thé à la menthe brûlant en mangeant du pain chaud à peine sorti du four et des crêpes fourrées à la viande hachée et aux petits oignons. Nous passions des après-midi à manger et à discourir sur les nouvelles tenues marocaines à la mode. Parfois, des éclairs me venaient à l'esprit et je me demandais, honteuse, ce que je faisais là, à perdre mon temps.

---

13.  Extrait des carrières des environs de Boulmane, région de Fès au Maroc, le ghassoul (rassoul ou encore rhassoul) est une terre argileuse de couleur brune qui constitue la matière première pour les produits d'hygiène et de beauté. Le mot *ghassoul* vient de l'arabe et signifie « pierre à laver ».

J'aimais également la solidarité entre voisins et parents. Dans les coups durs ou lors d'un décès, on n'est jamais seul. C'est agréable d'avoir une présence lors des moments difficiles, mais parfois les présences se font trop encombrantes et étouffantes. Il faudrait un juste milieu!

**A.** Il y a l'absence des personnes qui nous sont chères. Se retrouver coupée de toute sa famille a été très dur pour ma mère. Surtout le fait de ne plus travailler dans son domaine. Le fait qu'elle ait dû abandonner ses rêves dans le domaine de la mode pour faire vivre sa famille; devoir travailler pour la survie de ses enfants. Et nous, les trois filles, avons commencé à travailler très jeunes et avons concilié sans problème les études et nos «jobines». Pourtant, les Juifs ne sont pas censés travailler, ils sont censés être pleins aux as... (Rires)

**R.** Oui. Les préjugés ont la vie dure... Cela ne doit pas être évident pour une femme avec trois jeunes enfants dans un pays où elle n'a aucune famille. Au Maroc, la solidarité est un lien tellement fort...

**F.** En région, il y a aussi une certaine solidarité entre voisins, mais de plus en plus, les gens n'osent pas s'imposer... Les Québécois ont toujours peur de déranger... Alors chacun reste chez soi. Mais c'est sûr que l'immigration est un vrai «voyage au bout de la nuit»...

**R.** Parfois, il m'arrive de vouloir tout recommencer, réécrire l'histoire de ma vie! Mais on est pris dans la tourmente et on continue d'avancer, sans savoir vraiment où nos pas nous emportent!

**A.** Réécrire l'histoire de ta vie? Pourtant, elle est diversifiée et pleine de rebondissements qui t'ont rendue si sage! Sans ce vécu, tu ne serais pas là où tu es aujourd'hui!

**R.** Peut-être un peu trop sage! (Rires)

**F.** Il m'est arrivé de faire des choses et de me dire qu'elles étaient inutiles, dépourvues de sens. Mais la vie reprend son cours et on ne peut pas toujours faire seulement ce qui nous plaît. Il y a tant de choses qui m'auraient plu. J'adore les sciences humaines et sociales, plus précisément la psychologie. Je suis passionnée aussi par la psychanalyse.

**A.** Cela me fait penser au père de la psychanalyse, Sigmund Freud. En Autriche, la psychanalyse a progressé et s'est structurée autour des découvertes de Freud. Décidément, les Juifs mènent le monde, grâce à leur argent, à leurs scientifiques et leurs prix Nobel... (Rires)

**F.** Tu as raison d'être révoltée à l'égard des préjugés. On entend toutes sortes de choses. Beaucoup n'hésitent pas à critiquer s'ils entendent parler d'un fait isolé impliquant une personne noire ou arabe. Ils mettent tout le monde dans le même panier. Mon petit-fils a un ami marocain et ils s'entendent vraiment bien. D'ailleurs, il a plusieurs amis de différentes origines et les jeunes d'aujourd'hui vivent ensemble sans problèmes. Je crois qu'ils ont moins de préjugés, car ils sont plus habitués que nous avec les différentes ethnies.

**R.** Je déteste les préjugés, les idées toutes faites. On a trop tendance à favoriser les clichés. On dit avec humour que les Arabes sont des « terroristes en puissance » et que les femmes québécoises sont des « Germaine », car elles gèrent et elles mènent! Les préjugés ont la vie dure.

**A.** On pense aussi que toutes les femmes juives sont des « JAP », c'est-à-dire des *jewish american princess*. Ce qui signifie des femmes matérialistes et *selfish* provenant de familles privilégiées ayant un statut enviable. Il y a toutefois un taux élevé de pauvres et de nécessiteux dans la communauté juive comme ailleurs. Les Juifs subissent aussi souvent l'antisémitisme. Alors ce n'est pas évident! Mais j'ai toujours entendu dire que la communauté juive marocaine est très solidaire à Montréal. Surtout les sépharades[14]. Je suis une juive ashkénaze[15], par ma mère qui vient de Hongrie.

**R.** C'est vrai qu'il y a une certaine solidarité entre les Marocains. Alors que nous venions à peine d'arriver à Montréal, j'avais entendu parler du soutien que des Marocains de confession juive apportaient à leurs compatriotes de confession musulmane. En fait, de bouche à oreille, l'information circulait qu'en cas de besoin, un Marocain de confession musulmane peut sans réserve s'adresser à un de ses compatriotes de confession juive. La communauté juive marocaine est installée à Montréal depuis plus de trente ans et elle n'hésite pas à aider comme elle peut, qui avec un travail, qui avec un stage ou une formation, ou ne serait-ce qu'en offrant des vêtements et des meubles comme le fait la maison Beit Shalom à Notre-Dame-de-Grâce. Ce sont deux femmes qui tiennent une maison de retraite et qui distribuent des meubles et des vêtements aux nouveaux arrivants.

**F.** C'est fondamental d'aider son prochain, et dès que je le peux, j'apporte ma contribution à la société. Cela fait des années que je travaille dans un centre communautaire comme bénévole pour la Conférence Saint-Vincent. Pour en revenir aux préjugés... On dit souvent que les femmes québécoises dirigent à la maison. Je peux vous dire que chez nous, c'est mon mari qui gère et qui mène. Je lui prépare les petits plats dont il raffole et c'est lui qui ramène l'argent au foyer. Nous

---

14. Qui appartient à la branche « espagnole » du peuple juif, c'est-à-dire au judaïsme du pourtour méditerranéen et, par extension, au judaïsme oriental.

15. Qui appartient à la branche « allemande » du peuple juif, c'est-à-dire tout le judaïsme septentrional.

avons tenu toutes ces années justement parce que chacun de nous apporte sa contribution. Et nos relations sont toujours empreintes d'amour et de respect.

**R.** J'ai une amie québécoise, Sylvie, qui est un exemple de parfaite maîtresse de maison. J'ai également beaucoup de plaisir à discuter avec elle, tant elle est intéressante et s'intéresse à tout. À elle seule, elle démolit tous les préjugés qui veulent qu'une femme québécoise ne fasse rien chez elle et mène son mari à la baguette. Cette femme est non seulement active et a une profession libérale, mais en plus, elle cuisine divinement bien et soigne son mari aux petits oignons. C'est un vrai cordon-bleu, et lui, un pacha. Lorsque nous sommes chez eux, elle est affairée aux fourneaux pendant que Michel lit son journal ou joue avec leur fille Alexandrine.

## Les accommodements

**R.** En tant que femme, je me sens fortement interpellée par tout ce débat face à la diversité des cultes et aux accommodements. Qu'en penses-tu, Françoise?

**F.** Au sens juridique, l'accommodement est une conséquence du droit à l'égalité et à la protection contre la discrimination. Cependant, la liberté des uns s'arrête là où commence celle des autres… De là, il est sage de veiller à ne pas occuper l'espace de l'autre sous prétexte d'accommodement.

**R.** Je suis d'accord avec toi. Un accommodement n'est «raisonnable» que s'il n'impose pas une contrainte ou ne gêne pas le bon fonctionnement de l'institution.

**F.** Quand la liberté des uns entrave et brime celle des autres, c'est inadmissible. Parfois, il ne semble pas fondé d'accorder des accommodements, ou très peu.

**A.** J'ai bien aimé comment Françoise le dit : « L'accommodement est une conséquence du droit à l'égalité et à la protection contre la discrimination. » Malheureusement, il y a beaucoup de monde qui tire avantage de leur droit à l'égalité et de leur protection contre la discrimination. Ce que je ne comprends pas, c'est le fait que si des personnes ont fait le choix, pour n'importe quelle raison, de quitter leur pays pour une vie meilleure ailleurs, alors pourquoi demandent-ils des accommodements qu'ils auraient eus dans leur pays d'origine ? Cela semble un non-sens ! On ne fuit pas un système pour en vouloir une reproduction semblable ailleurs. Je crois que les gens, avant d'immigrer, doivent savoir ce qu'ils veulent vraiment. Se poser les vraies questions !

**F.** Le Québec est une terre d'accueil, mais les nouveaux arrivants doivent accepter ses réalités et comprendre son histoire. On ne peut pas tout bouleverser.

**R.** On peut accorder des accommodements à des personnes handicapées et ainsi leur faciliter la vie. Par exemple, l'accès aux autobus, dans le métro…

**A.** Bien sûr, mais quand on commence à devoir changer la structure d'une salle de cours pour que les hommes soient d'un côté et les femmes de l'autre, tout simplement pour accommoder une personne qui refuse d'être proche des hommes, je trouve que cela n'a pas de sens.

**R.** Il faut faire attention à ne pas faire de vagues…

**F.** Pour avoir vu nombre de personnes niées dans leur individualité et l'espace public envahi à cause de la religion, je crois qu'il faut garantir la laïcité dans les institutions publiques. On ne doit pas accepter tout et son contraire. Certaines requêtes d'accommodement de nature religieuse sont irrecevables. La société civile n'a pas à prendre en charge les choix de conscience individuels en matière de religion. Chacun doit les assumer et composer avec ou s'ajuster en conséquence.

**R.** Il est évident que toutes les demandes d'accommodement ne sont pas fondées. Certaines sont recevables et d'autres non. Certaines demandes sont faites par des franges minoritaires de certaines communautés religieuses et n'ont absolument rien à voir avec un désir d'intégration ou de conciliation. Mais d'autres sont pertinentes et justifiées.

**F.** C'est vrai. Mais en même temps, le débat sur les accommodements a mis en évidence l'hostilité affichée d'une partie de la population. Ce sont autant d'écueils qui guettent les pauvres immigrants qui sont loin de se douter de ce qui les attend au Québec. Des non-dits ont éclaté au grand jour.

**R.** Le forum était une parodie et il n'a mis en exergue ni le racisme, ni la xénophobie, ni l'intolérance, mais plutôt un malaise profond à l'encontre de l'islam. J'ai senti une montée de l'islamophobie générée et exacerbée par des médias en mal de sensationnalisme. Chaque fait divers anodin est monté en épingle et on ne se focalise plus que sur le détail qui tue. Je me suis sentie insultée en tant que musulmane.

**A.** Je te comprends Rachida. Mais ce n'est pas une nouveauté que les médias désignent les Arabes comme des terroristes. Cela a commencé il y a des années, du temps du cinéma muet. Il y a un documentaire fantastique avec le Dr Jack Shaheen, un humaniste, et une grande part de son travail concerne des critiques des médias. Le film s'appelle *Reel Bad Arabs: How Hollywood Vilifies a People*, et je vous conseille fortement de le voir, parce que cela nous démontre que les Arabes ont toujours été présentés comme des terroristes. J'ai vu ce documentaire la première fois à l'université et il m'a ouvert les yeux sur des choses que je n'avais jamais perçues auparavant.

**R.** Je verrai ce documentaire avec intérêt.

**A.** Moi aussi. Je n'ai pas apprécié les dérapages durant le débat sur les accommodements.

**F.** Il y a eu certes des écarts de langage, mais cet exercice a au moins permis le dialogue. Cela a été profitable.

**R.** Pour toi Françoise, quelle est la limite entre ce qui est acceptable et ce qui ne l'est pas? Jusqu'où va ton seuil de tolérance?

**F.** Tu sais, j'ai pour principe de vivre et laisser vivre. Même si je n'adhère pas du tout à certains choix de vie. Rien ne me dérange vraiment, si ce n'est la bêtise humaine.

**R.** Mais encore. Il doit bien y avoir quelque chose qui te dérange dans les coutumes, l'accoutrement ou la mentalité des gens venus d'ailleurs. Que penses-tu de ces étudiants de l'École des technologies supérieures qui exigent des salles de prières et des fontaines pour leurs ablutions?

**F.** Je dis que c'est mettre des priorités là où on ne devrait pas. Il y a des urgences plus importantes. Ces jeunes pourraient attendre d'être chez eux, le soir, pour faire leur prière, parce que les musulmans peuvent eux aussi s'accommoder: ce n'est pas un péché mortel de déplacer la prière de l'avant-midi en soirée. C'est cela, faire preuve d'adaptabilité. Pourquoi est-ce que ce serait aux Québécois de s'accommoder ou d'accommoder les autres? On doit apprendre à vivre ensemble et, pour le faire, il faut que chacun respecte l'espace public. Je pense que c'est la raison pour laquelle chacun a un chez-soi: pour faire ce qu'il veut chez lui.

**R.** Surtout qu'il n'y a aucune contrainte dans la religion musulmane. On peut faire sa prière chez soi, en fin de journée. Ce sont des demandes comme celles-là qui ont fait couler pas mal d'encre et qui me font sortir de mes gonds. Ces demandes desservent la communauté musulmane. Moi, ma prière, je la fais chez moi, entre les murs de ma maison, et je ne demande rien à personne…

**A.** Si on commence à aménager des salles de prières pour les musulmans, il va falloir le faire pour d'autres communautés et leurs propres pratiques religieuses. Je ne comprends pas pourquoi tout le monde n'adopte pas la mentalité et l'attitude de Rachida! Elle fait des efforts pour s'adapter et elle n'impose ses principes culturels et religieux à personne.

**F.** Vous vivez votre religion dans l'intimité. Et c'est faire preuve de respect.

**R.** Et c'est tant mieux! Qu'en dis-tu?

**F.** Je n'ai pas de problème, pourvu que les accommodements soient raisonnables et que cela ne dérange pas les autres… Tout cela devient aberrant. Par exemple, lorsque des travailleurs sikhs du port de Montréal réclament le droit de ne pas porter de casque de sécurité sur les lieux de travail. Porter un casque de sécurité par-dessus un turban est certes impossible, mais il est dangereux pour cet ouvrier de ne pas se protéger sous prétexte qu'il ne peut pas retirer son turban.

**R.** Des camionneurs sikhs ont reçu la permission de conserver leur turban lorsqu'ils entrent dans l'enceinte du port de Montréal, où le port du casque de sécurité est pourtant obligatoire pour tout le monde. Il y a tout de même des normes à respecter. Les sikhs baptisés réclament d'avoir le droit de porter en tout temps cinq symboles de leur foi, dont le turban et le *kirpan*[16].

---

16. Poignard cérémonial.

**F.** Par contre, j'ai un réel problème avec le *kirpan*. Il est inquiétant, car c'est tout de même un poignard d'une vingtaine de centimètres de long, même s'il est tout petit et enveloppé d'un tissu. Je comprends que ce jeune écolier sikh ne veuille pas se départir de son *kirpan*. Mais il peut blesser quelqu'un par inadvertance. Que sa religion lui impose de le porter à la ceinture en tout temps, je trouve cela tout de même dangereux. Pourtant, la Cour supérieure du Québec avait accepté que le jeune sikh puisse le porter sous ses vêtements, dans un fourreau de bois, enveloppé et cousu.

**R.** Jusqu'où va le « raisonnable » ? Où sont les balises ?

**A.** Je voudrais vous parler d'un problème survenu récemment à Montréal, par rapport au *niqab* pour les femmes. Depuis, le Canada a fait un sondage et il en ressort qu'au Québec, 95 % des Québécois veulent l'interdiction du *niqab*. Ils sont d'avis que les femmes qui le portent ne devraient pas avoir accès à des services gouvernementaux. Toute l'histoire a commencé lorsqu'une jeune femme d'origine égyptienne portant le *niqab* a été expulsée de son cours de français. Il est à noter que ce cours est offert par le gouvernement pour les nouveaux arrivants. Le professeur lui a demandé de retirer son *niqab* pendant le cours et elle a refusé. Les médias racontent que l'école l'a plusieurs fois accommodée. Cette jeune femme ne portait pas le *niqab* lorsqu'elle était en présence de femmes. Elle le portait seulement lorsqu'il y avait des étudiants masculins dans son cours. Le professeur lui avait permis de faire ses présentations orales de son bureau ou au fond de la salle, sans regarder le reste de la classe. Mais même dans ce cas-là, elle a supposé que les hommes pourraient voir son visage et elle a réclamé qu'ils se déplacent vers une autre partie de la classe.

Cette histoire m'a dérangée. Malgré ma jeune expérience, je peux certifier que ces cours facilitent l'intégration à la société d'accueil. La langue est un mode de communication qui permet d'entrer en relation avec les autres. Je trouve que c'est ridicule de prendre des cours comme celui-là si tu ne peux pas ou ne veux pas t'adresser à tes collègues à visage découvert. Si quelqu'un vit au Canada, il doit se soumettre aux valeurs du pays, qu'il soit ou non d'accord avec ses principes. Le Canada est un des pays les plus multiculturels au monde. Il y aura sûrement des situations où il faudra communiquer avec des personnes de culture et d'ethnie différentes. En tant qu'enseignante, je comprends que le professeur lui ait demandé d'enlever son *niqab* pour ses évaluations. En fait, c'est un cours de langue... Il est difficile d'évaluer le progrès d'une élève si on ne peut pas voir les expressions du visage ni comment elle prononce ses mots. On doit l'entendre clairement. Je suis d'accord avec certains types d'accommodement, mais quand cela commence à exiger des changements pour d'autres personnes, je dois arrêter là. Comme Françoise l'a dit, il faut qu'ils s'ajustent en conséquence.

**F.** Est-ce qu'on va permettre à d'autres personnes de refuser de s'exprimer devant des personnes de religion ou d'ethnie qui ne leur conviennent pas? Nous sommes dans un pays de liberté et nous devons composer ensemble. Ce n'est pas un choix, c'est une obligation qui découle du fait de vivre en communauté. Des histoires comme celles-là nous font peur, car on n'en voit pas la fin. Qu'est-ce qu'on va encore entendre? Lorsqu'on arrive dans un nouveau pays, on n'a pas à imposer des codes sociaux d'un autre âge. C'est agressant! Ces femmes exigent de nous que nous nous accommodions à leur déguisement. On devrait même débarrasser le plancher pour leur faire de l'espace. On doit pouvoir se voir dans la rue, pouvoir s'identifier.

**R.** Que penses-tu de la petite fille qui portait un foulard durant un match de soccer. C'est tout de même injuste qu'elle soit expulsée de ce match juste pour un foulard.

**F.** Je trouve que cela peut être dangereux pour une petite fille de porter un foulard durant un match. Deux enfants qui s'empoignent et il suffit d'un geste malheureux pour que la petite fille soit étranglée. Par souci de sécurité, il doit y avoir des règles dans le sport.

**R.** Il y a l'affaire des *souccahs*[17] sur les balcons et celle des vitres givrées du YMCA. Le YMCA a décidé d'acquiescer à la demande de la communauté juive hassidim du quartier d'installer des fenêtres givrées dans une salle d'exercices. Il n'a rien déboursé pour cela, puisque c'est la communauté hassidim qui a payé. Mais cela a dérangé certains membres de l'établissement…

**A.** Je peux comprendre. Les utilisateurs payent pour un service public et ils sont en droit d'avoir des exigences. Je pense que certains se sont sentis enfermés. Alors que faire de l'exercice suppose de se sentir bien. Une ouverture diminue le stress et permet au soleil de s'inviter. (Rires)

**F.** Et les exclusions des hommes dans les piscines. Il faut respecter ceux qui viennent se baigner en famille. Si des femmes ne veulent pas se mettre en maillot de bain devant des hommes, elles n'ont qu'à se priver de baignade ou nager dans des piscines privées.

---

17. Sorte de hutte dans laquelle les juifs orthodoxes se doivent d'habiter pendant neuf jours dans l'année, afin de commémorer la traversée du désert par le peuple hébreu.

**R.** Je ne me baigne jamais en maillot de bain sans avoir mon caleçon de cycliste par-dessus. Lorsque je vais à la piscine, je demande toujours l'autorisation de le porter. Ainsi, cela ne dérange personne et tout le monde est heureux.

**F.** L'affaire des cours prénataux du Centre local de services communautaires (CLSC) de Parc-Extension avait également mis le trouble dans les esprits. Ce CLSC avait refusé, pendant plusieurs mois, l'accès aux hommes lors de ses cours prénataux, puisque des femmes musulmanes et hindoues étaient dérangées par leur présence.

**R.** C'est injuste pour les femmes qui auraient voulu avoir leur mari auprès d'elles.

**A.** Tout à fait. Comme je l'ai dit, si des accommodements commencent à avoir des répercussions sur d'autres personnes, je ne suis pas d'accord. Les femmes qui ne veulent pas de la présence d'autres hommes n'ont qu'à suivre des cours privés au lieu de bénéficier de cours en groupe. Celles qui veulent que leur mari soit présent pourront apprécier ces moments avec eux. J'imagine qu'il y a beaucoup d'hommes qui veulent être là, avec leur femme, pour apprendre et les soutenir.

**F.** N'oublie pas tous ces établissements de santé qui ne savent plus sur quel pied danser lorsque des patientes ou leur mari exigent une femme médecin, au nom de leur religion, et pas seulement pour des soins gynécologiques.

**R.** Sans oublier la brochure interne qui recommanderait, de manière informelle, aux policières du Service de police de la Ville de Montréal de faire appel à leurs collègues masculins lorsqu'elles doivent répondre aux membres de la communauté juive hassidim. Et la Société de l'assurance automobile du Québec, qui a accueilli favorablement la demande d'un groupe religieux intégriste qui refuse des examinatrices pour les examens de conduite.

**F.** J'en ai entendu parler. De la vraie discrimination. On ne peut pas tolérer de devoir accéder aux demandes d'intégristes qui considèrent contraire à leurs principes religieux le fait de discuter avec des femmes.

**A.** Je vais répéter ce que j'ai dit précédemment. Les personnes qui immigrent dans une société multiculturelle où l'idée générale est d'être tolérante et ouverte avec toutes les cultures et les religions doivent accepter ce principe. Pourquoi la tolérance serait-elle seulement dans un sens ? Pourquoi faudrait-il que nous fassions preuve de tolérance et que nous soyons obligés de comprendre et d'accepter leurs façons de vivre alors qu'ils refusent de s'adapter aux nôtres ? La chose la plus évidente, quand on immigre dans une nouvelle société, est de découvrir ses coutumes et de s'adapter à son mode de vie, tout en pratiquant sa propre religion et en gardant son identité propre.

## L'islamophobie

**R.** Selon toi, quel est le lien entre les trois religions monothéistes : le judaïsme, le christianisme et l'islam ?

**F.** Théoriquement, dans la culture judéo-chrétienne, l'amour de l'autre est le principe de base.

**A.** Le judaïsme est basé sur ce même principe.

**R.** Ainsi que l'islam, qui est une religion de paix et de tolérance. Ce n'est pas parce que les croisés ont mené des luttes sanglantes que le christianisme en est pour autant une religion de guerre et de haine, même si les croisades étaient des guerres de la croix contre le croissant musulman.

**F.** C'était l'Église qui organisait les expéditions pour la libération de la Terre Sainte, Jérusalem. Ils allaient y combattre les infidèles musulmans qui ne croyaient pas à la même religion qu'eux.

**R.** Qu'est-ce qui te révolte le plus dans l'islamophobie, l'antisémitisme ou le racisme?

**F.** Ce qui me révolte est qu'on puisse rejeter quelqu'un à cause de sa religion ou de la couleur de sa peau. Pour moi, c'est inadmissible et c'est non négociable. Parce que nous sommes un peuple qui a subi des discriminations et de l'injustice, je ne peux accepter l'intolérance sous quelque forme qu'elle soit.

**A.** Dommage que tout le monde ne pense pas comme toi! Pourquoi doit-on vivre avec cette intolérance? Des fois, c'est vraiment difficile d'en comprendre la logique. J'aime ton ouverture d'esprit!

**R.** Les médias imputent tous les actes criminels à l'islam. Tous les actes terribles, tels les assassinats commis au nom de l'islamisme en Algérie, à New York ou dans d'autres pays. On ne parle pas des injustices commises en Palestine par certains citoyens israéliens ou des bombardements de George Bush en Iraq et en Afghanistan. Les crimes ignobles ne sont l'exclusivité d'aucune religion ou idéologie.

**A.** C'est malheureux que les musulmans soient mal perçus dans les pays occidentaux. Toutefois, beaucoup de Juifs en Israël œuvrent pour la paix et contribuent au bien-être de certains Palestiniens.

**R.** C'est vrai. Depuis une trentaine d'années, les actes de violence perpétrés au nom de diverses interprétations de l'islam ne cessent de blesser l'humanité, et les sociétés musulmanes en sont les premières victimes. Nous avons pour exemples les attentats en Iraq, en Afghanistan et en Algérie, qui frappent de plein fouet des victimes innocentes.

**A.** Il faut commencer à dissocier la violence de la religion. Ces derniers temps, et probablement depuis toujours, toutes les guerres ont été faites au nom de la religion ou des territoires. Est-ce que ça ne s'arrêtera jamais? Pratiquement toutes les fêtes juives, aujourd'hui, sont des commémorations de moments dans l'histoire où les Juifs ont été victimes de persécutions! Ça revient toujours à la violence. Et les Juifs ont été persécutés dans tous les pays où ils se sont réfugiés. C'est le peuple qui a été le plus persécuté dans l'histoire de l'humanité.

**F.** Il n'y a qu'un seul vrai Dieu. Et tous ensemble, nous devons œuvrer pour vivre en harmonie et dans la paix!

**R.** Allah! Dieu d'Abraham, de Moïse et de Jésus! Car le Coran se présente comme la suite et le point final des révélations transmises aux juifs et aux chrétiens. Alors qu'on arrête de montrer le Coran du doigt alors qu'il n'a pas à lui seul le monopole de la violence. Mais l'islam est devenu un bouc émissaire dans ce monde tourmenté par les guerres et les violences. Des attentats, il y en a eu de tout temps et ils n'étaient pas l'arme des seuls musulmans.

**F.** Les chrétiens en avaient usé et abusé à volonté pour défendre, envahir ou récupérer des droits, des territoires, des émules. L'histoire n'a-t-elle pas présenté certains terroristes comme des résistants, des héros, des patriotes? Mais on peut admettre ou faire tout et son contraire, pourvu qu'on soit du côté du bon camp et de la bonne propagande.

**R.** Que penses-tu du document émis à Hérouxville?

**F.** Ce n'est pas sérieux! Ce document a causé de l'agitation inutilement. Les musulmans ne sont pas de mauvaises

personnes, et des extrémistes, il en existe partout, dans tous
les peuples, dans toutes les nationalités et dans toutes les parties du globe, ici comme ailleurs, mais ils ne sont pas la masse.
C'est bien vrai que les Québécois ont un peu peur de l'islam.
C'est une religion qui devient omniprésente et dont les médias
parlent beaucoup, et tout ce qu'on ne connaît pas peut nous
faire peur. Mais quand même, cela n'a pas de bon sens!

**A.** C'est évident qu'on a peur de ce qu'on ne connaît pas...
Les médias exacerbent cette peur et ne font pas preuve d'ob-
jectivité en ne nous exposant pas tous les aspects d'une chose,
mais seulement ce qu'ils veulent bien nous montrer pour nous
dissimuler la vérité et contrôler nos pensées. Nous subissons
une sorte de lavage de cerveau. C'est pourquoi les citoyens
ont la responsabilité de garder un esprit ouvert sur le monde
et ne pas ingurgiter n'importe quoi.

**R.** C'est important de respecter le pays d'accueil, mais il
est de notre devoir d'exiger la réciprocité. Allez, avoue, tu ne
te sens pas si envahie par les musulmans. (Rires)

**F.** Pas du tout! Je connais deux gentilles personnes, l'une
est musulmane et l'autre est juive. Dis, Rachida, tu n'as pas
l'intention de me convertir? (Rires) L'Islam n'a pas l'exclusivité de la violence envers les femmes. Dans tous les pays, les
femmes subissent la violence. Ici, tous les jours, des femmes en
font les frais. C'est injuste d'imputer à l'islam tous les maux
et les névroses. Il y a de mauvaises personnes dans toutes les
sphères de la société. La violence n'est pas l'apanage des seuls
hommes arabes. Elle est l'expression d'un comportement de
malade. Et des malades, il y en a partout! Maintenant, au lieu
de se perdre en conjectures, on devrait se demander ce qu'on
peut faire pour aider celles qui sont démunies.

**R.** Et les hommes? Pour ne citer que le Québec, il y en a des milliers qui sont exploités et malmenés. Les statistiques révèlent que 7% des hommes ont été battus au Québec ces cinq dernières années. La violence n'a pas de sexe. Les femmes sont généralement moins fortes que les hommes, mais elles utilisent le plus souvent des objets pour blesser. On arrive difficilement à croire qu'une femme puisse être violente au point de frapper un homme. C'est impensable pour beaucoup de gens, donc on croit que ça n'arrive pas.

**A.** C'est très important de mentionner ces statistiques Rachida. Même si ce taux est bas et que les hommes restent minoritairement victimes de violence par les femmes, il est important de noter que la violence n'a pas de sexe. Et on ne sait jamais, ces statistiques sont peut-être plus élevées, mais certains hommes victimes d'agressions ne veulent pas l'admettre, car ils en ont honte et ils ont peur de dire la vérité en raison du regard et du jugement des autres hommes.

**R.** C'est humiliant d'avouer que l'on a été violenté par une femme. On a l'air d'un homme sans colonne vertébrale. Pour ces hommes, la situation est peut-être encore plus dure à vivre que pour les femmes. Leur identité masculine est niée.

**F.** On connaît tous des hommes qui vivent sous la contrainte et le joug d'une femme acariâtre.

**R.** Même chez les hommes musulmans, on retrouve ce scénario. Des femmes aigries et autoritaires. C'est souvent un duel silencieux et tacite. Une confrontation d'expression de force où celui qui a du cœur baisse la garde devant celui qui en manque. Les faibles en prennent pour leur grade et se sentent encore plus vulnérables. Les forts se sentent renforcés dans leur infaillibilité. Et ils abusent de leur pouvoir par l'intimidation et la violence.

**F.** Toutes comme une seule femme! (Rires)

**R.** Au Québec, les femmes ont cette chance. Elles peuvent s'arroger du pouvoir. Elles sont protégées par la loi, même quand elles sont coupables. Je me souviens d'une voisine qui s'était fait mal en frappant son conjoint. À l'hôpital, on lui a demandé si elle désirait porter plainte contre lui!

**F.** Il semblerait toutefois que ce pouvoir donné aux femmes dérange. Souviens-toi de la tentative de certains de mettre en place des tribunaux basés sur la Charia en Ontario et qui a failli devenir réalité à la fin de 2005. Au fait, Rachida, dis-moi, que penses-tu du tribunal judiciaire fondé sur la Charia?

**R.** Heureusement que des pressions ont été faites, sinon on était cuites. Sans oublier que certains militent en faveur de la polygamie au nom de la liberté de religion. J'en avais la chair de poule…

**F.** Explique-nous ce que signifie la Charia.

**R.** La Charia, c'est la loi canonique islamique. Elle est un ensemble de règles de conduite rigoristes applicables aux musulmans et codifie à la fois les aspects publics et privés de la vie d'un musulman, ainsi que les interactions entre les croyants. Les musulmans considèrent cet ensemble de normes comme émanant de la volonté de Dieu.

**F.** Quelle est la place de la Charia dans le Coran?

**R.** La prégnance de la Charia dans le discours religieux musulman ainsi que sa prédominance dans les sociétés arabo-musulmanes constituent un phénomène de grande importance. Le Coran n'est que rarement un texte «législatif», et ses versets concernent principalement les actes culturels (profession de foi, prière, pèlerinage), le statut personnel (droit familial et droit successoral), le droit pénal et, mais beaucoup moins, le droit commercial. Dans chacun de ces domaines, le Coran est loin d'être exhaustif et il est souvent peu clair. Je n'ai ni la science ni l'expertise pour interpréter ou expliquer des textes coraniques.

**A.** Qui a eu l'idée des tribunaux islamiques et pourquoi?

**R.** Un groupe de musulmans canadiens avait œuvré pour mettre en place, en Ontario, ce tribunal judiciaire fondé sur la Charia. Ce tribunal aurait été destiné à traiter par arbitrage les conflits matrimoniaux entre musulmans. D'ailleurs, un avocat musulman à la retraite, Syed Mumtaz Ali, a rendu des décisions en Ontario en se basant sur des règles religieuses.

**F.** Quelle est ta position par rapport à cette forme d'arbitrage? La trouves-tu légitime?

**R.** Je me positionne complètement contre. Je ne veux pas d'un système musulman de justice civile au Canada. Ces illuminés qui veulent appliquer la Charia en Ontario me rendent malade! Je ne suis pas venue au Québec pour subir cette sorte de tribunal et d'arbitrage. Je suis citoyenne canadienne, et ici, je veux une justice juste et équitable pour tous. Pas question de justice à deux vitesses. Je refuse d'embarquer dans cette hypocrisie. Pourquoi devrais-je me soumettre à ce genre de justice? Pourquoi devrais-je être lésée devant la loi à cause de ma religion?

**F.** Je suis heureuse que cela n'ait pas abouti!

**A.** Moi aussi. La Charte canadienne des droits et libertés stipule clairement que tous ont droit à la même protection. Le droit doit être commun pour tous. Il existe au Canada des tribunaux rabbiniques, et les femmes y sont toujours lésées, car ils sont basés sur la Thora. Toutes les femmes doivent avoir les mêmes droits au Canada. Je ne suis pas d'accord pour qu'un tribunal rabbinique règle ma vie et mes droits.

**R.** Certains s'en sont pris publiquement à l'Assemblée nationale du Québec au grand complet, et en particulier à la députée libérale Fatima Houda-Pépin, députée de La Pinière, qui a fait adopter à l'unanimité, le 26 mai 2005, une motion rejetant l'instauration de tribunaux islamiques en droit de la famille au Québec et au Canada.

**F.** Pourquoi?

**R.** Cette motion soutient fermement la position des femmes et des hommes musulmans qui se sont élevés contre ces tribunaux. Fatima Houda-Pépin est une femme courageuse et elle a tout mon respect pour s'être posée contre cette forme de subordination de la femme. Nous sommes au Canada, qu'on nous laisse au moins bénéficier d'une justice de droit! C'est important d'avoir des garde-fous, des balises qui protègent la liberté et le devenir des femmes musulmanes au Québec. Je suis musulmane et je ne veux pas remettre en question ma religion. Cependant, les écrits contenus dans le Coran sont souvent interprétés au détriment de la femme. La Charia a été établie par des juristes grâce à une interprétation du Coran qui reste influencée par un contexte culturel. Elle n'est pas un système monolithique de jurisprudence et il est très facile d'y trouver de multiples applications potentiellement contraires aux droits des femmes.

**A.** Pourquoi des gens s'enfuient-ils de leur pays pour avoir une «meilleure vie», et que lorsque leur projet se réalise, ils commencent à vouloir changer les lois et à faire des demandes contraignantes pour ceux qui vivent depuis longtemps ici? Pourquoi ne pas faire des demandes dans le pays d'origine? Je ne comprends pas du tout et personne n'a de réponse. Sauf que c'est toujours une minorité qui a des exigences et c'est toute la communauté qui est critiquée.

**F.** Les Québécois peuvent être fiers de leur tolérance gran-
dissante à l'égard de la diversité et du pluralisme. Rachida, tu
as lu les deux livres saints?

**R.** Oui. Et cela m'a permis de constater les très nombreuses similitudes entre les deux livres saints et leurs
correspondances.

**F.** Les religions se rejoignent pour inférioriser la femme et
la garder sous tutelle.

**R.** Les textes dans le Coran et dans la Bible sont envelop-
pants. On entre dans les personnages et cela permet de voir
leur influence dans notre vie et nos coutumes. Selon que l'on
soit juif, chrétien ou musulman, on perçoit les choses différemment, chacun construisant sa propre histoire religieuse.

**A.** Il faudra me montrer les passages…

**R.** Avec plaisir! Le Coran est un livre poétique de bout
en bout, rempli de lumière et de compassion. On peut y voir
une prose sentimentale et dévote.

**A.** Rachida, cela me fait plaisir de t'entendre parler du
Coran comme d'une belle forme d'art, parce que, pour les
gens qui ne le connaissent pas, il représente un danger. Pour
ceux qui s'en tiennent seulement à ce qui se dit dans les
médias, c'est un choc! On nous montre des hommes et des
femmes de confession musulmane qui brandissent des armes
en criant des slogans et en scandant le nom de Dieu. Souvent,
des versets du Coran sont cités et mis en exergue comme des
appels à la haine et au *jihad*…

**F.** Malheureusement, l'islam fait régulièrement la manchette de l'actualité internationale. Et sous une mauvaise
image…

**R.** Le Coran a été détourné pour des fins politiques par
ceux à qui la mauvaise publicité faite sur le dos de l'islam

profite. Ils en ont fait un bouc émissaire. Et cela a marché! Ils ont réussi leur coup. Jamais l'islam n'a été aussi honni et vilipendé. Pourtant, l'islam religieux et mystique est sans fanatisme. Il suffit de lire les textes coraniques sans parti pris. Le lire avec le cœur. On ne lit bien qu'avec le cœur!

**A.** Il reste que chaque personne doit apporter son propre éclairage selon sa propre interprétation.

**R.** Cela prend du courage ou de la folie.

**A.** Ça nous apprend à remettre en question ce qu'on lit. Si l'université m'a bien appris une chose, c'est justement de déterminer la portée de tout ce que je lis, de développer mon sens critique! Je n'avale pas n'importe quelle information. C'est un grand apprentissage.

**R.** Je continue à croire que nous sommes tous égaux devant Dieu et qu'il est absurde de s'inventer des différences là où il n'y en a pas.

**F.** Rachida, je sais que tu es ouverte envers les autres religions, mais si l'un de tes enfants choisissait de s'unir à une personne de confession différente de la tienne, comment le prendrais-tu?

**R.** Lorsque deux personnes s'aiment, elles peuvent abolir toutes les différences et abattre tous les préjugés. J'ai éduqué mes enfants dans l'amour de l'autre, le semblable et le différent, et je suis fière de leur avoir transmis des valeurs universelles qui les rapprochent des autres au lieu de les en éloigner. Je les ai élevés pour qu'ils choisissent la personne de leur cœur. Pour répondre à ta question, jamais je ne me permettrais d'interférer dans le ou les choix de mes enfants. Mes deux garçons sont fiancés avec des jeunes filles d'origine et de religion différentes de la leur, et cela n'a jamais été une entrave à leur amour. Au contraire, ils se sont enrichis dans les découvertes qu'ils font de leurs histoires respectives. Et toi, Françoise?

**F.** Cela ne m'aurait pas du tout dérangée. Comme je vous l'ai dit, mes parents nous ont élevés sans préjugés d'aucune sorte. D'ailleurs, nous avions accueilli chez nous une amie de mon fils Jean-François et je l'ai tout de suite aimée comme ma propre fille. Elle s'appelait Naïma. Elle est revenue nous voir par la suite. Je lui porte une grande affection.

**R.** Ces dix dernières années, j'ai pu constater l'acceptation du multiculturalisme et le fait que les différences ethniques, religieuses ou culturelles sont acceptées et respectées. Cependant, ces derniers temps, je trouve que les Québécois sont en train de changer dans leur perception de la différence.

**A.** C'est vrai. Je vais répéter que j'appartiens à une nouvelle génération et que les mariages mixtes ne sont plus tabous. Comme moi, par exemple, je suis juive et mon fiancé est musulman. Je me considère comme une personne indépendante et libre, et je suis contente de dire que mon fiancé partage plus ou moins les mêmes valeurs. Au début, quand j'ai annoncé à mes parents que mon nouveau copain était musulman, ils étaient un peu sur la défensive et ils ont eu des préjugés. Ils pensaient qu'il allait me convertir et m'obliger à porter le foulard. On en rit maintenant... Lorsqu'ils l'ont rencontré, ils ont réalisé qu'il était un jeune homme bon, honnête, ouvert, travailleur et respectueux. Je peux affirmer que sa famille m'a acceptée dès que je suis entrée dans leur maison. Même quand je suis allée au Maroc pour visiter le reste de sa famille, ils ont pris soin de moi comme si j'étais leur propre enfant. Je suis contente de vivre dans une société où mon fiancé et moi sommes acceptés ensemble. Quand je me suis rendue en Israël, certains événements m'ont laissée perplexe. Des Israéliens que j'ai rencontrés là-bas ont été sous le choc lorsque je leur ai dit que j'étais fiancée à un Marocain musulman. Ils ne comprenaient pas pourquoi j'étais amoureuse de leur ennemi, car pour eux, un Arabe ne peut être que leur ennemi. Paradoxalement, je ne comprenais pas pourquoi ils étaient choqués, car ici, au Canada, nous ne sommes pas habitués à ce genre de chose. Mais je comprends aussi que les Israéliens vivent dans la peur des attentats. Je réalise que mon fiancé et moi aurons éventuellement beaucoup de difficultés lorsque nous serons mariés, mais nous ne nous en préoccupons pas pour l'instant.

**R.** Les mariages interculturels ou interreligieux ne sont pas de tout repos, mais « l'amour a ses raisons que la raison ne connaît pas ». Et c'est tant mieux!

**F.** Bien dit Rachida! Je crois que la plus belle chose au monde, c'est l'amour, et choisir la personne de son cœur devrait aller de soi.

## Voile, foulard ou burqa

**F.** Tu ne portes pas de foulard sur la tête. Pourtant, tu es musulmane. Pourquoi certaines le portent et d'autres non? Je pensais qu'une femme musulmane portait nécessairement le voile. Que c'était imposé par la religion. Et on parle beaucoup du voile islamique, je ne comprends pas la nuance…

**R.** Le foulard n'est pas un voile islamique, mais un fichu avec lequel on se couvre les cheveux, alors que le voile couvre et dissimule le visage. Il y a différents types de voiles portés par les musulmanes, selon les pays.

**F.** Y a-t-il dans le Coran des directives au sujet du voile ou du foulard?

**R.** En réalité, les préceptes coraniques sont peu précis en ce qui concerne les parties du corps à couvrir, et aucune référence formelle n'indique qu'il faille se couvrir le visage. Bon nombre d'occurrences coraniques conseillent aux femmes de se dérober aux regards et de se couvrir la poitrine. Dans un passage, que je cite au début, le Coran semble explicite pour ce qui est de la tenue vestimentaire des femmes. Mais en religion, il n'y a pas de contraintes. C'est ce qui est répété plusieurs fois dans l'islam. On fait les choses seulement si on en est convaincu. Rien ne doit être fait à l'aveuglette. Il n'y a pas d'obligations en religion, et même si certains en trouvent, je reste convaincue que Dieu ne nous impose rien qui puisse être une coercition.

Mais je ne me sens pas plus libérée ou moderne qu'une femme qui porte le foulard. Au contraire, je connais bon nombre de femmes qui le portent et qui sont autrement plus modernes et «dans le vent» que moi. D'ailleurs, les femmes libérées portant le foulard sont légion au Maroc. Ici également. Lorsque je travaillais à Montréal-Nord, je rencontrais régulièrement des femmes libanaises en foulard d'un modernisme époustouflant. Je les admirais énormément tant elles bouleversaient mes idées préconçues. Beaucoup sont cultivées, instruites et diplômées. L'apparence est souvent trompeuse et il ne faut jamais s'y fier.

Je connais des femmes occidentales soi-disant libérées qui sont restées sous tutelle par rapport aux hommes et qui ne savent rien faire par elles-mêmes, et certaines, drapées de noir, diplômées de grandes écoles, qui sont de redoutables femmes d'affaires. J'en rencontre d'autres portant le foulard dont j'envie la poigne et la verve. Il n'y a rien de plus réducteur que de juger les gens par rapport à leur manière de se vêtir. Je ne porte pas de foulard et je ne me sens pas plus féminine que ces femmes. Les vêtements ne sont que des accessoires et il ne faut pas perdre de vue la personnalité de chaque femme.

**F.** En fait, Rachida, loin de moi l'intention de juger ou de préjuger. C'est le message que cela me renvoie : celui d'une femme vêtue d'une manière qui n'est pas sans évoquer le Moyen Âge. Simone de Beauvoir refusait tout symbole d'asservissement volontaire à Dieu et, en attendant de Le rencontrer au ciel, d'assujettissement sur terre aux hommes. Mais chacune est libre de s'imposer des contraintes. Le foulard ne me dérange pas, pourvu qu'il ne soit pas porté sous la pression. Or, cela est le cas en plusieurs coins du globe, me semble-t-il.

**A.** Lorsque je dis à certaines personnes que mon fiancé est musulman, elles me demandent s'il va m'obliger à porter le voile après notre mariage. Cela me fait rire quand j'entends ces inepties. Cela sous-entend que je vais être opprimée et contrôlée par mon futur époux. Je me sens condamnée à cause des origines arabes et musulmanes de mon fiancé. On stigmatise beaucoup à cause des signes religieux, en l'occurrence le port du foulard.

**R.** La liberté d'interprétation et de choix. Ici, au Canada, les femmes musulmanes sont souvent médecins, pharmaciennes, ingénieures et elles n'ont rien à envier aux femmes occidentales et féministes. Elles s'imposent par l'instruction, le savoir et l'éducation. Ce sont les meilleures armes pour faire tomber les préjugés et mettre un frein aux stéréotypes. Tout est une question de perception ! (Rires)

**F.** En ce sens, elles combattent les préjugés. Mais sont-elles obligées de cacher leurs cheveux ? Est-ce la religion qui les y force ? Peut-être leur père, leur frère, la famille ? Au Québec, nos mères se sont battues pour se départir du joug religieux. On devait aller à l'église avec un couvre-chef, un chapeau ou un foulard, par respect pour la Maison du Seigneur. Le visage de certaines femmes était caché par la voilette qui ornait leur chapeau. Alors nous avons peur de toutes les religions, car elles nous rappellent ce que nos mères ont vécu. De notre temps, les prêtres ont instrumentalisé la religion afin d'imposer, dans l'oppression, des valeurs et des institutions traditionnelles pour encadrer les familles, et surtout pour asseoir leur pouvoir par la peur et la terreur.

**A.** J'admire le courage des femmes au Québec.

**R.** Pourquoi ne pas tolérer que des femmes, par pudeur ou par courage, décident de se couvrir les cheveux ? Pourquoi à une époque où les pires abominations sont glorifiées sous couvert de l'émancipation de la femme, sous l'égide du progrès, refuse-t-on le droit à des femmes de disposer d'elles-mêmes et de choisir leur tenue vestimentaire ? Chaque personne devrait avoir le droit de disposer d'elle-même sans se faire dire ce qui serait bien ou mal pour elle. Pour moi, la démocratie se caractérise par le fait que chaque personne a le droit de choisir sa religion ou son apparence vestimentaire. Même s'il y a encore beaucoup de femmes qui portent le foulard à cause de la pression familiale ou communautaire, il n'en demeure pas moins vrai que des milliers de femmes revendiquent le droit de porter le foulard comme un signe d'affirmation identitaire.

Je l'ai moi-même porté comme un signe de fierté et d'appartenance à la nation musulmane. Alors pourquoi ce trouble, ce malaise qu'un simple fichu peut susciter chez un peuple pourtant des plus tolérants ?

**F.** Tout simplement parce que pour nous, le voile apparaît comme une forme d'oppression, de soumission à l'homme. Pourquoi les hommes ne se couvrent-ils pas eux aussi entièrement le corps? En été, ils se promènent en culottes courtes, alors que leur femme est drapée de la tête aux pieds. Cela me donne envie de forcer les barricades...

**R.** Je vois les choses évoluer et je ne sais plus que penser! Qui est la plus opprimée, la plus soumise? Celle qui dévoile des parties intimes de son corps ou celle qui se promène avec un foulard sur la tête, souvent par souci de se préserver?

**F.** Moi non plus, je ne sais plus. Ou plutôt si, je sais, et on sait tous! On a l'impression que les valeurs se perdent, et ces femmes qui portent un foulard et s'habillent avec pudeur viennent remettre en question les valeurs de l'Occident, ou plutôt nous rappeler la perte de ces valeurs! Et au lieu de se demander le pourquoi des choses, on fait la chasse aux sorcières.

**R.** On vit dans un monde de fous! J'ai bien peur que les femmes aient perdu de vue le plus important: le respect que nous devons exiger pour notre statut de femme. Est-ce qu'une femme est plus libre lorsqu'elle accepte, pour faire plaisir à son conjoint ou à son compagnon, d'aller dans des clubs d'échangisme ou de faire des «trips à trois»? J'en doute!

**A.** Je ne suis ni pour ni contre... Comme Rachida l'a dit, certaines femmes portent le voile tout simplement parce qu'elles le veulent. Et personne ne les y oblige. J'ai des amies qui ne portent pas le foulard alors que leurs sœurs décident de le porter. Peut-être que c'est plus facile dans un pays qui est plus ouvert et qui nous permet de choisir. Mais lorsque le foulard commence à être associé à l'oppression de la femme et au contrôle de l'homme, je ne suis pas d'accord. Par ailleurs, je ne trouve pas qu'une femme qui accepte de participer à des activités échangistes uniquement pour faire plaisir à son conjoint fasse preuve de liberté. Le fait qu'une femme se sente obligée de participer à des activités qui vont à l'encontre de ses principes parce qu'elle craint de perdre son conjoint ou son ami est aussi une forme de contrôle et d'aliénation.

**F.** Parfois, cette liberté m'inquiète... L'évolution que subit la société a créé des dérapages emportant des valeurs intrinsèques à la famille et au couple. Je n'ai pu que constater qu'au Québec, le rôle de l'homme s'est profondément transformé. Dans la plupart des couples, ce sont les femmes qui mènent, d'où l'expression de «Germaine». Les hommes les trouvent de plus en plus dures, froides et acariâtres. Comme ils ont peur des femmes castratrices, ils hésitent à se marier, et s'ils souhaitent s'engager, ils privilégient l'union libre qui leur donne une certaine marge de manœuvre.

**R.** Les hommes n'ont que ce qu'ils méritent! N'ont-ils pas, pendant des années, eu leur gouvernance sur nous autres, pauvres petits bouts de femmes? (Rires)

**A.** Du temps de la génération de mes parents, la condition de la femme était très difficile. Mais maintenant, les valeurs se perdent. On passe d'un extrême à l'autre.

**R.** Quel héritage allons-nous laisser aux générations futures?

**F.** J'en conviens, nous n'avons plus de valeurs, ou plutôt les valeurs se sont métamorphosées. En fait, la différence nous fait peur. Elle nous rappelle peut-être notre propre décadence...

**A.** Les défenseurs de la polygamie la jugent efficace dans certaines situations... Elle serait une solution contre l'immoralité et l'adultère qui dominent dans les sociétés occidentales.

**R.** Chez les mormons de l'Utah, la polygamie est couramment pratiquée. Pourtant, cela se passe aux États-Unis, un pays qui se pose en exemple de civilisation et de valeurs.

**F.** Si tel est le cas, alors pourquoi ne pas permettre aux femmes d'avoir plusieurs époux ? (Rires)

**A.** Tout à fait, Françoise ! D'ailleurs, il y a un terme que j'ai appris à l'université. Je ne sais pas si c'est autant mis en pratique que la polygamie, mais il s'agit de la polyandrie. C'est un terme qui signifie qu'une femme a plusieurs époux. Peut-être que ce sera un nouveau concept de vie et que nous verrons dans les prochaines années ce type de relations se multiplier.

**R.** Dans l'Ancien Testament, le roi David avait une multitude de concubines, et Salomon, plus de trois cents femmes. En Europe, avant Jésus-Christ, de nombreuses peuplades, en particulier les Germains et les Slaves, étaient polygames, mais cette pratique était réservée aux riches et aux aristocrates. Chez les Grecs et les Romains, la monogamie était la règle. Les hommes mariés n'excluaient toutefois pas d'entretenir une ou plusieurs concubines. L'Église protestante, enfin, à certaines périodes de son histoire, s'est montrée très tolérante envers la polygamie non officielle des rois et des nobles. Dans l'Arabie préislamique, le nombre de femmes n'était pas limité et le divorce était l'apanage des hommes. Puis le Coran a limité à quatre le nombre d'épouses.

**A.** Dans le judaïsme, la polygamie est très peu ou pas représentée. Dans certaines situations, l'homme pouvait avoir plusieurs femmes dans le but d'avoir une descendance. L'homme pouvait répudier une femme si celle-ci ne lui donnait pas une descendance, et en épouser une autre, plus jeune. Par contre, une femme ne pouvait pas répudier son mari si celui-ci ne lui donnait pas d'enfant ou s'il avait une liaison adultère. Selon certaines communautés juives, c'est une pratique tout à fait normale qui est toujours présente en Israël.

**F.** Je veux revenir sur le foulard... Rachida, ta mère le portait-elle?

**R.** Non, elle était contre. Elle y a toujours été farouchement opposée. Elle n'aimait pas lorsque je le portais. Elle a fait la guerre à ma jeune sœur qui l'avait porté aussi quelque temps. Maman y voyait un signe de servitude, de régression. Pourtant, au Maroc, bon nombre de femmes libérées le portent avec ostentation. Je n'y vois aucune contradiction.

**A.** Ta mère a une ligne de pensée moderne!

**R.** Elle avait immigré en France à l'âge de vingt-cinq ans et elle est très moderne malgré des principes bien campés. Pour elle, il faut suivre l'évolution dans les mœurs et les codes vestimentaires, sans pour autant se renier. J'en discute souvent avec elle et elle n'en démord pas: le foulard ne prouve rien. Elle parle du libre arbitre. Chacun doit avoir le droit de porter ce qu'il veut. L'habit ne fait pas du tout le moine pour elle. Tout est dans le cœur, et les actes de foi peuvent être démontrés de multiples façons. Faire le bien autour de soi, aider les démunis, porter secours aux personnes âgées ou handicapées.

**F.** Je suis de l'avis de ta mère.

**R.** Cela n'empêche pas que celles qui le portent sont souvent libres de le faire et se sentent libres.

**F.** Permets-moi d'en douter! Comment peuvent-elles se prétendre libres lorsqu'elles reproduisent les manifestations les plus archaïques de l'oppression des femmes?

**R.** Elles veulent se vêtir selon leurs principes et correspondre aux critères d'une bonne musulmane, et c'est leur droit. Certaines se baladent à moitié nues, d'autres portent un *string* ou un *tanga* sous leur pantalon transparent parce que c'est *in*! Et personne ne trouve à redire sur les mini-jupes! Et ces pauvres femmes se couvrent et c'est le branle-bas de combat. Deux poids, deux mesures... Je déteste l'injustice!

**F.** C'est parce que nous, on n'a pas l'habitude, Rachida, de voir des femmes voilées. Certains en éprouvent de l'embarras. Et on a le droit de se sentir interpellé. De voir ces femmes ainsi habillées nous met mal à l'aise. Cela crée une diffé-rence entre les citoyens d'un même pays. On dirait qu'elles veulent nier en elle tout signe de féminité ou qu'elles veulent se démarquer.

**A.** Honnêtement, et je parle pour moi, peut-être que d'autres jeunes de mon âge pensent la même chose que moi, je ne sais pas... mais je ne suis aucunement mal à l'aise en présence de femmes voilées. Je suis plus ou moins habituée du fait que j'ai été élevée au sein d'une société multiculturelle. J'ai étudié dans une école primaire française, où la majorité des enfants étaient des immigrants et où certaines petites filles portaient le foulard. Au cœur du centre-ville de Montréal, où toutes les cultures et les religions se côtoient. Je prends le métro chaque jour et croise des personnes de diverses com-munautés. Je suis toujours entourée de différentes personnes, et à mes yeux, les différences ne ressortent pas. Je ne les vois pas, elles font partie de mon paysage socioculturel.

**R.** Je suis tout à fait d'accord avec toi. D'autant plus que certaines de ces femmes sont au contraire souvent très élé-gantes et raffinées.

**F.** Parce que, pour toi, dissimuler tes cheveux dans un chiffon et porter des vêtements amples et sombres est une stratégie féministe?

**R.** Elles s'habillent ainsi pour se protéger du regard des hommes, refusant d'être l'objet de leurs pulsions ou de s'exposer aux regards vicieux.

**F.** Tu sais, Rachida, sans vouloir t'offenser ou offenser qui que ce soit, pour nous, le message est ambivalent. Peut-être ne veulent-elles pas nous imposer leur religion ou leur manière de vivre, mais elles ne montrent pas beaucoup d'intérêt à ce que nous sommes. Elles affichent leur différence comme un stigmate, et après, elles s'offusquent que les gens les regardent de travers.

**A.** Je ne porte pas d'intérêt à ces signes extérieurs, je suis tout à fait à l'aise avec ce mode de comportement. À partir du moment où ces personnes ne m'imposent pas leur mode vestimentaire ou leur façon de voir les choses. Quel est le problème ? C'est le prosélytisme qui est un danger, car la personne tente de me contraindre à suivre ses valeurs. Là alors, je refuse !

**R.** Nous sommes au Canada et vivons dans une démocratie. La Charte canadienne donne à chacune et à chacun la liberté de vivre selon ses croyances en toute liberté.

**F.** Mais la liberté a des limites. Lorsqu'on a l'intention de vivre dans un pays occidental, ne faut-il pas faire des efforts pour s'y conformer ? Et pourquoi ne pas s'y fondre pour faire partie des citoyens qui composent ce pays ?

**A.** Pour se conformer dans ce pays, elles ne doivent plus porter le foulard ? Si elles participent à des activités et à des expériences, qu'elles s'épanouissent en parlant avec différentes personnes et qu'elles vivent les joies de la vie... le voile ne leur enlève rien. Elles peuvent tout faire, et en même temps avoir leurs propres choix vestimentaires. Cela revient tout le temps au même principe : chacun peut faire ce qu'il veut, à partir du moment où ses choix n'affectent pas les autres.

**R.** A-t-on le droit de brimer quelqu'un dans ses choix les plus fondamentaux et intimes ? À partir du moment où les membres d'une religion ne font pas de prosélytisme et qu'ils ne vont pas à l'encontre des lois du pays d'accueil, pourquoi les fustiger ou les incriminer ? Je me souviens d'une émission de télévision où des propos révoltants ont été tenus par une intervenante. J'étais sidérée de voir que l'animatrice, à aucun moment, ne l'a rappelée à plus de mesure lors de son échappée islamophobe. C'était honteux ! Je me suis rassurée en me disant que l'ignorance, malheureusement, n'est pas le fait du manque de culture, elle l'est parfois faute d'ouverture et de clairvoyance.

**A.** On ne peut rien contre la bêtise humaine !

**F.** Cela doit te sembler sûrement scandaleux. Mais de notre point de vue, il appert que ces femmes sont des ombres spectatrices d'une vie choisie par d'autres. Il n'y a qu'à voir la situation des femmes en Afghanistan, en Iran, au Pakistan et en Arabie saoudite…

**R.** Je t'en conjure, il ne faut pas perdre de vue que, quoi qu'on en dise, les femmes d'Arabie saoudite ne sont pas en reste. Si l'on évoque juste la situation des Saoudiennes…

**F.** Oui, parlons-en de l'Arabie saoudite : l'un des régimes les plus durs envers les femmes. Les femmes sont obligées de porter l'*abaya*[18] en public. Parfois voilées de la tête aux pieds, elles sont comme des fantômes tout en noir. On voit souvent des reportages à la télévision qui traitent notamment de la

---

18. Costume traditionnel. Les *abayas* traditionnelles sont noires. Elles sont soit un grand carré de tissus drapé à partir des épaules ou de la tête, ou une longue robe noire.

difficulté d'être une femme dans ce pays et de la division sociale qui y règne : les hommes d'un côté, les femmes en *abaya* de l'autre.

**R.** Pourtant, Françoise, elles contrôlent une part importante des richesses de l'Arabie saoudite.

**F.** Mais elles vivent dans des conditions de servitude, privées de liberté...

**A.** Et ces femmes vivent toujours dans la peur parce que, là-bas, la moindre mauvaise action d'une femme peut apporter le déshonneur à son mari ou à sa famille. Parfois, elle peut en payer le prix de sa propre vie. Cela fait partie de leurs lois et traditions.

**R.** Je l'admets. Le régime wahhabite[19] est l'un des plus rigoureux au monde à l'égard des femmes. Cependant, au sein de leur demeure, elles arrivent à avoir des avantages matériels que beaucoup de femmes soi-disant évoluées rêveraient d'avoir.

**A.** Elles n'ont ni le droit de conduire ni celui de contracter un prêt ou de voyager sans l'autorisation de leur mari, ou d'un homme de leur famille, ni même le droit de se promener. Elles sont victimes de discrimination et sont sous haute surveillance.

**R.** Elles ont gagné du terrain ces dernières années en matière de droit économique, comme celui de créer leur entreprise ou de gérer leurs propres affaires. Ainsi, on compte un nombre croissant de femmes d'affaires. À Djeddah, le plus grand centre de commerce du royaume saoudien, on en dénombre quatre mille. Selon une étude, 34 % du secteur privé est aux mains des femmes saoudiennes. Elles ont réussi à s'imposer, dans le monde des affaires malgré les interdits,

---

19. Doctrine de retour à l'islam des origines.

et détiennent 70 % des comptes courants bancaires en Arabie. Soit 11,5 milliards de dollars en dépôts.

**F.** Comment est-ce possible ?

**R.** La plupart des Saoudiennes tirent leur fortune de l'héritage, à la faveur de la loi islamique. Mais comme elles ne sont pas actives sur le marché du travail, elles placent souvent leur argent à la banque ou à la Bourse. Elles contrôlent 20 % des actions dans les firmes publiques, 15 % dans les firmes privées et 10 % dans le foncier.

**F.** La richesse n'est pas toujours synonyme de liberté…

**R.** Chacun voit midi à sa porte ! Lorsque des couples vivent ensemble et que chacun paie sa facture au restaurant ; lorsque les dépenses sont divisées en deux parts égales au sou près ; et lorsque chacun met son argent de côté sans partager avec l'autre, alors qu'ils se promettent amour et assistance, quelque chose me chicote. L'amour, c'est le don de soi, dans le partage et l'échange. Comment peut-on jurer son amour et faire preuve de pingrerie envers l'autre ? Ne rien vouloir lui céder ou lui concéder ?

**A.** Le problème, c'est que les hommes sont de moins en moins galants. (Rires)

**F.** Les femmes ont voulu être autosuffisantes et ne pas dépendre des hommes. Chacun fait ses choix et les assume. J'ai investi dans ma relation avec mon époux et nous n'avons jamais fait de calculs. Je me suis toujours dépensée sans compter pour lui et nos enfants. Et lui, il n'a jamais ménagé aucun effort pour me faire plaisir et me gâter.

**R.** Je connais une femme qui ne pouvait pas partir en vacances avec son conjoint, car elle n'en avait pas les moyens. Alors lui allait à Cuba ou en République dominicaine et elle se contentait de voyager au Québec. Il y a belle lurette que j'aurais envoyé paître cet homme-là! Que vaut l'argent devant le sentiment amoureux, le plaisir d'avoir la personne de son cœur avec soi. Si dans un couple, l'argent tient plus de place que les sentiments d'amour ou d'affection, c'est qu'il est caduc et qu'il n'a nulle raison d'exister et de perdurer.

**A.** Pour en revenir aux femmes saoudiennes, elles souffrent d'un manque flagrant d'instruction. Même si elles obtenaient le droit de travailler, elles seraient limitées, faute de formation professionnelle! Je généralise peut-être, mais c'est l'image que nous en avons. Car elles semblent dépendre essentiellement de leur époux. Et elles subissent de nombreuses discriminations sur tous les plans.

**R.** Les avancées ne doivent pas faire oublier les autres discriminations dont elles sont victimes, comme en témoigne un rapport d'Amnistie internationale. Plus de la moitié des femmes sont analphabètes dans ce pays.

**A.** Exactement, alors il est évident que les femmes de ce pays ne sont pas bien outillées pour travailler et gagner leur propre argent! Si elles en avaient la possibilité, bien sûr. J'ai fait du bénévolat pendant une courte période de temps pour un organisme qui s'appelle Alliance for International Womens Rights. Une fois par semaine, durant une heure, je m'entretenais au microphone, par Internet, avec une jeune fille de mon âge qui vit en Afghanistan, afin de l'aider à améliorer son anglais. Cet organisme veut aider ces femmes, spécialement celles de la nouvelle génération, pour qu'elles puissent acquérir une certaine éducation et disposer ainsi d'une plus grande indépendance.

**R.** Après l'adoption de la loi interdisant le port de tout signe religieux ostentatoire, la polémique rebondit aujourd'hui à propos du port du voile intégral par des femmes musulmanes. En ce moment, en France, on ne parle que du port de la *burqa*[20] ou du voile intégral. Il va s'y tenir une mission d'information sur le port de la *burqa* avec une série d'auditions. C'est une bonne initiative et cela me rappelle les audiences au sujet des accommodements qui se sont tenues au Québec. Mais je reste sceptique. Ce qui me gêne, c'est que je crois qu'on ne peut interférer dans les choix des femmes en regard de leur tenue vestimentaire en imposant une loi. Il faut convaincre plutôt que légiférer. Car la *burqa* ou le voile intégral ne peuvent avoir droit de cité dans l'espace public. Il faut que l'on puisse connaître l'identité physique des personnes que nous croisons, sinon, cela ouvre la porte à toutes sortes de malversations ou même de dangers. Comment peut-on se protéger contre une personne masquée?

**A.**   Dans notre société, ce n'est pas une norme de voir des femmes complètement voilées, mais je peux comprendre que, dans leur pays d'origine, cela le soit. Mais ici, nous sommes dans une société au sein de laquelle ses membres sont habitués à communiquer de visu. On aime voir l'expression du visage de ceux avec qui on discute. Alors il faut comprendre qu'on ne puisse pas s'accommoder de ce qui sort de la norme. C'est la même chose pour une personne masquée qui est habituée à communiquer avec d'autres personnes également masquées. Maintenant, elle vit dans une société où c'est différent. Alors il lui faut s'ajuster en conséquence et s'habituer à d'autres codes vestimentaires.

**R.**   Dans le fond, tu as raison. C'est vrai qu'on peut difficilement se sentir en confiance devant une personne masquée, car on ne connaît pas son identité et n'importe qui peut se

---

20. La *burqa* ne laisse rien voir du corps de la femme, ni ses mains ni ses pieds : les Occidentaux l'appellent « voile intégral ».

cacher sous une *burqa*. Pour avoir moi-même porté le *niqab*[21] à quelques reprises, lors de certaines circonstances, je peux témoigner de son sens et de sa représentation en ce qui me concerne. J'ai adoré le porter, car il me permettait de me soustraire au regard des hommes. Je me sentais libre, dans le sens entier du terme. Libre et respectée.

**A.** On n'a pas besoin de s'inquiéter plus qu'il ne faut... Le *niqab* est en voie d'être interdit aussi au Canada. C'est en cours. Et le Québec est la province qui présente les plus hautes statistiques en faveur de cette loi. La loi qui s'appliquera interdira le *niqab* à celles qui sollicitent les services gouvernementaux. Par exemple, lorsqu'une personne voudra obtenir une carte d'assurance maladie ou avoir recours à des services hospitaliers, elle devra dévoiler son visage pour bénéficier de ces services.

**F.** Je suis catégoriquement contre cet accoutrement. Je comprends que cela puisse être leur choix, mais nous vivons en société et nous ne pouvons tolérer que l'espace soit habité par ces ombres. Prohiber par la loi le port de la *burqa* serait une bonne solution. D'autant plus qu'on ne peut pas se sentir en confiance devant une personne dont le visage est dissimulé.

**R.** J'en conviens pour ce qui est de la *burqa*. Mais on ne devrait pas interdire le foulard. Au nom de quel argument ou de quel principe peut-on s'arroger le pouvoir d'interdire à des femmes majeures une tenue vestimentaire, quelle qu'elle soit, dans un espace public? On se croirait en Iran, où la police des mœurs traque le moindre cheveu apparent. Cela me dépasse! Dans un pays dont les fondements sont la liberté et l'égalité, pourquoi certains auraient-ils le droit de choisir leur

---

21. Le *niqab*, qui n'est pas à proprement parler un voile, est un masque couvrant le visage (sauf les yeux).

apparence vestimentaire et d'autres se verraient-ils interdire ce choix? Il faut plutôt tenter de comprendre ce choix, sa source, et surtout l'accepter.

## Le racisme et l'antisémitisme[22]

R. L'intolérance peut avoir plusieurs sujets. Avant le XIXᵉ siècle, il était plus difficile qu'aujourd'hui de distinguer l'hostilité envers les Juifs d'un point de vue communautaire et culturel – l'antisémitisme – de l'hostilité envers les Juifs en raison de leur religion – l'antijudaïsme. En France, heureusement, les actes inspirés par l'antisémitisme ou le racisme sont punis par la loi.

Souvenez-vous des événements reliés à la mort d'Ilan Halimi, enlevé en région parisienne puis séquestré et torturé par un groupe se faisant appeler «le gang des barbares» en janvier 2006. La victime a été choisie du fait de la richesse que ses ravisseurs lui prêtaient en raison de son appartenance à la communauté juive. Ils voulaient obtenir une rançon pour sa libération. Ilan Halimi a été torturé pendant plusieurs semaines dans une cave d'une cité de Bagneux. Il a été découvert agonisant le 13 février 2006, le long d'une voie ferrée, à Sainte-Geneviève-des-Bois, dans le département de l'Essonne, et il est décédé peu après, lors de son transfert à l'hôpital. Les conditions de séquestration et la mort de ce jeune homme ont suscité en moi une vive émotion.

A. Rachida, ce que tu viens de dire me donne mal au ventre et me ravage le cœur. Être assassiné dans de telles conditions. Mon Dieu, comme il a dû souffrir et aussi sa famille! Je peux affirmer que je n'ai jamais été victime d'un acte antisémite. Mais j'entends des histoires encore de nos

---

22. Attitude, doctrine d'hostilité systématique envers le peuple juif.

jours où, au Québec, des actes de vandalisme ou d'intimidation se font contre des lieux juifs ou des personnes de confession juive. Je me dis que nous ne sommes tranquilles nulle part. Nous avons toujours à craindre pour notre sécurité. Ma génération n'a pas vécu l'Holocauste, mais des films et des livres m'ont raconté la persécution du peuple juif et ses exils. Encore maintenant, je me pose des questions sur cette guerre durant laquelle six millions de Juifs ont été massacrés.

**F.** Dans notre mémoire collective, on ne doit pas oublier. L'humanité devrait avoir honte de ces massacres. Parfois, je me demande où est Dieu pour laisser faire tant d'injustices.

**R.** La Seconde Guerre mondiale est le conflit le plus meurtrier que l'humanité ait jamais connu. Pas moins de cinquante millions d'hommes et de femmes y ont perdu la vie, dont environ six millions de Juifs.

**A.** Le port de l'étoile jaune était obligatoire comme un signe d'appartenance au peuple Juif pour mieux les reconnaître et les stigmatiser. Je porte mon étoile en souvenir de ceux qui sont morts à cause de la religion du roi David.

**R.** Les pratiques orchestrées par les nazis contre les Juifs en guise de « solution finale »…

**F.** Hitler voulait complètement exterminer les Juifs d'Europe, y compris les enfants.

**A.** Il s'agissait, pour les nazis, de déporter tous les Juifs européens vers des camps d'extermination situés en Pologne.

**R.** L'affaire Dreyfus avait vu l'antisémitisme toucher fortement la France dès les années 1890 ; c'était pourtant le premier pays occidental à avoir émancipé les Juifs, en 1791.

**F.** Mais pourquoi de telles choses existent-elles encore de nos jours ? Ne connaîtrons-nous jamais la paix ? Au Québec, nous sommes un peuple pacifique. Depuis la bataille sur les plaines d'Abraham, nous ne voulons plus entendre parler d'aucun conflit!

**A.** En plus, tous ces actes antisémites dont on entend parler en France… Pourquoi ces jeunes s'en prennent-ils aux Juifs, alors qu'eux-mêmes ne sont pas d'origine française? Cela devrait les rapprocher!

**R.** Les actes antisémites attribués à des jeunes d'origine maghrébine en France ne sont pas motivés par de la discrimination raciale ou religieuse. En fait, ces jeunes reprochent, à tort ou à raison, aux personnes de confession juive de ne pas prendre leurs distances vis-à-vis de l'État israélien. Ce qui expliquerait, sans la justifier, la montée des actes antijuifs. Le conflit du Proche-Orient exacerbe bien des émotions et des tensions. C'est dommage, car chacun se devrait de se montrer concerné par un problème qui ne trouve pas de solution, de paix.

**A.** Ce n'est pas normal que le conflit du Proche-Orient soit importé en France. Il y aura toujours des désaccords par rapport à la situation en Palestine. Mais en France ou au Québec, les gens doivent respecter la loi. Ce n'est pas correct de s'en prendre à une personne à cause de sa religion ou de ses idées politiques. Durant la Deuxième Intifada[23], certaines personnes ont subi des agressions parce qu'elles portaient la *kippa* ou l'étoile juive.

**F.** Nous sommes au Québec, et pourtant certains conflits se règlent ici, alors que nous sommes un pays neutre. Les gens, lorsqu'ils immigrent au Canada, devraient laisser leurs divergences chez eux!

---

23. Désigne l'ensemble des événements ayant marqué le soulèvement des Palestiniens à partir de septembre 2000, en référence à la Première Intifada, déclenchée en 1987.

**R.** Je me rappelle aussi de Brahim Bouarram, le jeune Marocain jeté dans la Seine, le 1ᵉʳ mai 1995, par des *skinheads*, en marge du défilé annuel du Front national.

**F.** C'est horrible!

**A.** Heureusement! Nous n'avons pas de parti d'extrême droite au Québec.

**R.** En 2003, Bertrand Delanoë, le maire de Paris, au nom des citoyens parisiens, a honoré la mémoire de Brahim Bouarram et celle de toutes les victimes du racisme par le dévoilement d'une plaque, sur le pont du Carrousel, contre l'oubli et pour le refus des discours haineux.

**A.** Ce jeune homme a été injustement arraché à la vie à cause de la violence des idées racistes véhiculées par la haine.

## La religion

**A.** Je ne dirai pas que ma seule religion est le judaïsme, car j'ai d'autres croyances spirituelles. Je crois qu'il y a une Puissance supérieure qui nous surveille et qui juge nos actions, et je crois aussi qu'il y a une vie après la mort. Je suis en plein cheminement spirituel vers la découverte du judaïsme, alors je ne peux pas me présenter comme une juive de stricte obédience du point de vue religieux. Par contre, même si je ne pratique pas, je me considère quand même juive. Alors être juive, pour moi, cela veut dire que j'appartiens à une communauté et à une culture. Je suis fière d'appartenir à un groupe qui a souffert dans le passé, mais qui s'est battu pour sa liberté et sa reconnaissance. Les Juifs sont très actifs dans le monde d'aujourd'hui et ils apportent une grande contribution scientifique et culturelle à l'humanité. Maintenant, en tant que Juive, je sais que je fais partie d'une communauté solidaire qui sera toujours là pour me soutenir.

La question est de savoir si cela risque de changer lorsque je serai mariée avec un Marocain musulman. Si j'ai des enfants, je ne sais pas s'ils auront accès aux mêmes privilèges et opportunités que les enfants dont les deux parents sont de confession juive. Comment vois-tu ta religion, Françoise ?

**F.** Je me définis en tant que chrétienne catholique, mais je respecte toutes les autres religions. Tout le monde a besoin de croire en quelque chose. Et moi, je crois en Dieu. Même s'il m'est arrivé de douter, tant mon désarroi et ma solitude étaient grands. Je lis régulièrement la Bible et je prends ce qui me convient. Des versets parfois me troublent, mais je ne m'y arrête pas. C'est dommage que la religion perde sa place, car les gens pratiquent moins. La religion protégeait la cellule familiale, et les gens, en croyant en Dieu et en Jésus-Christ, étaient moins attirés par le mal.

Cela leur donnait une conscience, une contenance, et je déplore la chute significative de la pratique religieuse. Pour préserver ma foi et garder l'amour de Dieu, je prie beaucoup et je parle de religion avec ma mère, qui est très croyante.

**R.** Je suis musulmane, même si, comme tu me l'as fait remarquer, je ne porte pas le foulard.

**F.** Et pourquoi ?

**R.** Tu sais, j'ai porté quelque temps le foulard et je crois que Dieu est grand et que nous pouvons L'aimer de plusieurs manières, mais la plus pure est de se donner à Lui sans retranchement et d'aller au-delà des textes de loi, sans forcément remettre en question des versets, mais les interpréter selon notre cœur. J'ai lu le Coran en entier, mais seulement en français, puisque je ne sais ni lire ni écrire l'arabe.

**F.** Rachida, est-ce que tu pries en arabe ?

**R.** Oui, je prie en arabe. Mais j'ai appris les textes en lettres latines.

**F.** Comment vis-tu ta religion ici, au Québec?

**R.** Je pars du principe que le fait religieux est une histoire personnelle entre Dieu et soi. Et personne n'a le droit de s'y immiscer. D'où mon engagement très fort dans le respect des choix religieux des autres. Je ne porte pas ma religion comme un étendard, elle fait partie de moi et de mon identité. Je l'assume, pleine et entière.

**F.** L'islam est souvent décrit comme une religion belliqueuse et intolérante.

**R.** C'est injuste de lui faire endosser tous les tourments. Mes parents nous ont donné l'exemple d'un islam de tolérance et d'ouverture, et ils nous ont permis de nous ouvrir sur le monde et sur l'autre, le semblable et le différent. Je me souviens que mes parents recevaient avec beaucoup de respect et d'hospitalité des personnes témoins de Jéhovah, juives ou catholiques, toujours avec la même amitié. Donc, pour nous, les autres faisaient partie de notre quotidien. Il y a l'éducation silencieuse qui forme le caractère et la personnalité, et celle des parents, qui déteint sur les enfants.

**A.** Rachida, je suis très contente de t'entendre parler aussi ouvertement et positivement, parce que cela démontre vraiment que les Arabes et les musulmans ne sont pas comme ils sont décrits le plus souvent par et dans les médias. La plupart du temps, on les associe à une religion intolérante. Chacun a sa propre interprétation et sa manière de vivre selon la Thora, le Coran ou la Bible. Et ce sont les personnes qui font la différence, par leur mode de vie et leur conscience individuelle.

**F.** Je pense que les livres saints ont été écrits à une certaine époque et qu'il faut les adapter au XXI<sup>e</sup> siècle, sans pour autant tout remettre en question, mais lire la Bible ou le Coran avec le cœur. Comme le dit si bien Antoine de Saint-Exupéry, dans *Le Petit Prince* : « On ne voit bien qu'avec le cœur. »

**R.** Tu as raison.

**F.** Je sais qu'il y a des explications et des interprétations, mais ce qui me gêne, ce sont les versets qui concernent les femmes. Et les passages où il est question des houris au paradis, et le fait que les hommes aient droit à quatre épouses…

**R.** Pour ce qui est des versets qui peuvent prêter à confusion, il y en a aussi dans la Bible, et en fait, il ne faut pas perdre de vue que ces livres ont été écrits à une certaine époque et que, puisque nous avons subi une certaine évolution, rien ne serait plus facile que d'adapter les versets et les sourates au XXI<sup>e</sup> siècle. On parle des houris, mais selon une autre lecture, il paraît qu'il s'agit de… raisins. Tu vois, Dieu est omniscient et je ne pense pas qu'Il va promettre des houris aux hommes qui vont au paradis, car cela va à l'encontre de la morale et de la bienséance. Il est pratiquement impossible, pour un musulman, d'avoir quatre femmes, car il devrait être équitable avec ses quatre épouses, et comme c'est impossible, il doit se contenter d'en avoir juste une ! (Rires)

**F.** Il y a des contradictions dans les passages où l'on parle des juifs. Certains disent qu'il faut les aimer et d'autres les honnir. Je sais que les versets sont donnés en fonction des circonstances, mais je trouve injuste que les femmes soient privées d'une partie de leur héritage au profit du genre masculin. Je crois que les oulémas[24] et les prêtres devraient revoir

---

24. Théologiens, des docteurs de la loi.

ou réinterpréter les textes de la Bible et du Coran et les mettre au diapason du XXI<sup>e</sup> siècle.

**R.** Je ne sais pas s'ils seraient d'accord… (Rires) Ils vont peut-être trouver que tu y vas un peu trop fort! (Rires) En tout cas, tu n'y vas pas par quatre chemins! Mais on leur fera une demande spéciale. De là à savoir s'ils vont y répondre…

**F.** Je m'excuse, Rachida, d'être aussi directe, mais des choses me semblent intolérables.

**A.** Je pense que la plus importante chose que nous devons faire individuellement, c'est de garder à l'esprit que l'information n'est pas forcément la bonne. Il faut en faire une lecture critique et rester alertes.

**R.** Si nous sommes ensemble, aujourd'hui, dans cette discussion entre trois femmes et trois religions, c'est pour transcender les différences. Alors je veux que nous puissions parler de tout. Sans ambiguïté ni gêne. Parfois, il y a dans les textes des explications qui nous échappent. Lorsque je ne trouve pas de réponse, je me contente de croire en Dieu et de Lui faire confiance.

**F.** L'amour de Dieu est un sentiment profond et inconditionnel auquel se mêlent différentes émotions, mais il demeure au-delà de tout, intense et totalement vrai et pur. Je me sens toujours en harmonie avec Dieu et je Le sens toujours avec moi. Il me soutient dans les moments difficiles. Comme toi, je Lui fais confiance. Il nous envoie des messages. Dès que j'ai entendu ta voix au téléphone, j'ai ressenti de l'amitié pour toi. Et lorsque je t'ai rencontrée, j'en ai ressenti beaucoup de bonheur.

**A.** Je trouve notre aventure merveilleuse. J'espère que nos discussions vont éclairer ceux qui se questionnent. C'est important de montrer au monde que trois personnes de trois

276 REGARDS CROISÉS — PAROLES DE FEMMES

univers différents peuvent discuter de thèmes qui les touchent dans le calme et le respect. Il y a beaucoup de choses qu'on apprend de nos religions et de nos opinions sur divers sujets.

**R.** Alexandra, parle-moi du *Shabbat*: c'est un des commandements qui m'impressionne le plus. Pour ceux qui respectent ce principe, je me suis toujours demandé ce qu'ils font durant la journée et comment ils s'y prennent pour le respecter. Raconte-nous le *Shabbat*...

**A.** C'est un des principes fondamentaux du judaïsme. Le *Shabbat* commence le vendredi, à la tombée de la nuit, et se termine le samedi soir, à la tombée de la nuit. On ne célèbre pas le *Shabbat* chez moi, mais j'ai des amis qui le respectent. En fait, dans la vie, on se préoccupe de trop de choses, sans prendre le temps de se recueillir et de se reposer: se libérer de tout travail. On court toujours. Alors, le *Shabbat* permet de mettre un frein à notre course effrénée et de se consacrer entièrement à Dieu, corps et esprit. Le *Shabbat* doit être l'occasion de vider son esprit des soucis et des devoirs matériels de la semaine. C'est un moment à passer avec la famille, les amis et soi-même: rien d'autre! Cela permet une coupure, à la fin de la semaine, avant d'en recommencer une autre.

**F.** Cela ressemble un peu au dimanche, dans la religion catholique, qui est considéré comme le jour du Seigneur et le repos dominical.

**R.** J'avais entendu dire que, lors du *Shabbat*, on n'allume pas la lumière, mais seulement des bougies...

**A.** Durant cette période, il est interdit d'allumer la télévision, de répondre au téléphone ou d'utiliser n'importe quelle autre technologie. On ne doit pas non plus prendre l'ascenseur ou faire des achats. Je me souviens qu'un samedi, ma mère et moi étions allées rendre visite à ma sœur qui venait juste d'accoucher.

Elle était à l'hôpital juif. Nous avions pris l'ascenseur et il nous fallait monter au 5ᵉ ou 6ᵉ étage, je ne me souviens plus… Comme l'ascenseur s'arrêtait à chaque étage, nous pensions qu'il était en panne. Cependant, on nous a expliqué qu'il était programmé pour s'arrêter à chaque étage en raison du *Shabbat*.

**R.** Est-ce que tu peux lire?

**A.** Oui, on peut lire. Justement, on a beaucoup de temps pour lire. (Rires)

**R.** Cela doit être une période de recueillement.

**A.** Oui, bien sûr! Parfois, je souhaiterais avoir du temps pour récupérer. Mais dans le monde où nous vivons, c'est très difficile pour moi. Je n'ai pas été élevée dans ces traditions, alors je n'ai pas eu l'opportunité de vivre ces instants de *Shabbat* et de voir comment c'est réellement. Mais je me suis toujours dit que lorsque j'aurai des enfants, je leur enseignerai tout ce qui concerne ma religion, ce que je n'ai pas eu la chance de connaître. Alors nous prendrons le temps de faire un arrêt, chaque vendredi soir, et nous célébrerons notre version du *Shabbat*.

## Les femmes

**A.** En tant que femme de la nouvelle génération, j'apprécie les opportunités que j'ai aujourd'hui. Et je ne remercierai jamais assez les femmes qui se sont battues pour que je puisse profiter de toutes les possibilités qui me sont offertes, et surtout celle de pouvoir rêver d'un avenir meilleur et d'une carrière professionnelle prometteuse!

**F.** L'émancipation des femmes au Québec a été spectaculaire, et je suis très contente de leur avancée sur l'échiquier politique. L'Église catholique nous a tellement fait vivre dans la culpabilité et la honte, que ce détachement religieux a été pour nous une vraie libération. Il y avait une telle soif pour les femmes d'assurer leur émancipation, d'assumer leur sexe. Ce qui n'était pas pour rassurer nos chers hommes!

**R.** Je venais tout juste d'arriver au Québec, lorsqu'une collègue m'a parlé de la fusillade à l'École polytechnique. Te souviens-tu des événements entourant cette tuerie? Pourquoi un tel crime? Il paraît que le meurtrier avait fait un carnage, tant sa haine envers les femmes était immense...

**F.** Je m'en souviens bien! Le 6 décembre 1989 restera à jamais gravé dans les annales de l'histoire québécoise. Ce jour-là, en fin d'après-midi, un homme armé est entré à l'intérieur de l'École polytechnique de Montréal et a tiré sur des jeunes femmes. Il en a tué quatorze et en a blessé autant. Le Québec entier était plongé dans l'incompréhension. Ce drame a bouleversé les Québécois. Marie-Hélène, la fille de mon frère Pierre-Émile, était étudiante en ingénierie à Polytechnique. Au moment de la fusillade, elle a été atteinte de deux projectiles. Elle a dû être opérée d'urgence. On a tous craint pour sa vie. Elle vit maintenant en Suisse.

**A.** Marc Lépine avait prémédité son crime. Il s'était introduit dans une salle de cours avec une arme. Il avait séparé les garçons des filles et ordonné aux premiers de quitter la salle. Il avait tiré ensuite sur ces dernières en criant qu'il haïssait les féministes.

**R.** C'est monstrueux!

**F.** Après son forfait, Marc Lépine commettait un autre crime... celui-là contre lui-même, en se donnant la mort.

**R.** Mais pourquoi cet homme a-t-il agi ainsi?

**A.** Marc Lépine avait simplement une rage contre les féministes. Il devait trouver que les choses avaient évolué trop vite en faveur des femmes!

**F.** Pour expliquer cette tuerie, certains mettent en cause la profonde révolution des rôles de l'homme et de la femme qui s'opère depuis les années 1960...

**R.** Je me souviens qu'une collègue m'avait dit que c'était parce qu'il avait été refusé à Polytechnique et qu'il en voulait aux femmes qui réussissaient mieux que lui.

**A.** C'est vrai, il n'avait pas été accepté à Polytechnique et il paraît qu'il avait également été refusé dans l'armée.

**F.** C'est vrai que les femmes ont révolutionné la donne en se frayant une place parmi les hommes. Et c'est épatant!

**R.** Les femmes occupent de plus en plus le devant de la scène et prennent part activement au devenir du monde. Quelles sont les femmes qui t'épatent le plus?

**F.** Je dirais, sans conteste, des femmes comme Pauline Marois et Ségolène Royal. Elles ont réussi un tour de force : faire de la politique en même temps que mettre au monde et éduquer des enfants : ce n'est pas une mince affaire.

**A.** C'est une chance de concilier sa carrière et sa famille. Cela n'est pas offert à tout le monde!

**R.** Ce qui me gêne, ce sont les femmes qui, en embrassant la politique, perdent de leur humanité. La «Dame de fer», Margaret Tatcher[25], a prouvé qu'une femme pouvait mener son pays avec une poigne de fer, mais elle a pris parfois des décisions très dures et, à mon sens, inhumaines. C'est vrai aussi qu'elle a accédé au pouvoir dans une Angleterre en situation de déclin et d'instabilité et qu'elle a redressé l'économie au prix de réformes radicales.

---

25. Elle fut la première et unique femme présidente du Parti conservateur, de 1975 à 1990, et également la seule femme première ministre du Royaume-Uni, de 1979 à 1990.

**F.** Les femmes peuvent être meilleures que les hommes. Certaines sont dotées d'une grande force de caractère, mais dépourvues d'humanité. Hillary Clinton, pendant la campagne qui l'a opposée à Barak Obama pour l'investiture démocrate, a usé des plus vils moyens pour le désarçonner. Mais elle a perdu et cela n'est pas pour me déplaire. Ce Barak Obama a un de ces charmes!

**A.** Cela aurait quand même été très intéressant de voir une femme présidente des États-Unis. Depuis le début, le pays est géré par des hommes. Si Hillary Clinton avait remporté la victoire, nous aurions eu l'occasion de vivre une présidence américaine avec une femme à sa tête!

**R.** Bien que je sois féministe, je te dirais que je préférais de loin qu'Obama l'emporte sur Hillary Clinton. À l'entendre durant sa campagne, elle semblait loin des priorités des femmes. Je la sens trop hargneuse!

**F.** Je pense que ce sont des armes qu'elle a fourbies pour se défendre et s'imposer dans un monde d'hommes.

**R.** Tu as sans doute raison... Mais tout de même!

**F.** Parfois, les femmes ont besoin d'élire des femmes pour les représenter. Malheureusement, passé la période des élections, elles deviennent invisibles et les promesses s'envolent.

**R.** Alexandra, que penses-tu de Nicolas Sarkozy, le président français?

**A.** Je ne connais pas la politique française, mais le président Nicolas Sarkozy est Hongrois et je suis Hongroise par ma mère, donc je suis fière de savoir que le président de la France est d'origine hongroise. Cela prouve que ce pays est ouvert et tolérant. Il est tout de même fils de Hongrois! Alors, je me sens proche de lui.

**R.** Françoise David est une femme politique qui me fascine. Elle semble être en accord avec ses engagements et elle ne doit pas être le genre à trahir ses idées et ses principes. Elle me fait penser à la socialiste Françoise Gaspard, que j'admire beaucoup. Elles sont toutes les deux féministes et socialistes. Elles ont à cœur l'intégration des immigrants.

**F.** Dans le monde entier, la parité politique progresse et les prises de conscience se font. Les progrès réalisés dans l'univers professionnel sont encourageants. Même si les femmes gagnent toujours moins que leurs collègues masculins et sont souvent sous-employées...

**R.** Au Maroc, la proportion de femmes qui travaillent est en constante progression. Toutefois, elles sont déchirées entre les cultures occidentale et musulmane. Pour beaucoup de couples, cela suppose une remise en question fondamentale des rôles traditionnels. Ils travaillent tous les deux à l'extérieur. Ainsi, l'homme est obligé de mettre la main à la pâte ou alors il faut employer une aide ménagère.

**F.** Depuis la Révolution tranquille, les hommes ont maintenant peur des femmes. Autrefois, les femmes valaient moins qu'un homme et avaient besoin de l'autorisation de leur mari pour subir une chirurgie ou voyager.

**R.** Chez nous aussi, c'était ainsi, mais la *Moudawana* a changé la donne et a fait évoluer les mentalités. Les femmes ont plus de latitude et de pouvoir. En vertu de ce nouveau code, la femme marocaine est maintenant considérée comme une adulte. Elle n'est plus une éternelle mineure sous la tutelle des hommes de la famille. Elle peut dorénavant choisir librement son époux et demander le divorce, sans nécessairement perdre la garde de ses enfants et devoir quitter le domicile conjugal. Elle peut aussi refuser la polygamie

et le mariage avant dix-huit ans. C'est tout un bouleversement des mentalités. Les hommes voient leur rôle discuté.
Ils ne sont plus les maîtres absolus et je te prie de croire
qu'ils ont perdu de leur superbe. Ils font moins les fanfa-
rons… Dans bien des couples, ce sont maintenant les femmes
qui gouvernent.

**F.** On en sait quelque chose au Québec. Les femmes font
la vie dure aux hommes. Nous avons fait notre révolution et
nous avons réussi à changer le regard de l'homme québécois
sur nous. Nous avons arraché des droits qui nous étaient
jusque-là refusés. Et nous continuons de faire des progrès.

**R.** La quête des droits est tout à fait légitime. Une femme
doit pouvoir avoir le droit de voter, d'étudier et de voyager
sans toujours en quémander l'autorisation.

**A.** Je suis tout à fait d'accord et je suis contente de bénéficier de cette liberté. Dans ma relation avec mon fiancé, nous
sommes des personnes très dépendantes l'une de l'autre, mais
en même temps, nous sommes très indépendants. Nous avons
tous les deux une vie très occupée. Chacun travaille et va à
l'université, mais en fin de journée, on sait que nous sommes
portés vers un but commun, celui de vivre épanouis. Comme
j'adore voyager et découvrir d'autres cultures, je prends souvent de longues vacances, plus qu'un mois, et mon fiancé
m'encourage dans ce sens, car il sait que cela me plaît. C'est
important de se sentir libre dans son couple.

**F.** J'ai tellement souffert de ne pas avoir pu étudier comme
mes frères et mes sœurs. C'est un regret que je porte encore
en moi. Tous mes frères et mes sœurs ont fait de longues
études. Ils sont tous instruits et diplômés et je suis fière d'eux.
Il n'empêche que je ressens une certaine gêne, lorsqu'on me
demande ma profession ou mon niveau d'études. En général,

je bafouille. Pourtant, je lis énormément et je m'intéresse beaucoup aux sciences sociales. J'assiste à des conférences, à des rencontres données par des psychanalystes et des psychologues et je m'y ressource. Je suis passionnée par ce domaine.

**R.** Pourtant, je trouve que tu es très cultivée et les livres que tu lis montrent à quel point tu es une personne ouverte et intéressante. Tu as en plus de l'instruction et de la verve. D'ailleurs, je garde précieusement les livres de psychologie que tu m'as offerts! Tu m'as beaucoup appris à ce propos lors de nos nombreuses discussions. Merci.

**F.** À mon avis, la plus grande victoire que les femmes ont arrachée, c'est le pouvoir que confère l'instruction. Les femmes ont accès à l'université et aux postes décisionnels. Et c'est extraordinaire. Elles sont devenues, grâce à cela, autonomes financièrement, et c'est merveilleux.

**A.** C'est très important de saisir les opportunités qui s'offrent à nous et je sais que j'y ai accès aussi. Nous vivons dans un pays qui permet aux femmes de se réaliser sur tous les plans. Ma mère m'encourage tout le temps parce qu'elle aurait voulu être une femme de carrière. Par la force des événements, elle a décidé de prendre une autre voie. Elle espère que je vais aller au bout de mes rêves. Je ne sais pas si elle regrette sa décision, mais elle m'encourage chaque jour pour accéder au meilleur statut qu'il est possible pour une femme!

**F.** C'est toujours ce que je dis à ma petite-fille Sabrina. Elle est à l'université et obtient toujours d'excellents résultats. Je suis très fière d'elle. Je sais qu'elle ira loin, car c'est une jeune fille très courageuse et travailleuse.

**R.** Ne jamais dépendre d'un homme. Pouvoir avoir un statut professionnel qui accorde la liberté et le respect. Combien de femmes ont dû ravaler leur misère et rester dans un mariage ruiné, avec un mari violent, par peur de se retrouver sans le sou?

**F.** Je m'estime chanceuse. Je suis mariée avec mon Gérard depuis plus de quarante-trois ans. Lorsque j'ai eu des problèmes de santé, il a eu peur de me perdre et de se retrouver avec une autre si je venais à disparaître. Il est habitué à son confort. Nous nous complétons et prenons soin l'un de l'autre.

**R.** Il semble t'adorer! Je le comprends. Tu es si douce et si conciliante. Les femmes, à trop vouloir s'imposer, en ont perdu le charme de la douceur. En voulant tout réglementer, elles sont devenues des «Germaine». C'est parce que, malheureusement, la plupart des hommes respectent davantage les femmes de caractère.

**A.** Ma mère a sûrement souffert et je peux comprendre. Avoir élevé trois enfants, sans aucune indépendance financière, a été une véritable gageure. Il est difficile de prendre une décision, lorsque le couple ne fonctionne plus. Est-ce que quelqu'un devrait souffrir dans une relation juste pour la sécurité matérielle et les enfants, ou bien faut-il se séparer pour avoir la possibilité d'être plus heureuse? Ma mère a pris le risque de partir et de prendre cette énorme responsabilité. Cela s'est avéré une très bonne décision. Ses trois enfants sont devenues trois femmes indépendantes qui n'ont besoin de personne. Elles sont libres, grâce à leur éducation, à leurs diplômes et à leur détermination!

**F.** Les hommes abusent souvent des femmes flexibles et conciliantes. Par contre, lorsqu'ils ont en face d'eux une femme qui ne s'en laisse pas conter, ils vont faire attention aux mots qu'ils emploient et aux gestes qu'ils posent.

**R.** Cela a créé chez les hommes une sorte de psychose.

**F.** Cet état de fait a eu des conséquences graves. De victimes, les femmes sont devenues bourreaux, offrant d'elles une image de mégères.

**A.** Il y a du changement dans l'air! Je trouve que les jeunes de ma génération font plus attention et réfléchissent avant de s'engager. Les femmes sont plus indépendantes et le mariage n'a pas la même connotation qu'il y a quarante ans… Il ne représente plus la même chose. Je trouve que de moins en moins de personnes veulent se marier, et décident juste de vivre ensemble, sans officialiser leur union.

**F.** Les femmes ne savent plus ce que veut dire l'égalité entre les femmes et les hommes.

**R.** Elles ne savent plus ce qu'elles veulent. La femme n'a jamais été aussi subordonnée à l'homme que maintenant. Elle est dans le mode séduction. Alors qu'autrefois, elle voulait se mesurer à lui, être son égale!

**F.** Tout est fait pour lui plaire et correspondre aux canons de la beauté.

**R.** Les femmes sont perdues. C'est à celle qui attirera le plus d'hommes. Elles ont recours à la chirurgie esthétique, à la liposuccion. Elles veulent être féministes, mais dépendent du regard de l'homme et feraient n'importe quoi pour le retenir.

**F.** Les hommes n'ont pas peur de vieillir, ils sont moins esclaves de leur image. C'est vrai aussi que la vieillesse a moins d'incidence sur eux…

**R.** Bien sûr, c'est le principe de l'offre et de la demande!

**A.** Malgré tous les progrès que les femmes ont faits depuis tout ce temps, il existe encore une inégalité entre l'homme et la femme dans le sens que la femme doit toujours être un bel objet pour l'homme…

**F.** Rachida, tu m'as déjà dit que les femmes musulmanes sont féministes. J'avais trouvé que c'était contradictoire. Mais je me rends compte que tu as raison, dans un certain sens.

**R.** Il n'est pas contradictoire d'être musulmane et féministe. Elles se sentent les égales des hommes et refusent le consensus.

**F.** Elles se préservent du regard des hommes et refusent d'être regardées comme des objets sexuels. Elles ont le droit, après tout. Mais elles doivent rester discrètes.

**A.** Françoise, c'est drôle comme parfois on peut voir les choses sous une lumière différente! Selon l'angle où on se place…

**R.** C'est pour cela que je disais que les femmes qui portent un foulard sont souvent plus libérées que celles qui ne le portent pas. Parmi elles, on peut trouver de vraies féministes.

**A.** C'est vrai ce que dit Rachida. En refusant de se soumettre au diktat qui est de plaire aux hommes, c'est une forme de féminisme et de libération! Elles choisissent de ne pas appartenir à ce genre de femmes qui veulent simplement être belles et attirantes aux yeux des hommes. Tout commence à cliquer!

**F.** J'ai toujours revendiqué le respect dû à notre sexe et je n'ai jamais accepté d'être regardée comme un objet sexuel.

**R.** Je pense comme toi et j'insiste toujours sur le rôle de la femme dans le tissu social et le pouvoir qu'elle a exercé pour être active dans la société. Je suis en phase avec moi-même, je suis féministe et je crois que les femmes doivent se dire les vraies choses.

**A.** Grâce à ce livre, d'autres femmes vont commencer à voir les choses autrement. Pas seulement les femmes, mais aussi les hommes!

**R.** C'est pour cela que je ne considère pas le foulard comme un signe ostentatoire. Chacune le porte pour des raisons différentes. Lorsque je l'ai porté, c'était non seulement par amour de Dieu, mais surtout dans un désir de me protéger des regards. Cela peut sembler absurde pour certaines, mais le fait est là. Sans aucun doute, si j'étais restée au Maroc, je l'aurais sans conteste remis. Car n'en déplaise à ses détracteurs, le foulard est une forme de liberté dans un pays où la femme est considérée comme une proie. Il est une échappatoire, un moyen de se mouvoir au milieu des hommes sans se sentir évaluée et soupesée.

**A.** C'est bien dit Rachida. Avant de discuter avec vous deux, je n'avais jamais considéré les choses dans ce contexte.

**R.** Je défendrai toujours le droit fondamental de chacun de se vêtir comme il l'entend et je reste convaincue que le foulard n'est pas forcément un signe de soumission. Bien sûr, de nombreuses femmes et jeunes filles sont obligées de le porter, au risque de leur vie.

**F.** Nous avons tous entendu parler de la jeune adolescente de seize ans qui aurait été assassinée par son père, car elle refusait de le porter.

**R.** C'était en décembre 2007. L'événement s'était déroulé à Mississauga, une petite ville aux environs de Toronto.

**A.** On revient encore à ces histoires où les médias contrôlent nos pensées et les modèlent par rapport aux événements dans le monde. Cette histoire présente le foulard comme une oppression. Alors que, justement, dans les arguments qu'on utilise ici, on comprend que ce n'est pas forcément vrai et que, la plupart du temps, le foulard n'est pas un signe d'oppression. Mais il restera toujours des cas isolés et il ne faut pas généraliser.

## Les mariages forcés ou arrangés

**A.** Je suis contre les mariages forcés ou arrangés. Je comprends difficilement la logique derrière ce principe, parce que je n'ai pas été élevée dans une société basée sur ces traditions. Toutes les femmes devraient avoir le droit de choisir avec qui elles veulent passer leur vie, mais je sais que cela n'arriverait que dans un monde idéal. En plus, les crimes d'honneur existent encore. Ainsi, certaines jeunes filles ne peuvent aller contre le gré de leur famille et épouser ou aimer selon leur cœur. Il est triste de constater que certaines femmes ne peuvent aller à l'encontre des désirs de leur famille et que ce soit encore considéré comme un crime qui les condamne à mort...

**R.** De jeunes filles qui vivent dans des pays occidentaux en font encore les frais.

**F.** Pour moi aussi c'est inadmissible. Je ne comprends pas que des jeunes filles qui ont grandi dans des pays occidentaux acceptent tout de même d'unir leur destin, pour le reste de leur vie, à un homme qu'elles ne connaissent pas.

**R.** C'est une honte et je m'insurge contre toute forme d'emprisonnement et de coercition. Surtout des mariages où on est forcé de vivre toute sa vie avec quelqu'un qu'on n'a pas choisi. Non seulement de vivre avec un inconnu, mais en plus, dans un pays qu'on ne connaît pratiquement pas. C'est un crime horrible. Cela équivaut à ruiner les rêves d'une jeune fille. Malheureusement, ce sont souvent les mères qui se font les complices de ces mariages.

**F.** Comment peut-on faire cela à sa propre fille?

**A.** Je pense que c'est une tradition, si on peut l'appeler ainsi... On ne peut pas comprendre si on n'est pas née dans cette culture. Mais il m'est difficile d'accepter un monde où tu n'as pas le choix de choisir le cours de ta vie.

**R.** Les coutumes et les traditions ne laissent pas beaucoup de marge décisionnelle. Les parents, surtout les mères, pensent agir pour le mieux dans le devenir de leur fille. Généralement, il s'agit de la fille que l'on force au mariage. Parfois, même les garçons sont mariés de force. En France, plusieurs garçons avaient été mariés de force avec des filles que leurs parents étaient allés chercher dans leur pays d'origine. Cela donne souvent des unions chaotiques, sans amour. Bien sûr, il peut y avoir de l'affection, de la tendresse, une sorte d'amitié sereine. Mais la relation du couple ne perdure que grâce au ciment que constituent les enfants.

**A.** Je connaissais des jeunes filles dont je n'ai plus entendu parler, car elles ont été victimes de mariages arrangés tout de suite après l'école secondaire. Une autre chose qui m'étonne, c'est que ces crimes sont aussi commis au Canada. Il faut que les gens qui agissent ainsi sachent que c'est considéré comme un crime ici et que les traditions qui vont à l'encontre de la liberté et du respect de la femme ne peuvent pas être acceptées au Canada. Je ne pourrai jamais supporter ce genre d'accommodement...

**F.** On ne peut pas accepter ce genre de comportement. Les femmes se sont battues pour faire avancer et progresser leur condition. Les gens qui viennent ici doivent adhérer à nos valeurs. On ne peut pas retourner en arrière après tous les efforts déployés par les femmes pour qu'on puisse vivre librement.

**R.** L'actualité récente nous a encore montré à quel point la problématique des mariages forcés était bien présente. Elle a souligné, une nouvelle fois, les difficultés auxquelles font face des jeunes femmes à qui leur famille souhaite imposer ses choix. Un tel fait n'est malheureusement pas isolé, puisqu'il n'est pas rare que des jeunes filles soient «enlevées», avec le consentement de leur famille, afin d'être mariées.

**F.** Tu as bien dit enlevées?

**R.** Oui, surtout pendant les vacances d'été. Souvent la jeune fille – car ce sont surtout les filles qui sont enlevées – ne se doute de rien. Les parents lui prennent ses papiers d'identité et son passeport, et elle n'a plus d'autre choix que celui d'abdiquer, et là, je te prie de croire que le cauchemar commence… Imagine un seul instant, pour une jeune fille qui a grandi en Europe, en Amérique ou en Angleterre, ce que veut dire se retrouver dans un pays qu'elle ne connaît pas bien et où elle perd ses repères, sa vie d'avant. C'est une atroce déchirure. Beaucoup de jeunes filles craignent les périodes de vacances scolaires, moment où des mariages forcés peuvent avoir lieu.

**F.** Il va sans dire que les conséquences d'un mariage forcé peuvent être très douloureuses pour les jeunes filles concernées.

**R.** Non seulement le fait de se retrouver avec un inconnu et de supporter ses assauts sexuels, mais en plus, la solitude et l'isolement de la jeune fille qui n'a plus personne vers qui se tourner!

**F.** Si elle refuse de se soumettre, je n'ose pas imaginer les violences physiques, le chantage affectif ou encore les troubles psychologiques.

**R.** Je connais des dizaines de jeunes filles qui ont subi un mariage forcé ou arrangé. Chacune s'en est sortie comme elle a pu. Mais leur regard avait changé. La lumière était éteinte. C'est comme être dans une prison dont on sait qu'on ne sortira jamais, à moins d'un miracle. Combien de femmes ont emporté avec elles dans leur tombe la douleur et l'humiliation? Ce sont de véritables drames.

**F.** Est-ce surtout les jeunes filles qui sont issues de l'immigration qui subissent ces arrangements?

**R.** Oui. Le plus souvent les parents ont immigré en Europe et n'ont pas évolué. Ils se sont fossilisés à une période antérieure et ne sont pas sortis des stéréotypes. Coupés des réalités évolutives de leur pays d'origine, ils ont voulu perpétuer la tradition et ils ont stagné. Je me souviens à quel point maman s'accrochait à des traditions désuètes de peur de perdre ses repères d'antan! D'ailleurs, la ministre française Rachida Dati en a fait elle aussi les frais. En août 1992, elle s'est mariée avec un homme «avec lequel elle n'avait rien à partager» pour mettre fin aux «pressions récurrentes» de sa famille. En décembre de la même année, elle a demandé l'annulation de cette union, qu'elle a obtenue de la justice en 1995. Elle a fait preuve de beaucoup de courage et c'est une chance qu'elle n'ait pas eu d'enfant de cette union.

**F.** Dans ton pays d'origine, les mariages arrangés ne sont plus dans la coutume?

**R.** On demande généralement l'avis de la jeune fille et du jeune homme. Ils peuvent même se rencontrer et échanger. Les mentalités ont énormément évolué et les relations entre les sexes opposés y ont gagné en épanouissement.

**F.** Y a-t-il des mariages arrangés aussi chez les Juifs?

**A.** Il existe des arrangements familiaux. Ce ne sont pas, à proprement parler, des mariages forcés, mais selon la tradition, les parents choisissent un époux ou une épouse pour leur enfant. On présente alors des jeunes filles à de jeunes garçons et, s'ils se plaisent, ils consentent à leur union.

## L'amour et le mariage

**A.** L'amour est quelque chose de merveilleux. C'est ce que je suis en train de vivre, en ce moment. L'amour ne peut exister sans le respect entre deux personnes qui se comprennent et qui s'aiment. Le mariage est un sujet sur lequel les gens diffèrent d'opinion. Par exemple, ma sœur et son fiancé vivent en Colombie-Britannique. Ils ont décidé qu'ils ne se marieraient jamais, car ils ne trouvent pas qu'ils ont besoin de cet engagement pour confirmer leur amour. Ils sont heureux comme ils vivent. Mon autre sœur a épousé un Italien catholique, et leur union a été célébrée dans une église, pour lui faire plaisir et suivre ses coutumes religieuses. Ils ont eu un somptueux mariage, avec plus de 200 invités. Pourtant, quatre ans plus tard, ils ont divorcé. Maintenant, elle est sûre qu'elle n'aura jamais d'autre mariage de ce genre. Elle n'est même plus certaine de se remarier un jour. Après avoir vu ce que mes parents et ma sœur ont vécu et leur échec, je doute que le mariage soit pour moi. Cependant, rien n'est certain. Mon fiancé et moi prenons notre temps et nous ne sommes pas pressés d'officialiser notre engagement. C'est important pour moi que nous soyons bien installés dans nos vies avant de nous marier.

**F.** Un couple ne peut durer que dans le respect et l'empathie, car lorsque l'amour s'use, il doit subsister quelque chose pour faire que les deux partenaires veuillent continuer à cheminer l'un près de l'autre. Plus que tout, il faut préserver le respect, car il est le socle de la vie à deux.

**R.** L'amour est un sujet si vaste et si complexe. Chacun le vit différemment: selon ses convictions, son vécu, son éducation, selon son projet de vie. Certains resteront toute leur vie dans une relation sans amour, d'autres préféreront mettre fin à une relation qui s'essouffle, même si les sentiments sont encore là. Il faut se satisfaire de ce qu'on a, mais dans les limites de l'acceptable. Il faut refuser une relation dans laquelle une des parties est spoliée et humiliée. On ne doit jamais accepter que l'autre mette en berne notre dignité.

**F.** Je ne me verrais jamais quitter mon Gérard, je l'aime trop. Nous avons beaucoup de respect l'un envers l'autre. Il serait trop perdu sans moi…

**R.** Chacun modèle son couple au fil du temps. On ne peut présumer de rien. Des couples se séparent même après soixante ans de vie commune… Parfois le ras-le-bol est si fort que tout bascule et plus rien ne tient. Tout s'effondre sur un détail : la fameuse goutte d'eau qui fait déborder le vase.

**A.** On ne sait jamais ce qui peut arriver. C'est une chose qui fait peur à tout le monde et à moi aussi. Lorsque je vois ce qui est arrivé à ma sœur et à ma mère, cela me hante.

**F.** Avec le temps, certains n'arrivent plus à se supporter. Imagine toutes les femmes qui avaient des problèmes et ne pouvaient divorcer, non seulement à cause de l'opinion des voisins et de la famille, mais aussi celle de l'Église, qui interdisait le divorce. L'Église faisait même son enquête. Seules des raisons majeures pouvaient faire annuler ou rompre un mariage. Mais maintenant, on est rendu à l'autre extrême. Le taux de divorce augmente toujours. C'était impensable il y a seulement une trentaine d'années. Je trouve vraiment dommage qu'on ne se batte plus pour sauver son couple. Ce sont les enfants qui sont les premières victimes du divorce.

**R.** Je ne suis pas d'accord. Il vaut mieux des enfants qui vivent avec des parents séparés mais heureux qu'ensemble et malheureux.

**A.** Des enfants qui sont toujours entourés de parents qui se disputent en permanence, ce n'est pas un bon exemple. Je pense que je serais une personne complètement différente si mes parents étaient restés ensemble. J'imagine la peine que ma mère a éprouvée et je ne voudrais pas qu'elle vive sa vie ainsi. Parfois, il vaut mieux tourner la page.

**F.** Cela dépend sous quel angle on se place. C'est quoi le bonheur? N'est-ce pas une utopie? Rechercher un idéal qui n'existe que dans nos rêves? Pourquoi ne pas essayer d'améliorer nos rapports au sein de notre couple et d'arranger ce qui ne va pas? La dislocation d'une famille a des impacts socioaffectifs importants et contribue assurément aux échecs scolaires des enfants et au décrochage.

**A.** Ce n'est pas si simple d'essayer d'améliorer des rapports tendus dans un couple. On peut difficilement recoudre ce qui est déchiré. Pour qu'un mariage tienne, il faut un effort de part et d'autre. Chacun doit investir dans son couple. Mais quand des efforts sont faits constamment et n'apportent aucun progrès, à quoi bon s'épuiser dans un mariage déjà mort. Cela devient une contrainte, une obligation non désirée. Je trouve que la pire décision est de concevoir des enfants en pensant que cela va améliorer la relation et la consolider. Si le couple n'est pas assez solide pour prendre soin de sa relation, comment peut-il s'occuper d'un enfant? Ce n'est pas une bonne raison pour avoir des enfants.

**R.** Les valeurs familiales ne tiennent plus la route. Tu as raison de penser que lorsque les fondements de la relation sont chancelants, il ne faut pas espérer les consolider en ayant des enfants. Le couple a l'impression d'être pris au piège, et les enfants, en otage.

**F.** C'est sûrement pour cette raison qu'on fait moins d'enfants. Les gens anticipent les ruptures. Les parents ont plus d'argent, mais moins de temps pour leurs enfants. Ils les gâtent pour en faire des enfants rois, ce qui les rend vulnérables et distraits. Cela donne des jeunes qui vivent une adolescence difficile dans la plus grande des solitudes. On a institutionnalisé les relations dans la famille et elle a perdu de sa force. Finalement, le noyau familial est important. Françoise Dolto disait que «les enfants sont les symptômes des parents». Comme elle a raison!

**R.** Tout simplement parce que ce n'est pas aussi facile que cela. Deux adultes qui ont de la difficulté à communiquer ne feront pas long feu. Il n'y a rien de pire que des personnes qui refusent les compromis. Si tu es heureuse avec Gérard, c'est parce que tu fais tout pour rendre votre vie de couple agréable, sans chercher la petite bête. Certains hommes ou certaines femmes se spécialisent à se chercher des poux… Et à bien chercher, ils finissent par trouver la petite bête.

**F.** Que sont devenus nos contes de princesses et de princes charmants?

**R.** Disparus doucement avec la couche d'ozone… (Rires)

## Les événements du 11 septembre 2001

**R.** Vous souvenez-vous des attentats du 11 septembre 2001?

**A.** Je m'en souviens très bien. J'étais à l'école, et je me rappelle que notre principal s'est adressé à nous par l'interphone. Nos cours ont été interrompus. Il nous a annoncé qu'il y avait eu un attentat terroriste à New York et que deux avions avaient percuté les tours jumelles, mais que le nombre de morts était indéterminé. Honnêtement, je pensais que c'était la troisième guerre mondiale qui commençait et je me suis presque mise à pleurer. Je suis retournée chez moi, après l'école, et j'ai regardé les nouvelles à la télévision toute la soirée. Je pleurais, parce que je pensais à ma famille et à mes amis qui auraient pu être à cet endroit au même moment. Depuis ce temps-là, les Arabes et les musulmans sont vraiment mal considérés.

**F.** C'était un mardi matin et partout à travers le monde, les chaînes de télévision ne diffusaient que des nouvelles sur ce drame. Les attentats du 11 septembre 2001 étaient la plus importante attaque terroriste à survenir aux États-Unis. La communauté internationale avait vivement condamné ces attentats.

**R.** Selon les médias, quatre avions avaient été détournés en même temps, en une matinée, par des commandos composés de 19 terroristes. Cette série d'attentats avait en quelques heures plongé les États-Unis dans l'horreur. Je me sentais très mal et je rasais pratiquement les murs. Mes enfants aussi. Je pense que tous les musulmans à travers le monde ont ressenti un profond malaise à la suite de ces attentats. On ne peut pas rester insensible.

**F.** Au Québec, cette tragédie avait mis toute la population dans un tel émoi. Je me souviens d'avoir ressenti une grande peur et beaucoup de tristesse.

**R.** La population américaine était sous le choc. Le président George W. Bush s'était engagé à pourchasser et à punir les auteurs de ces attentats. On connaît la suite !

**F.** Tout le monde se sentait Américain.

**R.** Ces attentats ont engendré une peur, voire une haine pour la religion musulmane. Les médias ont fait de nous des boucs émissaires, nous rendant responsables de toutes ces horreurs.

**F.** En attribuant ces attentats à des musulmans, les gens se sont mis à avoir peur de l'islam.

**A.** Après cette tragédie, les médias ont renforcé un stéréotype sur les musulmans, et tout le monde a eu peur. Les médias ont joué un rôle majeur dans le discrédit des musulmans!

**R.** Malheureusement, la confusion laisse rarement de la place au discernement. On fait trop souvent un lien entre immigration arabe et terrorisme, et cela donne de notre communauté une image dévalorisante. On a constaté le durcissement face à l'immigration provenant des pays arabo-musulmans. Tout cela renforce le repli identitaire et fragmente la population. L'amalgame entre terrorisme et immigration arabe est malheureux et injuste. Cela attise les peurs et exacerbe les inimitiés.

**F.** Dommage. On se ferme à l'autre, ce qui nous éloigne les uns des autres et nous plonge encore plus profondément dans les abysses de l'incompréhension…

**A.** J'ai vécu une situation dans laquelle j'ai subi de la suspicion en 2007. Après mon voyage en Israël, je suis allée au Maroc rejoindre mon fiancé et rencontrer sa famille pour la première fois. À mon retour, j'ai dû arrêter à Paris et en Israël avant de revenir à Montréal. Avec la compagnie aérienne israélienne El Al, c'est la règle, chaque passager doit rencontrer un représentant de la compagnie aérienne pour répondre à certaines questions. Parce que je revenais d'un pays musulman, j'ai été traitée différemment. Ils m'ont posé des questions qui concernaient ma religion. Ils m'ont demandé si je parlais l'hébreu, si je célébrais les fêtes juives, si j'allais à la synagogue, si mes parents étaient pratiquants, etc. Ils m'ont aussi posé des questions concernant mon fiancé et sa famille. Ils voulaient avoir les noms de toutes les personnes avec lesquelles j'avais été en contact lors de mon séjour au Maroc. Ils voulaient retirer ma valise de la soute à bagages pour trouver des indices. Ils recherchaient la preuve que je m'étais bien rendue en Israël dans le cadre d'un voyage de groupe religieux. Puis on m'a conduite dans une autre chambre pour être fouillée par une femme. C'était une expérience épouvantable et je me suis mise à pleurer quand cela a été fini parce que je n'arrivais pas à croire que j'étais suspectée d'être impliquée dans quoi que ce soit. J'imagine que pour eux, une jeune femme juive qui voyage entre Israël et au Maroc et qui est fiancée à un musulman est suspecte.

J'avais fait un voyage merveilleux en Israël et au Maroc, mais je rentrais au Canada la mort dans l'âme, complètement anéantie. Je comprends que c'est une procédure de sécurité, mais je suis juive et cela m'a blessée que l'on puisse me soupçonner de représenter un danger pour la sécurité d'Israël. Comme tous les Juifs dans le monde, je suis attachée à Israël.

**R.** Je m'en souviens très bien et toute la nuit nous étions inquiets pour toi. Le lendemain, j'avais appelé le consulat d'Israël à Montréal pour me plaindre de ce que tu avais subi. J'ai parlé à une responsable qui m'a expliqué qu'en Israël, le pays est toujours sous haute surveillance en raison des risques constants d'attentats. Cette femme était désolée de ce qui t'était arrivé.

**F.** J'imagine dans quel état devaient être tes parents.

**A.** Ma mère était épouvantée… Elle qui avait été si heureuse de mon voyage en Israël.

**F.** Je comprends. Ces attentats ont entraîné tant d'injustices…

**R.** Le monde ne semble plus se soucier du sort des prisonniers détenus dans le centre de détention de Guantanamo. Comment peut-on rester insensible aux injustices et aux abus perpétrés par l'administration Bush? J'imagine qu'on peut tout faire avaler par le moyen des médias...

**F.** Les gens sont pris dans leur quotidien et ne pensent aux réalités et actualités internationales que le temps des nouvelles à la radio ou à la télévision. Malgré la meilleure des intentions. Le temps fait son œuvre.

**R.** Ces hommes sont gardés prisonniers sans preuves, sans procès. On ne peut pas invoquer impunément la lutte ou la guerre contre le terrorisme pour priver les gens de leur liberté et bafouer leur dignité. Il y a des lois, et on ne peut s'y soustraire sous couvert d'une chasse contre les extrémistes musulmans. Sans parler des mauvais traitements infligés.

**F.** L'autre jour, j'ai entendu à la télé que certains détenus sont dans de petites cellules et peuvent être interrogés à n'importe quel moment de la journée ou de la nuit. Lorsqu'ils sont déplacés, ils ont les mains et les pieds menottés et un sac de toile est posé sur leur tête pour les empêcher de voir.

**R.** Certains prisonniers se sont suicidés. D'autres ont refusé de s'alimenter pendant plusieurs jours pour mettre fin à leurs jours.

**A.** Il y a sûrement beaucoup de choses que les gouvernements ne nous montrent pas concernant les prisonniers. La plupart de leurs activités nous sont dissimulées.

**F.** Tant que des hommes dirigeront ce monde, nous serons les spectateurs impuissants de toutes sortes d'injustices.

**R.** Surtout s'il est dirigé par des George W. Bush. Ou plutôt par ceux, dans l'ombre, qui tirent les ficelles de l'échiquier politique. Tôt ou tard, il aura à rendre des comptes sur l'invasion de l'Irak et de l'Afghanistan. On verra alors si son look *cowboy* lui sera d'un grand secours.

**F.** Son peuple, en le nommant à la tête du pays le plus puissant de la planète, l'a crédité d'une intelligence et d'une intégrité dont il est bien loin d'être nanti.

**R.** Nous vivons dans un monde d'injustices flagrantes. Même si en juin 2006, la Cour suprême américaine a déclaré illégales les procédures judiciaires mises en place à Guantanamo, la communauté internationale ne bronche pas et les gouvernants s'en moquent. J'ai vu une vidéo à la télévision qui m'a profondément bouleversée. Elle montre un enfant, Omar Khadr, qui pleure devant un agent canadien qui lui pose des questions. Omar supplie l'agent de le protéger des Américains, il décrit les tortures qu'il a subies et se plaint de ne pouvoir bouger son bras et de ne pas avoir reçu de soins médicaux adéquats. Dans sa détresse, il demande à retourner au Canada. Quoi de plus légitime? Il est né au Canada et est citoyen canadien. Pourquoi ne pas lui permettre d'être jugé dans son propre pays, comme pour les six prisonniers français de Guantanamo?

**F.** Qui est ce jeune garçon?

**A.** Oui, Rachida, qui est-il? Je ne me suis pas au courant de cette histoire?

**R.** En juillet 2002, à l'âge de quinze ans, ce garçon aurait tué un soldat américain dans une fusillade en Afghanistan. Il aurait lancé une grenade qui aurait provoqué la mort du soldat. Depuis, Omar Khadr est enfermé à Guantanamo. Le jeune Canadien était un enfant-soldat lorsqu'il a été capturé en Afghanistan. Il n'avait que onze ans lorsqu'il aurait été enrôlé dans un camp d'al-Qaida par son père, qui en était un membre influent, puisqu'il était ami avec Ben Laden. Quelle capacité a un enfant de onze ans de contester l'autorité de son père ? J'imagine le lavage de cerveau qu'il a dû subir pour être embrigadé. Que ceux qui en doutent s'interrogent sur le pouvoir de la publicité dans notre vie !

**A.** Entendre des histoires comme cela me fait vraiment mal au cœur. Je remercie Dieu d'avoir des parents qui ont pris soin de moi, surtout ma mère. Sans oublier la chance que j'ai de vivre dans un pays comme le Canada, dans lequel j'ai le droit de faire mes propres choix concernant ma vie, ma religion, mes croyances. Les enfants comme lui, malheureusement, ont des parents qui ne leur ont offert que le malheur et l'horreur. Je pense que ce garçon est la victime d'une idéologie de la guerre.

**F.** Alors que d'autres enfants grandissent dans des familles paisibles et profitent de leur vie tout en bénéficiant d'une éducation enrichissante, lui a eu le malheur d'avoir un père irresponsable.

**R.** La vie d'Omar Khadr est un cauchemar parce qu'il n'a pas eu de chance. Comment aurait-il pu en être autrement ? Quelle chance avait-il de s'en sortir ? Pourquoi juger aussi cruellement un enfant à cause de ce que ses parents ont fait de lui ? Soit, cet enfant a participé à des actes répréhensibles, mais il ne faut pas perdre de vue que ce sont ses parents qui l'ont embarqué dans ce cauchemar. Ne peut-il pas être jugé comme un enfant qui a été utilisé par les siens ? C'est un enfant soldat comme les enfants soldats du Rwanda. Pourtant, on a été plutôt clément avec eux. Avec raison.

Aujourd'hui, Omar Khadr a vingt-deux ans. C'est le seul Canadien et dernier Occidental encore détenu à la prison de Guantanamo. Son sort suscite l'attention et la sympathie de milliers de personnes dans le monde. Sauf du gouvernement de son pays. Il est indigne pour le Canada de ne rien faire pour obtenir le rapatriement d'Omar Khadr, alors que tous les autres pays occidentaux ont rapatrié leurs ressortissants. On doit se sentir protégé et soutenu par son pays. Pourtant, le Canada a abandonné un enfant de quinze ans aux mains des Américains qui ne lui ont jamais reconnu de droits.

**F.** Je pense que le Canada devrait s'assurer qu'Omar Khadr bénéficie de la protection contenue dans la Convention relative aux droits de l'enfant et demander son transfert au lieu de l'abandonner à son sort.

**A.** À tout moment de l'Histoire, cela a toujours été les enfants qui ont été les victimes et qui ont souffert. Parce qu'ils subissent les conséquences du lavage de cerveau que leurs parents leur infligent. Souvent, ils héritent des idées politiques de leurs ancêtres.

### La vieillesse

**A.** Comment peut-on définir la vieillesse ? Est-ce quand on commence à avoir des cheveux blancs ? Est-ce quand on ne peut plus faire les choses comme avant en raison de ses limites physiques ? Ou bien est-ce quand on ne peut plus porter un certain type de vêtements ou de participer à certains types d'activités parce que ce n'est pas très « approprié » pour son âge ? Pour moi, cela ne veut rien dire ! Mes parents sont dans la soixantaine et ils se sentent plus jeunes que jamais. Mon père est incroyablement en bonne santé. Il prend soin de lui, il fait de l'exercice, il mange des aliments biologiques. Ma mère prend soin de son corps en se gardant en forme. Elle pratique la danse parce que cela lui donne de la souplesse et la met de bonne humeur. Si elle commence à s'affaiblir, elle pousse encore plus ses limites physiques pour se maintenir en excellente santé. En outre, ma mère voyage beaucoup à travers le monde. Je remercie Dieu chaque jour parce que mes parents sont en bonne santé et prennent bien soin d'eux. J'espère que moi aussi, j'aurai cet amour pour la vie, la passion et l'aventure quand j'aurai leur âge.

**F.** Je suis triste et confuse devant la vieillesse. Malgré les percées en génie génétique, le corps humain continue de se dégénérer. La vieillesse emporte tout : la santé, la mémoire, la beauté. Surtout la mémoire. Ces derniers temps, maman a de terribles pertes de mémoire. Elle a quatre-vingt-douze ans et se rappelle difficilement des choses et n'a plus la notion du temps. La vieillesse, c'est la décadence, la maladie, des marques irréversibles. Plus rien ne sera comme avant. Et les amis, les membres de la famille qui s'éteignent l'un après l'autre dans le silence. Tout cela vient nous rappeler qu'on s'en va tous un jour ou l'autre.

**R.** J'ai adoré le texte de Jacques Brel, *Les vieux*. Nous l'avions étudié au lycée et je l'avais eu à mon oral de français. Un texte d'une tristesse et d'une réalité si âpre qu'en le lisant l'émotion m'étreignait la gorge. Son sens de la déraison et la justesse de ses paroles. Les mots sont scandés avec force, virulence et conviction.

**F.** La vieillesse ne fait pas peur lorsque nous sommes dans un pays paisible. Nous avons beaucoup de chance. Lorsque je regarde l'actualité aux nouvelles, je me sens si impuissante. Tout va de plus en plus mal dans le monde. Malgré les nouvelles technologies et les découvertes scientifiques. L'homme ne s'est jamais senti aussi impuissant et désarmé devant tous les événements tragiques de la vie : la mort, la vieillesse, la maladie, les handicaps. Lorsque les choses me dépassent, je me tourne vers Dieu et je le prie de me soutenir, de me donner une lueur d'espoir.

**A.** La seule chose qu'une personne peut faire est de profiter de sa vie le plus possible et d'essayer de faire des choses qui lui plaisent. Qu'est-ce qu'une vie si on ne fait pas des choses qui nous rendent heureux et nous font nous sentir bien ? Peut-être suis-je un peu naïve… Mais je suis une optimiste et c'est comme cela que je vois la vie. Il faut composer avec la vieillesse.

**R.** Quand j'étais petite, il y avait un événement qui m'avait particulièrement perturbée et affligée. Nous avions une voisine d'un certain âge qui vivait seule, sans mari ni enfants. Elle était divorcée et n'avait jamais pu avoir d'enfant. Elle s'était attachée à ma grande sœur Naïma et sortait souvent avec elle. Un jour, alors que je rentrais de l'école, j'ai aperçu de loin devant notre immeuble le véhicule des pompiers et des voitures de police. Lorsque je me suis approchée de la foule de badauds, j'appris que notre voisine avait été découverte morte chez elle par un des membres de sa famille. Son frère et les enfants de celui-ci lui rendaient parfois visite, et n'ayant pas eu de nouvelles depuis quelques jours, ils avaient alerté la police. J'étais triste d'apprendre qu'elle s'était suicidée, et cela ne m'a jamais quittée : la solitude de ceux qui vivent seuls. Je comprends aujourd'hui pourquoi certains et certaines préfèrent vivre mal accompagnés que seuls. Il vaut mieux la présence déplaisante d'un conjoint que le tic-tac angoissant de l'horloge du salon.

**F.** Tu as raison Rachida. Je n'aurais jamais pu vivre sans mon mari et mes enfants. Ils sont ma vie et me permettent de m'accomplir en tant que mère, épouse et aujourd'hui grand-mère.

**R.** Les aînés sont livrés à eux-mêmes ou de plus en plus parqués dans des maisons de retraite dans la solitude la plus totale.

**F.** Tu as raison, mais en même temps, on ne sait pas toujours quelle décision prendre pour nos parents. S'ils sont physiquement démunis, on ne peut pas les laisser livrés à eux-mêmes seuls dans leur maison. Il y a les risques de chute ou d'incendie, et puis la solitude. Même en payant une dame de compagnie, ce n'est jamais aussi épanouissant que de se retrouver avec d'autres amis et amies dans une maison de retraite. Ces établissements offrent un certain confort et une évidente sécurité.

**A.** Je suis d'accord avec toi, mais pas tout à fait. Je pense qu'une personne doit se prendre en charge et s'adapter. Il est dommage de ne pas accepter son âge et sa vie. Beaucoup de personnes ont imaginé leur vie différemment de ce qu'elle est devenue. On ne sait jamais ce qui va nous arriver et on doit être préparés pour les surprises et les conséquences qu'elles peuvent avoir sur notre existence. Cela parfois nous fait emprunter un chemin différent. Chacun est responsable de sa propre vie et de son destin. La capacité de se motiver soi-même est une grande force! Ceux qui peuvent démontrer cela ont un mode de vie exceptionnel. Peut-être suis-je trop positive par rapport au monde et à l'humanité. Je prends ma mère comme un exemple. Elle est une personne qui travaille extrêmement fort, mais à la fin de sa journée, elle est triste parfois, car elle est seule et n'a personne avec qui partager sa vie. Nous (ses filles) avons grandi et ne sommes plus aussi souvent avec elle. Parfois, je lui rappelle qu'elle travaille fort et qu'elle mérite d'avoir une super belle vie et qu'elle devrait être fière d'elle-même pour tout ce qu'elle a accompli! Elle a élevé trois femmes complètement différentes, mais très heureuses et pleines de succès! Elle oublie cela parfois, alors c'est important de le lui rappeler. Et lui dire que nous sommes là pour elle, et que nous l'aimons.

**F.** Oui, on ne dit jamais trop souvent aux gens qu'on aime qu'on est fiers d'eux. J'ai moi aussi mes trois enfants et mon mari qui régulièrement me font des compliments et me rappellent qu'ils sont fiers de moi et de ce que je fais.

## Homosexualité

**F.** La Bible condamne sans appel l'homosexualité. Y a-t-il beaucoup de gays et de lesbiennes au Maroc?

**R.** Comme partout ailleurs! Du moins, je crois...

**A.** Comme dans d'autres religions monothéistes, l'homosexualité masculine est interdite dans le judaïsme. «Tu ne coucheras pas avec un homme comme on couche avec une femme. C'est une abomination[26].» Malheureusement, je ne saurais pas comment expliquer le fondement de ce verset. L'homosexualité est mal vue dans le judaïsme. Je pense que ce n'est pas toléré parce que les religions encouragent la «procréation», et c'est l'une des raisons pour lesquelles Dieu a créé un homme et une femme, pour «procréer». Et l'homosexualité va à l'encontre de ce principe. Par contre, je peux vous dire, car j'en ai vu des exemples, que l'homosexualité, dans le catholicisme est absolument interdite et condamnée.

**F.** Les prêtres nous l'ont assez souvent répété.

**R.** Pourtant, parmi ces donneurs de leçons, il y en a beaucoup qui n'hésitent pas à agresser des enfants. Ces derniers temps, la religion chrétienne a été éclaboussée par tous les scandales qui sortent du placard...

---

26. Lévitique 18, 22

**F.** Ceux qui sermonnent ne sont pas les plus irréprochables.

**R.** Malgré tout ce qui se dit dans les médias sur les prêtres pédophiles, je ne généralise pas... Car c'est facile de préjuger... de mettre tout le monde dans le même panier. C'est pourquoi, lorsqu'un musulman ou un Arabe est impliqué dans un fait divers isolé, il faut se retenir de généraliser...

**F.** Cela a du sens.

**A.** C'est d'ailleurs pour cette raison que je ne me laisse jamais influencer par les médias et que je prends l'information de façon critique. Je vais vous raconter ce qui m'est arrivé une fois avec un prêtre. Je m'en souviendrai toujours tant cela m'a troublée. J'étais au baptême de ma nièce et j'étais choquée parce que le prêtre n'arrêtait pas de dire que le mariage de même sexe est un péché contre Dieu et que l'homosexualité est interdite. Je voulais juste m'enfuir parce que je ne supportais pas d'entendre son discours. Je suis une personne très ouverte et j'accepte tout le monde. Beaucoup de gens sont intolérants et je trouve que ce n'est pas correct. Il ne faut jamais juger les gens et leur vie. J'ai beaucoup d'amies qui sont homosexuelles et jamais je ne porte sur elles de regards accusateurs. Chacun a le droit d'avoir sa propre vie comme il le souhaite. Je ne sais pas si cela est dû au fait que je suis de la nouvelle génération. Je ne comprends pas vraiment les gens qui condamnent l'homosexualité, qui sont homophobes. C'est souvent pour des raisons religieuses ou personnelles, mais en fait, tout le monde a le droit d'avoir ses propres opinions et ses choix de vie. Qui sommes-nous pour les juger ?

**F.** Nous devons accepter les gens comme ils sont et les défendre, s'il y a lieu. Car on ne doit pas permettre l'intolérance contre qui que ce soit. Cependant, les principaux fondements de notre société renvoient de l'homosexualité l'image d'une perversion et d'une déviance sexuelle. Mais au Maroc, Rachida, sont-ils persécutés ?

**R.** Bien que soumise à un interdit strict, l'homosexualité existe dans la société marocaine. Toutefois, cela reste un sujet tabou.

**A.** Pas simple, dans ces conditions, d'aller à l'encontre de tant de préjugés !

**F.** Je pensais que le Maroc était tout de même une société plus permissive.

**R.** Le problème est qu'un certain obscurantisme existe encore dans la société marocaine, qui est hostile à tout ce qui vient remettre en question ses valeurs. Les mœurs arabo-musulmanes ne sont guère clémentes avec les homosexuels. L'homosexualité est un délit au Maroc, et un homosexuel peut être condamné à des peines de prison ou à des amendes.

**F.** Je ne savais pas que c'était considéré comme un délit.

**R.** Parler de l'homosexualité, dans la société arabo-musulmane soulève le problème de la sexualité, alors que la société patriarcale et les valeurs islamiques ont imposé pendant des générations un silence lourd sur les relations intimes. La peur du jugement sociétal amène à l'autocensure sur la question de la sexualité et entretient un climat de peur, de culpabilité, de honte, de frustration et d'insatisfaction. Il s'ensuit un malaise et une tension parfois violente qui empêchent toute analyse exhaustive ou représentative sur ce thème et contraignent les homosexuels et les lesbiennes à vivre marginalisés dans la peur et la crainte de représailles.

**F.** C'est ainsi dans la religion chrétienne. Elle condamne avec virulence l'homosexualité !

**R.** L'islam rejette également l'homosexualité. Toutes les religions la voient d'un mauvais œil, craignant qu'elle ne renferme les germes de la confusion des sexes et mette donc en danger l'intégrité des principes masculins et féminins dont l'union garantit la pérennité universelle.

**F.** Je trouve que le poids de la société et de la tradition est une entrave à l'évolution des mentalités. Elle renforce les tabous.

**R.** Ce qui est injuste, c'est que l'homosexuel reste le sujet de toutes sortes de moqueries et de railleries. Pour survivre et faire face à cette énorme pression que représentent les principes de la société et le regard des autres, l'homosexuel n'a souvent d'autre choix que de se marier, allant à contre-courant de sa nature. Nombreux sont ceux qui vivent une double vie dans la honte et la peur. J'ai eu des discussions avec de jeunes homosexuels maghrébins qui m'ont raconté avoir, à plusieurs reprises, tenté de se suicider.

**A.** Il est difficile pour moi de comprendre, car je suis entourée de jeunes gens homosexuels qui se battent tous les jours pour faire respecter leurs choix et leurs droits.

**F.** Le rejet de soi-même, le dégoût et la culpabilité dans laquelle ils vivent les confinent dans une solitude extrême.

**R.** Certains homosexuels sont cependant parvenus à s'imposer et à se faire respecter. Mais il y a toujours une épée de Damoclès au-dessus d'eux : la peur d'être confronté à la méchanceté des uns et aux délations des autres.

**F.** On entend souvent des témoignages de personnes homosexuelles qui souffrent du rejet, de l'ostracisme et des moqueries.

**R.** En définitive, même en Occident, il est difficile de vivre son homosexualité au grand jour. Elle est perçue par les bien-pensants comme un danger pour l'ordre social et moral. Notre société est une société patriarcale et machiste.

**A.** À Montréal, il y a une immense communauté homosexuelle. On a même le Village gay au centre-ville. Beaucoup de personnes qui ne sont pas homosexuelles aiment aller là-bas le soir parce qu'elles trouvent que l'environnement y est plus sécuritaire et que l'ambiance y est plus festive! À Montréal, l'un des festivals s'appelle Divers/cité, c'est un festival annuel qui dure une semaine où tous les gays et tous les *straights* de Montréal fêtent ensemble! C'est vraiment quelque chose d'extraordinaire, mais j'imagine qu'on ne voit rien de tel au Maroc?

**R.** Non, nous n'avons pas cela au Maroc.

**F.** Ma mère était avant-gardiste. Elle a toujours considéré les différences comme une richesse. Elle ne porte jamais de jugements sur qui que ce soit et a toujours accepté les choix que l'on fait. C'est un bel exemple d'ouverture et de tolérance. Donc nous n'avons jamais eu d'exemples de rejet ou de négation de l'autre. L'éducation passe par l'exemple. J'ai un frère qui est homosexuel. Bien que notre mère soit de l'ancienne génération, elle l'a tout à fait accepté et a toujours eu un attachement profond pour mon frère et même pour son conjoint qu'elle affectionne. Mon frère Padoue a toujours été son préféré. Dans notre famille, nous avons tous accepté son homosexualité et son mariage.

**R.** D'ailleurs, les mariages entre conjoints de même sexe font partie du paysage socioculturel québécois et j'en suis heureuse.

**F.** Moi aussi j'en suis heureuse. Je trouvais cela dommage qu'ils ne puissent avoir d'enfant, mais dans certains pays ils peuvent adopter sans problème.

**A.** L'adoption est toujours une solution. Même si plusieurs personnes de mon entourage sont contre l'homosexualité, cela ne m'a pas empêchée d'être très ouverte sur ce sujet. Je me décrirais comme la mère de Françoise, une personne qui voit les différences comme une richesse.

## Les nations autochtones

**A.** À l'école, on parle beaucoup des autochtones et je peux honnêtement dire que c'est le seul endroit où j'ai appris ce que les autochtones ont enduré. Les écoles résidentielles – la dernière a fermé seulement en 1996 –, les dépossessions des terres, les débats d'identité, etc. Ces écoles résidentielles ont traumatisé ce peuple qui s'est perdu dans l'alcool et la drogue pour oublier ces traumatismes. Ce peuple est maintenant infecté par ce stigmate. Il me semble que le Canada devrait faire quelque chose pour les autochtones. Je trouve que le Canada essaye tout le temps de cacher le mal qu'il a fait par sa politique, et aussi le mal qu'il fait aujourd'hui endurer à ce peuple.

**R.** Alexandra, j'ai été surprise par la misère de certains pauvres au Canada, surtout par l'injustice vécue par les peuples des Premières Nations. Des milliers d'autochtones vivent dans des conditions d'extrême pauvreté et de déchéance sociale. La pauvreté dans certains quartiers de Montréal est alarmante. Elle nous saute au visage et nous agresse. Nous sommes dans un pays riche et les Québécois sont très généreux. Ils font des dons importants chaque année. Où va cet argent? Les œuvres de charité, il y en a plein au Québec. Et charité bien ordonnée commence par soi-même. Pourtant, il y a plein de Québécois qui sont dans la nécessité.

**F.** On essaie de faire ce qu'on peut avec les moyens qu'on a. La Société de Saint-Vincent de Paul dans laquelle je fais du bénévolat fait beaucoup pour les pauvres. Mais on se sent souvent impuissant malgré les ressources humaines et matérielles déployées.

**R.** Je ne comprends pas pourquoi les gens des Premières Nations sont ainsi marginalisés et parqués dans des réserves. Je n'arrive pas à croire qu'on les laisse vivre ainsi en parias, complètement oubliés. Pour une nation qui se veut un grand peuple et qui revendique haut et fort son autonomie et le respect de sa langue et de son identité québécoise. Je me demande ce qu'en penserait feu René Lévesque, lui, si épris de justice. Ils sont parqués dans des réserves et les gouvernants s'en lavent les mains. C'est inadmissible! Cela me rappelle les ghettos et les bidonvilles des immigrés en France au début des années 1960. Sauf que les autochtones sont les premiers habitants du Canada.

**F.** C'est très complexe de départager les responsabilités dans cette triste histoire. Si on ne peut pas tout imputer aux colons, il est clair que l'homme blanc est le premier au banc des accusés. On a tenté d'effacer la culture autochtone. Ensuite, l'État canadien, pour se déculpabiliser, sans doute, s'est concentré à les camper dans des réserves, leur construisant des maisons, leur octroyant des subventions, mais en ne s'attardant pas aux conséquences néfastes de ses décisions, notamment des problèmes sociaux criants et un état de santé beaucoup moins bon que celui de l'ensemble des Canadiens. Certes, les autochtones ont aussi une part de responsabilités, mais cela doit être considéré dans ce contexte historique et en n'oubliant pas que les autochtones sont encore aujourd'hui sous la tutelle de l'État.

**A.** Je suis tout à fait d'accord avec vous deux. Si on regarde la Charte canadienne des droits et libertés, la Section 15 parle de l'égalité. Après avoir lu cela, c'est évident que les autochtones ne bénéficient pas du tout de cette section. Un autre fait intéressant est à noter : lorsque l'Assemblée générale des Nations unies a adopté la Déclaration des droits des peuples autochtones, en 2007, parmi les pays représentés, 144 ont voté pour et seulement quatre ont voté contre. Et, effectivement, le Canada était un des pays qui n'étaient pas en faveur. Si je suis instruite de ces faits, c'est grâce à l'école. Si ce sujet n'y avait pas été abordé, je n'aurais jamais été au courant de ces petits secrets sur mon pays que j'adore. J'encourage les gens à faire des recherches, et surtout, à ne pas croire tout ce qui est écrit dans les journaux ou tout ce qui est dit aux nouvelles à la télévision.

**R.** Lorsque je suis arrivée au Canada, j'ai eu une entrevue pour un travail avec un homme de la communauté amérindienne. Il m'avait un peu parlé de la précarité au sein de la population autochtone. Il m'avait dit se sentir impuissant devant la dégradation constante du niveau de vie dans les réserves. C'est en travaillant dans un magasin de mode que j'ai su qu'en tant que membres des Premières Nations, ils sont exemptés de payer les taxes... N'est-ce pas une façon contournée d'acheter leur silence ? On a l'impression qu'ils sont un problème dont les politiques veulent se défaire. Le fait de les parquer et de les isoler dans des ghettos les a réduits à la fossilisation.

**F.** C'est un problème dont seulement un très petit nombre de personnes est conscient. Or, on devrait tous se sentir concernés. Je me souviens que mon père était ami avec des autochtones et nous avions appris à les respecter.

**R.** J'ai vu un reportage sur les réserves indiennes. Une grande partie de la population vit dans le délabrement et la pauvreté. C'est vrai que la consommation de drogue et d'alcool ne les aide pas. Elle entraîne des dépendances avilissantes. Je comprends pourquoi le taux de suicide chez les autochtones est au moins six fois plus élevé que la moyenne canadienne. Dans les familles autochtones, il y a au moins dix fois plus de violence et d'inceste que dans l'ensemble du Canada.

**F.** Le gouvernement a toujours parlé de faire quelque chose pour les gens des Premières Nations, mais rien n'arrive. Des promesses non tenues. Des enfants ont été arrachés de leur famille et de leur milieu socioculturel pour être placés dans des pensionnats afin d'y être éduqués selon les paradigmes chrétiens. On a voulu éradiquer leur identité indienne et leur culture de référence. On a voulu ainsi éliminer le devenir de ce peuple, la pérennité de leur culture.

**A.** En découvrant l'histoire du peuple amérindien, j'ai mieux compris pourquoi les statistiques indiquent des taux de suicide et de violence aussi élevés.

**R.** C'est un peuple blanc omniscient qui s'est arrogé ce droit d'aliéner et de mettre en tutelle de pauvres enfants sans défense. Vouloir priver un peuple de son droit inaliénable à perpétuer ses traditions et ses cultures me paraît une abomination. On a fait sur eux un travail d'annihilation, de lavage de cerveau, un formatage de leur identité.

**F.** Peut-être certains hommes d'Église ont-ils voulu bien faire et donner une éducation à ces enfants. Il ne faut pas oublier que c'était dans un contexte d'évangélisation forcée. Certains enfants autochtones se sont démarqués par les études qu'ils ont réussies. Mais à quel prix?

**R.** Ne crois-tu pas qu'un peuple privé d'avenir aura tendance à se laisser mourir? J'ai l'impression que la perte de leurs repères les a fragilisés. Je n'arrive pas à imaginer toutes les exactions commises contre le peuple autochtone. Pourtant, l'Histoire est là pour relater la colonisation de cette terre et la phagocytose[27] qu'ils ont subie contre leur gré. Cela semble laisser le reste de la population de marbre.

**F.** Je suis sûre qu'il n'y a que très peu de gens au Québec qui sont pleinement conscients des torts causés à ce peuple et de ses problèmes réels. Plusieurs les tiennent responsables des difficultés et des affres qu'ils subissent. La majorité des Québécois ne leur reconnaît pas leurs droits ancestraux. Nous ne devons jamais perdre de vue que cette terre était la leur et que nous sommes des immigrants.

**R.** Des immigrants qui ont fondé ce beau pays!

**A.** Le Canada ne fait pas assez pour préserver cette culture pour les prochaines générations. Les choix des écoles sont limités pour les jeunes autochtones et il y a un taux élevé de décrochage. Il n'existe pas beaucoup d'écoles strictement réservées aux autochtones et même dans celles qui existent, ils doivent suivre le programme scolaire du pays. Il n'y a pas assez de cours pour enrichir leur culture. Peu d'enseignants de cette origine leur enseignent leur culture. Le système d'éducation est un autre important débat dont il faut discuter parce que c'est là, en fait, où les nouvelles générations doivent apprendre leurs codes culturels et leur langue. Sinon, leur histoire risque d'être complètement effacée. Pour terminer cette discussion, je veux vous dire qu'il faut se poser certaines questions. Que pensent ceux qui ont en charge notre système d'éducation? Surtout pour un pays qui a été le premier au monde à adopter une politique sur le multiculturalisme…

---

27. Action d'absorber et de détruire quelque chose.

# Épilogue

« Souvent, les hommes se haïssent les uns les autres parce qu'ils ont peur les uns des autres ; ils ont peur parce qu'ils ne se connaissent pas ; ils ne se connaissent pas parce qu'ils ne peuvent pas communiquer ; ils ne peuvent pas communiquer parce qu'ils sont séparés. »

MARTIN LUTHER KING
Extrait de *Stride toward Freedom ;
the Montgomery Story* (« La marche vers la liberté »)

Si vous voulez que vos rêves se réalisent, ne dormez pas !
Proverbe juif

Je voudrais exprimer le bonheur que j'ai d'avoir contribué à un « dialogue » entre trois femmes de confessions religieuses différentes dans lequel chacune expose ses perceptions et raconte son histoire personnelle. Quelle joie que d'aborder des thèmes aussi diversifiés et enrichissants !

Je n'aurais jamais pensé faire partie d'un projet aussi constructif. Je suis heureuse de représenter une génération spéciale au sein de laquelle se rejoignent et se réconcilient deux solitudes. Les années qui passent amènent des changements et des mutations sur tous les plans. Ce livre, *Regards croisés – Paroles de femmes*, arrive à point, car il aborde plusieurs sujets dans un pays où les identités sont multiples et pluridimensionnelles.

Nous avons tous des perceptions différentes, et les rencontres que nous faisons nous enrichissent et nous améliorent. C'est ce vecteur d'échanges qui est important dans une société citoyenne. Cette opportunité de relater nos parcours personnels et nos visions du monde qui nous entoure, avec nos émotions et notre authenticité, ouvre les portes des cœurs.

Je veux aussi exprimer mes sentiments envers Rachida et Françoise. Ces deux femmes sont extraordinaires et je me sens très privilégiée d'avoir eu la chance de travailler avec elles. Elles ont vécu des choses incroyables. Leur cheminement les a élevées! Non seulement j'ai appris beaucoup en les côtoyant, mais j'ai également découvert leurs conceptions par rapport à notre belle province. Que l'on soit anglophone ou francophone, nous avons vécu des expériences particulières. Et j'ai apprécié pouvoir en discuter.

## Le Québec

Depuis mes conversations avec Françoise et Rachida, je perçois le Québec sous un autre angle. J'étais habituée à n'entendre que des jérémiades parce que les anglophones s'y sentent moins intégrés, moins acceptés. J'avais entendu tellement d'histoires de peine, de frustration et de colère. Des membres de ma famille ont quitté cette province pour fuir les mesures politiques, les problèmes d'emploi, etc. Il était rare que l'on présente le Québec comme un endroit très accommodant, comme le soulignent Rachida et Françoise. J'en ai été agréablement surprise et je suis heureuse qu'elles aient eu toutes les deux des expériences positives au Québec.

Je les remercie pour leur patience et surtout pour leur compréhension. À travers ces pages, j'ai eu l'occasion d'exprimer mes sentiments et mes positions, qui se sont trouvés quelquefois à l'opposé des leurs. Le Québec n'a rien fait pour essayer d'accommoder des personnes comme ma sœur et son fiancé. Au contraire, ils se sont sentis exclus à cause d'un système hermétique et froid. Mais à travers Françoise, j'ai découvert un Québec tolérant et ouvert. Grâce à Rachida, je savoure un Québec pluriel dont la culture s'est enrichie aux saveurs et aux parfums du monde.

J'aime vivre dans ce Québec et j'adore ma ville, Montréal. J'aime la diversité et l'esprit de cette ville. Je sais que j'ai eu moins de problèmes que ma sœur et d'autres personnes qui y ont vécu, parce que je me débrouille assez bien en français. Par contre, je serai toujours considérée comme une «anglophone» aux yeux de bon nombre de Québécois francophones. Je le sais parce que je vois une différence dans la manière d'être traitée, selon que je suis au sein d'un cercle de francophones ou d'un cercle d'anglophones. Mais je ne veux surtout pas me laisser affecter par les non-dits et les perceptions. Je sais que je fais des efforts pour me faire une petite place auprès des francophones du Québec. Je me considère parfaitement bilingue et je m'en trouve enrichie. C'est cela le plus important. Parler les deux langues officielles m'aide à m'adapter à des situations cocasses sans perdre de plumes.

Le fait de subir des discriminations en regard de ma langue me porte à faire preuve de compréhension envers ceux qui ne la parlent pas. Ainsi, je n'ai jamais considéré que ceux qui ne maîtrisent pas ma langue maternelle me sont inférieurs. Et je déplore que certains refusent d'essayer de parler une autre des langues officielles pour «accommoder» quelqu'un. C'est une question de civisme!

## Vivre dans le multiculturalisme

Je suis très fière de vivre dans un pays où cohabitent plusieurs générations de cultures et de religions différentes. Cela nous encourage à être plus ouverts envers les autres, dans l'acceptation et la tolérance. Les nouveaux arrivants choisissent de s'établir au Canada justement pour sa réputation de tolérance et d'ouverture. Bien sûr, certains préjugés subsistent à l'encontre de certains groupes culturels ou religieux, mais il faut combattre ces injustices et œuvrer pour les abolir. Une des conséquences liées aux politiques de multiculturalisme, d'égalité, de droits et de liberté, ce sont les accommodements. C'est un sujet encore très sensible et nous n'arriverons probablement jamais à une conclusion, car on ne sait pas comment et où mettre des balises.

## La religion

En participant à l'écriture de ce livre, j'ai eu l'occasion d'exprimer mes sentiments envers ma religion. C'est un sujet encore très complexe pour moi. Je n'aime pas qu'on me demande de décrire et d'expliquer les principes de ma confession. Je suis dans un processus de reconnaissance de ma judaïcité, et je ne veux pas décrire mon cheminement, car il est personnel et intime. La plupart du temps, je dis simplement que je suis juive, sans aller plus loin. Cela complique moins les choses. Ce n'est pas que je n'accepte pas le fait d'être juive. Au contraire, je suis juive dans mon cœur et dans mon âme. Mais pour moi, c'est un sujet personnel et il est de l'ordre du sacré. Je suis juive de par ma mère et mes ancêtres juifs, qui ont péri durant la Seconde Guerre mondiale. Je porte en moi la douleur de la Shoah et des crimes atroces commis durant l'Holocauste. Pour l'instant, je me considère juive parce que je suis reliée à la culture et à l'histoire du peuple juif.

Même si je décide un jour de renier mes croyances, je n'en resterais pas moins juive. Une femme, Edith Stein, de confession juive, s'était convertie au catholicisme et était devenue religieuse carmélite. Pourtant, cela n'a pas empêché sa déportation en 1942 et son internement au camp d'Auschwitz, dans le territoire polonais occupé par l'Allemagne nazie, où elle a été mise à mort peu après.

Les Juifs portent leur étoile inscrite dans leur chair. Cheminer et accepter sa différence. Ne jamais se renier, ne jamais renoncer à quelque pan que ce soit de son histoire. Le plus important est que je suis consciente de mes différences et que je les assume. Parallèlement, je suis tournée vers les autres dans ma dimension plurielle.

## Ma famille

En racontant l'histoire de ma famille, j'ai voulu brosser un portrait de la personnalité de ma mère, car je l'admire d'avoir réussi à surmonter les difficultés qu'elle a endurées et d'avoir atteint une certaine qualité de vie. Par ailleurs, j'ai éprouvé beaucoup d'embarras à évoquer mon père. Je ressens de l'ambivalence dans mes sentiments par rapport à lui. Comme il n'était pas très présent durant mon enfance, je n'en ai pas beaucoup de souvenirs. J'aurais aimé qu'il joue un rôle plus probant dans ma vie, mais son divorce d'avec ma mère a installé entre nous de la distance et de la retenue. C'est mon père et j'éprouve pour lui du respect et de l'affection, mais je n'arrive pas à les lui exprimer avec aisance.

Je suis habituée à ne pas avoir de présence masculine à la maison, ma mère remplissant le rôle du père et de la mère. Alors il m'est difficile de comprendre mes émotions et mes sentiments pour une personne qui m'a mise au monde, mais qui a été absente durant les périodes cruciales de ma vie.

Ma mère a été attentive à chaque instant, ne ménageant aucun effort ni aucun sacrifice. Mon admirable mère! C'était elle qui m'emmenait à chacune de mes activités après l'école, c'était elle qui s'assurait que je sois toujours heureuse et que je profite d'une belle qualité de vie. Même si pour cela elle n'hésitait pas à sacrifier son propre bonheur.

Mon père est un homme très spécial qui apporte un soin particulier à sa santé et à son apparence physique. Et j'en suis heureuse, car j'aime le voir bien de sa personne et en bonne santé. Je ne sais pas s'il regrette les choix qu'il a faits et le chemin qu'il a pris dans sa vie. Pour moi, il est trop tard pour parler du passé. Trop tard pour la rédemption. Notre relation restera ce qu'elle est pour le restant de notre vie. Je suis incapable d'y changer quoi que ce soit. Cela me peine beaucoup d'en parler. J'aurais tant souhaité que les choses soient différentes et que mes parents soient restés ensemble. J'aurais eu ainsi un bel exemple d'une relation d'amour entre deux personnes. Mais la vie en a décidé autrement. On ne choisit pas toujours le cheminement de sa vie et c'est à moi de m'y adapter.

Je crois que les événements arrivent pour une raison particulière. Rien n'arrive par hasard. Le fait d'avoir grandi dans une famille monoparentale m'a permis d'acquérir des réflexes d'indépendance et d'autonomie. Sans ces circonstances, je ne serais pas aussi indépendante et forte. J'ai toujours travaillé dur pour obtenir ce que je voulais et je continue à le faire pour assurer mon avenir. J'ai appris, en voyant la souffrance de ma mère, à me faire une carapace et à tout mettre en œuvre pour prospérer. Cela prend de l'amour, du dévouement et la force pour survivre.

## Mes défis pour l'avenir

Même si je reste confiante en l'avenir, je suis consciente qu'il existera toujours des incompréhensions entre les différentes religions et cultures. Le fait que mon fiancé soit musulman n'arrange pas les choses. Au contraire... Mon fiancé et moi, nous nous posons régulièrement des questions quant à notre relation et à notre devenir en tant que couple mixte. Ce n'est pas aussi simple qu'on le voudrait. Nous ne savons pas si nous allons célébrer notre mariage dans une église, dans une synagogue, ou peut-être simplement devant un tribunal. Et nos futurs enfants? Comment les élèverons-nous? Selon les principes musulmans, juifs ou catholiques? Auront-ils des prénoms arabes ou juifs? Fêterons-nous les fêtes musulmanes, catholiques ou juives?

Il y aura toujours quelqu'un pour s'arroger le droit de remettre en question mes choix ou de s'immiscer dans ma vie et celle de mes enfants. Mais je ne veux jamais avoir à me justifier ou à m'expliquer. De cela, j'en suis sûre et certaine.

Ce qui est particulier, avec la religion, c'est que les enfants n'ont pas le choix. Selon le foyer au sein duquel ils naissent, une étiquette leur est accolée. J'ai hérité de la culture et de la religion de mes parents. Née dans une famille mixte, je devais être élevée en tant que catholique et non en tant que juive. Et maintenant, je me trouve dans une position d'insécurité parce que je ne sais pas quelle confession pratiquer. Plus jeune, j'aurais voulu que mes parents m'expliquent les deux religions.

Je ne savais même pas que ma mère était d'une religion différente! Ce n'est qu'à l'adolescence que j'ai découvert que diverses religions existent avec leurs valeurs propres. Pour moi, la religion était seulement ce que j'avais appris à l'école du dimanche, lorsque je suivais des cours pour ma communion.

Je m'inquiète de ne pouvoir visiter Israël avec ma famille dans l'avenir simplement parce que mon mari est musulman, ou parce que mes enfants auront peut-être des prénoms arabes. C'est le prix du bonheur et je suis prête à assumer mes choix et à en payer le prix. Mes enfants naîtront dans une famille ayant une culture plurielle. Ils seront élevés dans la connaissance des trois religions pour leur permettre de faire leur choix en toute connaissance de cause. L'important sera que mes enfants s'épanouissent dans la richesse de la diversité.

## Les secrets pour vivre une vie de paix

Je ne détiens pas le secret pour mener une vie d'harmonie et de paix. Par contre, la seule chose que je peux faire est de me concentrer sur moi-même en m'assurant que je mets tout en œuvre pour réaliser mes projets, que je franchis les étapes nécessaires afin d'en être satisfaite. Jour après jour. Ne jamais baisser les bras. Toujours avancer. Droit devant. La tête haute.

Lorsque l'on est heureux et épanoui, les aléas de la vie ne sont que des incidents de parcours. Chacun diffuse les énergies qui émanent de son intériorité. J'ai la chance de ne répandre autour de moi que ma paix intérieure. Et on m'en remercie souvent!

Si quelqu'un n'est pas heureux avec lui-même et qu'il n'éprouve pas d'estime pour sa propre personne, comment peut-il refléter un sentiment de bonheur? La priorité est de se ressourcer en son être intérieur pour ensuite prodiguer aux autres des sentiments de bien-être et d'énergie positive. Parfois, je trouve que c'est nécessaire d'être un peu égoïste. En prenant soin de sa paix intérieure, les choses se font d'elles-mêmes. On ne génère alors que des ondes chaleureuses.

ALEXANDRA

◈ ◈ ◈

« Toi qui chemines
Il n'y a pas de chemin,
Mais des étoiles dans la mer ;
Toi qui chemines
Il n'y a qu'un chemin ;
C'est en marchant que l'on fait le chemin. »

NORMAND BARRÉ

Je voudrais exprimer ma reconnaissance à ma fille Lyne, qui m'a épaulée lorsque j'ai vécu mes « descentes en enfer ». Car il s'agit bien de cela. Un être humain, dans une condition mentale stable, est ébranlé quand il imagine des situations terribles, quand il pense au pire. Une personne en crise, elle, a l'impression de les vivre réellement. Telle est la nuance sur l'échelle de la souffrance.

Lyne a été extraordinaire. En plus de s'occuper de ses frères en leur faisant faire leurs devoirs et apprendre leurs leçons, elle vaquait aux tâches ménagères. Je ne remercierai jamais assez ma fille pour cette aide plus que précieuse.

Ma reconnaissance s'adresse également à ma belle-mère, Jeannette, qui a tellement pris soin de moi, qui a prié pour que je recouvre la santé et qui a prêté main-forte aux membres de ma famille, à chacune de mes tempêtes sous le crâne.

Un gros merci à mes enfants et à mon époux pour leur tolérance et leur patience à mon égard ainsi que leur amour inconditionnel. Je ne sais pas ce que je serais devenue sans eux !

Les épreuves auxquelles j'ai été confrontée m'ont permis de développer une philosophie de vie plus riche. J'ai dû à la fois composer avec mon destin, l'orchestrer et tenter d'en changer le cours. Sans doute ai-je pris la décision un jour de faire mienne, en partie, cette façon de voir les choses exprimée par le médecin, essayiste et écrivain français Jean Hamburger, dans son livre *L'aventure humaine* : « Le grand destin de l'homme est de refuser son destin. »

Mon destin a d'abord été celui de la soumission, une entrave à mes rêves, un frein à mon enrichissement intellectuel, pour aider ma mère et veiller sur mes frères et sœurs.

Ma vie a ensuite été marquée par une plus profonde communion avec la religion, une sorte de quête vers une meilleure connaissance de notre Créateur. Cherchais-je déjà à cette époque l'explication du destin que la vie me réservait ? Je me suis effectivement ressourcée pleinement dans la lecture de la Bible, mais cette lecture est allée bien au-delà de la raison qui en avait initié l'inspiration : le désir de connaître Dieu. La religion a toujours été pour moi un outil supplémentaire pour mon cheminement spirituel. Ce désir profond de progresser dans ma compréhension de l'existence de Dieu est une démarche continue et complexe qui m'a aidée et qui m'aide encore à trouver un nouveau souffle en moi... peut-être justement pour affronter mon destin !

Sur le chemin de la vie, nous faisons des découvertes qui nous rassurent et nous confortent dans l'acceptation de notre destin. Mais parallèlement, avec le temps, j'ai sans doute réalisé que nous n'utilisons tous qu'une infime partie de notre capacité à vivre pleinement l'amour, la sympathie, la créativité et l'audace. Et je me suis employée, consciemment ou non, à changer le cours de mon destin.

C'est ainsi que j'ai constaté que la réalisation de notre potentiel peut devenir l'aventure la plus passionnante de notre existence. J'ai mené mon destin vers la culture générale et l'évolution de mon bagage intellectuel. J'ai dévoré un tas de livres, des romans, des essais, des biographies, des traités de philosophie. Platon, Aristote, Bergson, Erich Fromm étaient devenus mes « amis » de lecture… sans doute pour mieux alimenter ma quête du sens de la vie. J'empruntais donc la voie de l'autodidacte. Si certains la présentent comme une démarche de rébellion, pour moi, ce fut un acte de libération.

C'est probablement cet enrichissement personnel qui m'a donné suffisamment confiance en moi pour retourner aux études et suivre des cours universitaires en théologie, où j'ai très bien réussi.

Sacrifices, souffrances, enrichissement personnel, réalisation de soi, bonheur familial, amour des autres, don de soi, ces maîtres mots de ma vie sont aussi ceux de la vie de mes deux amies. La conjugaison authentique de trois parcours empreints d'une démarche spirituelle parfois difficile, d'une foi indéniable, d'une croyance en un même Dieu qui se fait leur gardien.

Soyons fières de nous en toute humilité. Que de chemin avons-nous parcouru ! « L'esprit de sacrifice et l'humilité sont les deux conditions qui permettent à l'homme de mener une vie spirituelle où soit engagé le destin de l'humanité ! » (Saint-Exupéry, *Terre des hommes*)

Cette belle amitié me suggère un appel. Je suis fière d'être québécoise, mais nous sommes si refermés sur nous-mêmes, embourbés dans nos problèmes identitaires et linguistiques, qu'il nous arrive d'occulter des priorités parmi les plus fondamentales. Du nombre, il y a celle de mieux intégrer les nouveaux arrivants et de tout mettre en œuvre pour leur faciliter la tâche dans la recherche d'emploi et l'intégration sociale. Car le peuple idéal ne devrait-il pas être la somme d'individus guidés par les valeurs du respect de la différence et de la solidarité? En d'autres mots, grandir, évoluer pour mieux vivre dans l'amour.

Pour y arriver, méditons sur les 13 commandements de la vie :

Le plus grand handicap : la peur.
Le plus beau jour : aujourd'hui.
La chose la plus facile : se tromper.
La plus grande erreur : abandonner.
Le plus grand défaut : l'égoïsme.
La plus grande distraction : le travail.
La pire banqueroute : le découragement.
Les meilleurs professeurs : les enfants.
Le plus grand besoin : le bon sens.
Le plus bas sentiment : la jalousie.
Le plus beau présent : le pardon.
La plus grande connaissance : Dieu.
La plus belle chose au monde : l'amour.

AUTEUR ANONYME

Pour donner de l'amour, on doit d'abord en avoir reçu et être convaincu de son existence. Il faut aussi être disponible à l'amour et en avoir une bonne compréhension. Mais d'abord et avant tout, pour se concentrer sur l'amour, on doit croître sans arrêt. Et pour cela, comme l'a écrit Saint-Exupéry : « On doit mener la démarche de se ramener à soi-même. »

FRANÇOISE

◈　◈　◈

« Tout groupe humain prend sa richesse dans
la communication, l'entraide et la solidarité
visant à un but commun : l'épanouissement de
chacun dans le respect des différences. »
FRANÇOISE DOLTO

Nos conversations m'ont permis de constater que nous nous rejoignons non seulement dans notre désir de faire fi des préjugés, mais également dans notre optimisme par rapport aux choses de ce monde.

### Qui n'avance pas recule !

On se module au gré de nos rencontres, des visages croisés et des chemins parcourus. On se tricote en cheminant. Avec le temps, ma perception des choses est moins arrêtée. Nous cheminons et évoluons à travers les conversations que nous avons, les lectures qui remettent en question nos certitudes et les découvertes sans cesse renouvelées. Ma vie au Québec, « dans ce coin de pays », me convient, car elle me comble. Je fais miennes son histoire, son identité, sa langue et sa culture. Et je veux être incluse dans le « Nous », faire partie intégrante de cette entité qu'est le Québec. Dans ce « vivre ensemble » qui ne doit pas être une contrainte, mais un assentiment délibéré et un viatique nécessaire.

## Rêver de lendemains meilleurs

Ce qui est merveilleux, c'est que les gens n'ont plus à subir leur vie comme un « destin inexorable contre lequel on ne peut rien ». Heureusement, on a compris et on ose croire et rêver en un avenir meilleur, en une vie exempte d'insécurité et empreinte de stabilité, sans la guerre et la misère en toile de fond. C'est pourquoi, chaque année, des milliers de personnes, pour diverses raisons, émigrent à travers le monde à la recherche d'une vie meilleure. Dans cette quête, ils n'hésitent pas à quitter leur pays, leur famille, leurs amis, parfois même leurs enfants. Tout quitter pour se retrouver, parfois démunis, dans la plus grande des solitudes. Ô combien salvatrice lorsqu'elle libère de la peur et de l'incertitude!

Les motivations du départ sont multiples et diverses. Il y a l'exil subi pour des raisons politiques, afin de fuir une situation politique instable ou un régime totalitaire, la guerre, les persécutions ou l'occupation, et puis l'immigration choisie pour des raisons économiques, pour des convictions politiques ou religieuses. D'autres encore fuient leur pays en raison des risques de cataclysmes et de catastrophes d'origine naturelle. Qu'importe l'endroit où il s'installe, l'immigrant doit faire sa place et se bâtir une nouvelle vie.

Combien d'hommes et de femmes décident de partir pour non seulement s'offrir une meilleure qualité de vie, mais surtout garantir un meilleur avenir à leurs enfants?

Comme nous. Nous avions décidé d'immigrer au Canada pour des raisons de commodités plus que pour des raisons économiques. Pour preuve, nous avions une situation enviable dans notre pays. Alors qu'est-ce qui nous a poussés à faire le grand saut? Tout simplement le rêve canadien. On imagine un grand pays, dessiné d'eau, de végétation et de bois. Le paradis pour les femmes et les enfants. Un endroit de liberté où tout est possible. Avec la paix et la plénitude pour tout paysage.

Le rêve d'immigrer au Canada couvait en moi depuis des années et je me consumais dans l'attente de le réaliser. La crainte se délitait en même temps que chaque étape me faisait atteindre mon but. Je ne savais pas dans quoi je me projetais, mais j'avais l'espérance de la nouvelle vie que j'aurais dans un pays de tolérance et d'ouverture. Oubliés, mes souvenirs de la France raciste et xénophobe! Au loin, mes désillusions dans un Maroc austère et opprimant!

Le racisme, l'antisémitisme et maintenant l'islamophobie sont des crimes contre le genre humain.

### Identité plurielle

Puis le rêve s'est réalisé. J'avais l'impression d'être spectatrice de ce monde qui s'ouvrait sur mon rêve. Dès les premiers jours, nous avons mesuré les dissemblances entre le Québec et la France, et les contrastes entre les mentalités nord-américaine et marocaine. Le Québec, c'est un pays francophone d'Amérique du Nord, et non pas un morceau de l'Europe. Ce n'est pas la France. C'est l'erreur que font les nouveaux arrivants originaires des pays francophones. Et que nous avons faite aussi. Au Québec, le style de vie est américain, même si l'identité socioculturelle québécoise est d'origine française. Autre constat : Montréal est majoritairement anglophone. Personne ne peut dire le contraire. On a plus la chance d'y être servi en anglais qu'en français. Pour avoir la parité dans le service, il faut se réveiller de bonne heure, et encore... Frustrée, j'ai dû à maintes reprises m'accrocher pour qu'on me serve dans la langue de Jacques Cartier.

Autre réalité : au Québec, tout le monde est sur le même pied d'égalité. Merveilleux ! Les nouveaux arrivants peuvent faire leur place, tout en conservant leur authenticité et leur bagage culturel. On peut être marocain ou polonais tout en étant québécois. Très rares sont ceux qui ont eu à subir les affres de la discrimination. Alors je m'insurge lorsqu'on dit que les Québécois ne sont pas assez ouverts et tolérants. Le Québec est au contraire une société soucieuse de donner l'égalité des chances à chacun et chacune. J'en ai moi-même fait l'heureuse expérience. J'ai été embauchée à la Commission des transports du Québec en bénéficiant de la discrimination positive à titre de minorité visible. Ainsi, la chance est donnée au coureur. Celui qui le veut bien a toutes les chances d'arriver à son but. Encore faut-il qu'il s'en donne la peine. Bien sûr, ce n'est pas servi tout cuit dans le bec. Il faut passer par des phases de découragement, de batailles contre des moulins à vent. Il faut galérer comme Nabil et Samia dans *Le Mirage canadien*. Mais au bout du compte, on peut transformer le mirage en un rêve réalisé et assouvi. Seuls ceux qui s'accrochent y arrivent, mais la récompense n'est pas des moindres. On y gagne en satisfaction émérite.

Je découvre que le Québec est une nation sans clivages ou échelles sociales. Tout le monde est ami avec tout le monde sans *a priori*. Je dirais que le Québec m'a apporté la paix et la sérénité. Il m'a allégée de mes carcans, débarrassée de mes apriorismes. Et le plus important, je n'ai plus besoin de me définir avec acharnement dans l'espoir de faire partie d'un groupe ou d'être reconnue par une entité. Maintenant, je ne me sens plus limitée à une seule appartenance. J'appartiens à une identité faite de plusieurs appartenances dans une diversité plurielle, composante d'une nation fière et libre comme le Québec. Je suis heureuse de vivre dans ce pays. Je dis pays, non pas pour des raisons souverainistes ou séparatistes, tant s'en faut, mais parce que le Canada est immense et qu'à lui seul, le Québec est un pays par sa superficie et par sa spécificité socioculturelle.

Aujourd'hui, je suis tellement imprégnée de la culture québécoise que, lorsque je vais au Maroc, je m'en fais l'ambassadrice. Mes repères et priorités sont encore ailleurs. Pourtant, je ne renie en moi ni mon arabité ni ma culture musulmane, mais les années vécues ici ont modelé et ont changé ma perception des choses. Mon identité était déjà multiple, de par mon vécu en France. D'origine marocaine, de culture française, de mentalité québécoise, je me sens aujourd'hui plurielle. Riche de ma dimension enrichie.

Depuis que je suis au Québec, j'ai appris la plus belle chose qui soit : l'acceptation de l'autre. J'étais guindée et engoncée dans mes certitudes, et ma vie au Québec m'a permis de m'en défaire. Cette remise en question, ce cheminement en moi m'a permis de retrouver le chemin de la liberté.

## Un socle commun

La diversité au Québec est émouvante et enrichissante, et il faut préserver cette donne. Pour cela, nous devons insister sur des valeurs consensuelles non négociables : la langue, la culture et les paradigmes de la société. La langue française et l'identité québécoise sont pour moi ce qui constitue un tronc commun. C'est pourquoi, lorsque de nouvelles personnes arrivent au Québec, il est important qu'elles puissent découvrir l'identité du Québec et sa pluralité, son histoire. Elles seront ainsi mieux outillées pour s'adapter aux réalités du Québec et auront une meilleure connaissance de la culture au travail.

Je pense pour ma part que le moyen idoine de regrouper les nouveaux arrivants autour d'un projet de société commun, avec des valeurs communes, c'est de les imprégner de l'histoire de leur nouveau pays. Chacun peut ensuite greffer sur cette identité commune sa propre histoire, son bagage socioculturel et ses croyances. De ces composantes émergera sa nouvelle identité qui lui sera intrinsèque.

Les conditions non négociables à un « vivre ensemble » dans une société interculturelle sont le respect de valeurs consensuelles qui unissent le peuple québécois autour d'une identité, d'une culture et d'une langue communes. Et cela n'est pas incompatible avec un esprit d'intégration et d'ouverture à la différence. Au contraire, il nécessite ou induit le respect. De même que le respect suscite un désir d'intégration et d'insertion sociale.

J'aime la vision multiculturaliste « à la Canadienne », même si, quelque part, elle met en relief les différences culturelles et peut enfermer les personnes immigrantes dans leur culture d'origine. Je préfère le terme employé par messieurs Bouchard et Taylor, qui parlaient d'une société interculturelle.

## L'islam

En tant que musulmane, je me sens stigmatisée et jugée à l'aune d'une vision réductrice et péjorative du fait musulman, une vision véhiculée par une certaine presse. Je déplore la vindicte et le courroux que subit l'islam depuis le 11 septembre 2001.

Nous avons un devoir de conscience envers nos enfants et les générations futures, et nous n'avons pas le droit de passer sous silence une islamophobie pernicieuse qui instille son venin dans toutes les sphères de notre société. Elle fausse l'image de l'islam, qu'elle dépeint comme intolérant, contraignant et belliqueux. Ces médias qui font dans le sensationnel attisent les tensions. Au-delà des images et des mots, il y a des émotions facilement transférables et difficilement canalisables. Il est alors impossible de juguler les haines raciales, xénophobes et islamophobes qui trouvent un terrain fertile. C'est si facile de tomber dans les excès et la démesure. Les préjugés sont si tenaces !

Le physicien allemand Albert Einstein l'a bien dit : « Il est plus facile de briser le noyau atomique qu'un préjugé. » Comme il a raison !

Nous avons d'ailleurs pu le constater à travers le débat sur les accommodements. Ce qui nourrit la peur des Québécois, ce n'est pas l'étranger perçu comme un intrus. Non, c'est le risque d'accorder des accommodements qui viennent heurter des valeurs essentielles à la société québécoise : la liberté de chacun de vivre, de penser, de croire ou de ne pas croire. Surtout, de se mouvoir sans le jugement de ceux pour qui la religion serait une entrave à cette liberté.

Il faut faire barrage à l'intolérance et aux préjugés en allant vers les autres, en leur montrant de l'intérêt. On dissipe ainsi les appréhensions et les peurs. S'ouvrir aux autres, c'est accepter de remettre en question ses certitudes et sortir de ses schèmes sociologiques. Les questionnements devraient faire partie de tout cheminement et il n'est pas malaisé de prendre le temps de se sonder et de porter un regard serein sur soi et sur l'autre. En toute humilité. Accepter de n'être qu'un au milieu de l'océan humain.

Pour ce faire, il faut aller dans l'acceptation de l'autre dans toute sa dimension, malgré nos divergences d'opinion ou de croyance, en autant qu'elles ne portent pas atteinte à notre intégrité, qu'elle soit physique ou psychologique. Il faut que chacun fasse un pas vers l'autre, son semblable malgré ses différences, afin d'abolir les barrières de la méconnaissance. Ce qui n'exige pas nécessairement d'ingurgiter et de digérer ses orientations politiques ou religieuses. Cela permet la compréhension de sa pluralité différente. La règle *sine qua non* est de faire tomber les masques et les préjugés. Je sais toutefois que ce n'est pas facile et qu'ils peuvent être si tenaces, ancrés en nous comme les germes de la discorde ou les raisins de la colère.

### Les tribunaux islamiques

Pourtant, le Canada a failli devenir le premier pays occidental à entériner officiellement l'instauration de tribunaux islamiques sur son territoire. Heureusement, le tribunal basé sur la Charia n'a pas eu le succès escompté par ses défenseurs. En tant que musulmane, je me sens beaucoup mieux protégée dans mes droits et ma liberté par un tribunal laïque et démocratique que par le concept de la Charia. Comment accepter que des autorités religieuses aient préséance pour interpréter des textes et des hadiths pour délibérer et statuer sur ma situation matrimoniale ou autre.

La Charia contient des prescriptions relatives à presque tous les aspects de la vie (religieux, politique, social et privé). Son but est d'encadrer la vie des musulmans pour qu'elle soit la plus vertueuse possible et les préparer à leur salut. Cette loi est basée à la fois sur le Coran, la tradition, les déductions des théologiens-juristes – pour ce qui n'était pas traité du temps de Mahomet – et le consensus établi au sein de la communauté. Selon les pays, elle s'applique intégralement ou partiellement.

Cela m'avait vraiment inquiétée lorsqu'en Ontario des musulmans avaient demandé à pouvoir arbitrer les litiges familiaux et en matière de succession sur la base de la loi canonique musulmane. Instituer un tribunal de la Charia au Canada pour statuer sur des litiges concernant les seuls musulmans est pour moi un acte marginal et inadmissible. Nous sommes une seule société, un seul peuple et je n'ai toujours pas digéré cette absurdité. Je ne veux pas être dissociée du reste de la population pour délit d'obédience.

Laisser l'islam se développer en marge du système de justice canadien aurait créé une béance au sein même de la société civile. Le tissu social judiciaire doit rester laïque, et aucune religion ne doit avoir préséance dans l'application des lois, par crainte d'une régression dans les droits des femmes. Des musulmanes auraient subi des pressions pour se conformer à telle ou telle prescription religieuse dont la Charia se serait fait l'interprète. La séparation de l'État et de la religion devrait aller de soi. Que les imams dans les mosquées fassent leurs prêches, grand bien leur fasse, mais une fois à l'extérieur, les musulmans doivent se conformer seulement aux lois en vigueur pour tous.

## Tout est dans la mesure

Loin de moi l'idée d'être iconoclaste, mais je refuse de vivre ma religion dans une psychorigidité. Le monde est en mutation, alors quoi de plus sain que d'adapter les textes à la vie du XXI$^e$ siècle, pour que notre religion soit accessible et vécue comme un bonheur et non une contrainte. Mais d'aucuns argueront que la parole du Prophète est éternelle et immuable. Je ne me porte pas en faux. Il suffit de lire avec son cœur.

D'ailleurs, lorsque je me sens à l'étroit dans ma religion, je lis des passages de la Bible et j'y retrouve la lumière du Coran. Par sa culture et ses traditions, il s'est transporté et exporté au fil des temps et des âges. Et chacun peut y puiser sa force dans un cheminement parallèle. Comme une ouverture qui donne sur les autres croyances. On est loin de Dieu si on est loin des autres… On se rapproche de Dieu en aimant son prochain comme soi-même.

Je terminerai avec ce proverbe arabe qui veut tout dire : « La véritable Église est celle qui est construite au fond de l'âme. »

RACHIDA

# REMERCIEMENTS

Nous tenons à remercier les jumeaux, Jean-François et Jean-Pierre, et aussi Fayçal, pour leur collaboration et leur soutien constant dans cette belle aventure littéraire. Nos remerciements vont également à notre éditrice Guylaine Girard, pour sa confiance, Magda Tadros, Hélène Marcoux, Saïda M'Faddel et Sylvie Gourde pour leur relecture.

# TABLE DES MATIÈRES

Ce livre a été imprimé au Québec en janvier 2012
sur du papier entièrement recyclé
sur les presses de l'Imprimerie Gauvin.